Des religions pratiquées actuellement dans l'Inde conférences données à Adyar en 1896 et 1901

Annie Besant

1907

© 2024, Annie Besant (domaine public)
Édition : BoD · Books on Demand GmbH, In de Tarpen 42,
22848 Norderstedt (Allemagne)
Impression : Libri Plureos GmbH, Friedensallee 273,
22763 Hamburg (Allemagne)
ISBN: 978-2-3225-3481-4
Dépôt légal : Novembre 2024

TABLE DES MATIÈRES

Pages

Avant-propos
Préface de l'édition américaine
Introduction
Hindouisme
Zoroastrisme
Bouddhisme
Christianisme
Islamisme
Djaïnisme
Sikhisme
Théosophie

AVANT-PROPOS

Ce volume est une courte esquisse des religions qui façonnent la pensée hindoue et sont appelées à contribuer au futur développement du vaste et important pays qu'est l'Inde. Dans ce pays (en y comprenant la Birmanie et Ceylan), se rencontrent côte à côte les grandes religions du monde : l'Hindouisme, le Bouddhisme, le Christianisme et l'Islamisme. On y trouve aussi les fragments qui ont subsisté de la religion, jadis puissante, de Zoroastre ; on y trouve enfin les religions, de faible extension mais de notable importance, du Djaïnisme et du Sikhisme. En dehors de ces sept religions, il n'existe pas de croyance vivante présentant quelque importance, bien que des fragments de l'une ou de l'autre des religions énumérées, le culte des ancêtres par exemple, impriment une direction à la pensée humaine dans d'autres pays. Ainsi, le sel de l'Inde réunit les adhérents des diverses religions du monde, et c'est là aussi que fleurit le tronc d'où elles ont toutes jailli ; la Théosophie.

C'est ce fait unique, à savoir que dans l'Inde se trouvent rassemblés le tronc et ses sept branches vivantes, — qui confère au problème religieux une importance capitale et oblige les diverses religions à réagir l'une sur l'autre. Dans ce pays de l'Inde, elles doivent, ou bien vivre en harmonie, s'enrichir mutuellement — ou bien se détruire l'une l'autre. C'est dans l'Inde que le problème religieux de l'Univers trouvera sa solution.

Amener ces religions à vivre en bonne intelligence par une mutuelle compréhension et les unir toutes dans la Théosophie : tel est le but de ce volume.

Annie Besant.

1905.

PRÉFACE DE L'ÉDITION AMÉRICAINE

Depuis qu'en 1893, le Parlement des Religions de Chicago a éveillé, dans le public américain, le sentiment de l'importance de la pensée orientale, l'étude des religions comparées a progressé à grands pas, aux États-Unis. Le présent volume[1] a pour but de présenter, à côté l'une de l'autre, quatre des principales religions du monde, telles que les conçoivent leurs adhérents les plus réfléchis et les plus libéraux. L'unité fondamentale de ces religions devient ainsi apparente, et l'on voit qu'au lieu de porter nos efforts sur la conversion de nos voisins à notre propre croyance, nous ferions bien de chercher et de faire ressortir les trésors spirituels que cette croyance contient, trésors souvent enfouis sous un amas de verbiage intellectuel bien fait pour rebuter ceux que ne guide pas l'intuition. La vraie fraternité des religions ne sera assurée que lorsque les adhérents de chacune d'elles reconnaîtront et honoreront les vérités contenues dans les autres sans essayer de se convertir réciproquement. Nous avons, tous, beaucoup à apprendre et beaucoup à enseigner, et si les missionnaires de chaque religion consentaient à devenir tour à tour disciples et maîtres au lieu de faire du prosélytisme, ils seraient les messagers de la paix au lieu d'être les agents de la discorde.

Annie Besant.

Chicago, 1897.

---

1. ↑ Voir la note page 1.

INTRODUCTION

Les conférences suivantes n'ont pas la prétention d'être autre chose que l'exposé populaire des quatre grandes religions principales et, à ce titre, elles s'adressent plutôt au public en général qu'aux étudiants en particulier. Ayant été faites devant un auditoire composé presque exclusivement d'Hindous, parmi lesquels quelques rares Zoroastriens et Chrétiens, ces causeries supposent une certaine connaissance des termes sanscrits ; aussi des notes explicatives ont-elles été ajoutées partout où l'emploi de ces termes aurait pu amener quelque obscurité. Le but de ces pages est d'aider les membres de chacune des quatre religions à reconnaître la valeur et la beauté des trois autres, puis de démontrer l'unité fondamentale des quatre doctrines. Dans ma conférence sur le Bouddhisme, je me suis surtout attachée aux erreurs d'interprétation qui ont fermé au Bouddha le cœur de ses compatriotes, et je me suis efforcée de les réfuter par des citations tirées des textes authentiques, textes qui font autorité puisqu'ils nous rapportent les propres paroles du Maître. Je ne crois pas, en effet, qu'on puisse rendre à la religion de plus grand service que de rapprocher à nouveau ces croyances qui ont divergé et qui divisent presque le monde oriental. Leur relation est celle de mère à fille et les querelles de famille ont une âpreté proverbiale ; cependant, celle-ci pourrait s'apaiser si le désir de s'entendre régnait des deux côtés. Moins profondément enraciné, mais plus acharné encore, fut l'antagonisme à l'égard du Christianisme, soulevé par les attaques souvent grossières et injurieuses dirigées par des missionnaires inférieurs et ignorants, contre la foi vénérable de presque tous mes auditeurs. Cependant ceux-ci écoulèrent respectueusement et bientôt avec sympathie l'exposé d'une religion si jeune à côté de la leur, et finalement ils reconnurent que la nouvelle venue était, elle aussi, une grande religion qui ne s'écartait pas, au fond, de l'Hindouisme. Je ne saurais souhaiter à ces conférences de meilleur sort qu'en désirant qu'elles agissent comme un messager de paix sur le cœur de ceux qui les liront, ainsi qu'elles ont incontestablement fait sur le cœur de ceux qui les ont entendues.

Les principes généraux sur lesquels reposent ces conférences, sont les suivants : Chaque religion est considérée à la lumière de la science occulte, tant en ce qui concerne son histoire que son enseignement. Sans mépriser les conclusions auxquelles un labeur patient et admirable a conduit les érudits européens, je les ai rejetées sans hésiter là où elles se trouvaient en contradiction avec les faits essentiels consignés dans l'histoire occulte, soit dans ses annales impérissables où tout le passé revit en tableaux animés, soit dans ses documents anciens soigneusement conserves par les Initiés, mais qui, cependant, ne sont pas tout à fait inaccessibles. C'est le cas, en particulier, pour la question de l'ancienneté de l'Hindouisme et du Zoroastrisme, question sur laquelle l'érudition moderne s'égare d'une façon plaisante. Les érudits, cependant, tiendront à leur tour le point de vue occulte pour grossièrement erroné ; soit. L'occultisme peut attendre d'être justifié par des découvertes, ainsi que l'ont été déjà un grand nombre de ses affirmations au sujet de l'antiquité, dont on s'était raillé tout d'abord ; la terre est un gardien fidèle et, à mesure que les archéologues ramèneront au jour les cités enfouies dans son sein, bien des témoins inattendus surgiront pour attester l'ancienneté que nous revendiquons.

Secondement, chaque religion est considérée comme originaire de cette grande et unique Confrérie, qui est le dispensateur elle gardien des connaissances de l'esprit. Chacune des religions est envisagée comme une expression particulière des éternelles vérités spirituelles, due à l'un quelconque des membres ou des messagers de la Confrérie, — expression appropriée aux besoins de l'époque à laquelle elle apparaît et de la civilisation naissante qu'elle a pour but de façonner et de guider dans son évolution. Chaque religion a, dans le monde, sa mission propre ; elle convient aux nations qui la reçoivent et aux types de civilisation qu'elle doit imprégner et dont elle détermine la place dans l'évolution générale de la famille humaine. Lorsqu'on ne se rend pas compte de cela, on est conduit à une critique injuste ; en effet, une religion d'une idéale perfection ne conviendrait pas à des hommes imparfaits dont le développement ne serait que partiel, et les Sages doivent toujours prendre en considération le milieu, lorsqu'ils implantent une nouvelle bouture prise sur le vieil arbre de la Sagesse.

Troisièmement, on s'est efforcé de distinguer, dans chaque religion, l'essentiel du secondaire et l'on s'est surtout attaché au premier. Car toute religion s'altère, à travers les âges, sous l'influence d'additions dues à l'ignorance — et non à la sagesse, — à l'aveuglement — et non à la clairvoyance. Dans le cadre restreint de ces conférences, il n'a pas été possible de démêler ni de faire ressortir en détail les nombreux points secondaires. Mais quiconque désirerait un guide pratique pour se diriger lui-même et distinguer entre les éléments permanents et les cléments transitoires d'une religion, pourrait se servir des critériums suivants. Tel point est-il ancien, se trouve-t-il dans les Écritures de la plus ancienne époque ? Telle affirmation a-t-elle en sa faveur l'autorité du fondateur de la religion, ou de quelqu'un des Sages qui ont donné à cette religion sa forme définitive ? Est-ce un point universel que, sous une forme ou sous une autre, on retrouve dans toutes les religions ? En ce qui concerne toutes les vérités de l'ordre spirituel, l'un quelconque de ces critériums suffit. Quant aux questions moins importantes de rite, et de cérémonies, de pratiques et d'usages, de telle tradition particulière conservée ou perdue, nous pouvons, pour chacune de ces questions, nous demander : Est-ce consigné ou recommandé dans les Écritures de la plus ancienne époque, par le Fondateur de la religion en ses plus immédiats disciples ? L'utilité de cet usage peut-elle s'expliquer chez des hommes en qui l'initiation à l'occultisme a développé les facultés internes qui font du monde invisible une région que ces élus connaissent par une expérience personnelle ? Si une coutume est récente, si elle ne remonte qu'à un, deux ou trois siècles, si elle est locale, si elle n'est mentionnée dans aucun texte ancien, ni justifiée par la science occulte, — en ce cas, et quelque précieux secours qu'elle puisse apporter à un individu dans sa vie spirituelle, — cette coutume ne saurait s'imposer à aucun membre d'une religion particulière comme faisant partie intégrante de cette religion, et on n'a plus le droit de regarder de travers un homme qui ne se conforme pas à cette coutume. Sur ce fait, il est particulièrement nécessaire d'insister lorsqu'on se trouve dans l'Inde, pays où des coutumes toutes locales ou très modernes sont souvent identifiées, par ceux qui les observent, avec l'Hindouisme, tandis que les Hindous qui ne les acceptent pas sont regardés comme un peu inférieurs, ou même comme non orthodoxes. Ces usages, quelque valeur et quelque utilité que leur trouvent leurs adhérents, ne devraient pas être considérés comme étant d'obligation générale et devraient rentrer dans la classe des faits non essentiels. On a dit avec raison que si l'unité doit régner dans les choses essentielles, la liberté doit exister dans celles qui ne le sont pas, — tandis que la charité doit être partout. Si chacun suivait cette règle, nous entendrions moins parler de ces antagonismes religieux et de ces disputes de sectes, qui jettent la honte jusque sur le mot « religion ». Ce qui devait unir a été une source sans cesse jaillissante de divisions, au point que beaucoup d'entre nous ont rejeté impatiemment toute religion, comme le pire ennemi de l'homme, l'instrument universel de la discorde et de la haine.

Puisse ce petit livre, publié avec un respect profond pour toutes les religions qui purifient la vie de l'homme, élever ses émotions et le consoler dans sa tristesse, être un messager de paix et non un agent de discorde, car je me suis efforcée d'esquisser chaque religion selon sa forme la meilleure, la plus pure et la plus occulte, parlant de chacune, comme si je lui appartenais et prêchais pour mon propre saint.

Au théosophe, « rien de ce qui est humain n'est étranger », et il n'éprouve qu'une sympathie respectueuse devant l'expression, quelle qu'elle soit, du désir que l'homme a de Dieu. Le théosophe cherche à comprendre chacun, à ne convertir personne et en offrant de partager les connaissances qu'il a reçues, il espère fortifier la foi de chacun en y ajoutant ses propres connaissances et en dévoilant le fondement commun sur lequel s'appuient toutes les religions.

ANNIE BESANT.

Adyar, 3 janvier 1897.

DES RELIGIONS
PRATIQUÉES ACTUELLEMENT DANS L'INDE

L'HINDOUISME

Jamais, depuis que je parle en public pour répandre mes idées sur la philosophie et sur la religion, je n'ai senti aussi vivement qu'aujourd'hui, la difficulté de la tâche entreprise. Le simple fait d'aborder quatre grandes religions[1], renfermées chacune dans le cadre d'une seule conférence suffirait déjà à effrayer le plus audacieux des orateurs ; et si je considère que ces questions religieuses sont intimement liées aux sentiments de mes auditeurs, que je descends jusqu'aux racines mêmes du cœur humain ; qu'en examinant les croyances l'une après l'autre, je traite d'un sujet qui aurait dû unir les hommes mais qui, en fait, les a profondément divisés, — c'est alors que j'éprouve une hésitation bien compréhensible en essayant de m'attaquer à une si grande tâche. Une religion ne peut être comprise que par la sympathie ; elle ne peut être exposée que si l'orateur se place, pendant qu'il parle, au cœur de cette religion, la projetant devant ses auditeurs telle qu'elle apparaîtrait aux plus fervents et aux plus instruits des fidèles ; voilà ce qu'il me faut essayer de faire pour quatre de ces grandes religions qui ont façonné les civilisations humaines, qui ont colonisé les pensées et consolé les cœurs de la majorité de la race humaine.

La première des grandes religions dont je vous entretiendrai est celle qu'on désigne parfois du nom d'Hindouisme, d'autres fois du nom de Brahmanisme, religion à laquelle appartiennent la plupart des habitants de ce pays et qui a son origine dans le Nord de cette contrée.

Laissez-moi d'abord vous rappeler que cette race, la race aryenne est la cinquième qui soit apparue au cours de l'évolution humaine, et, comme déjà celle qui l'avait précédée, elle a été formée et instruite d'après un plan bien défini. À partir de la période d'éclat de la quatrième race (celle qui l'avait précédée), — c'est-à-dire dès une époque si reculée que la science moderne se rirait de la date que nous pourrions lui indiquer — des familles étaient choisies par le Manou en vue de former la race à venir ; à cet effet, elles étaient séparées des autres, isolées, placées à part et pendant très longtemps elles étaient exercées, guidées et instruites sous la direction immédiate du Manou et des grands Initiés qui l'entouraient, pour l'aider dans sa tâche élevée. De cette façon, les caractéristiques de la nouvelle race s'imprimaient sur l'élite de l'ancienne. Cette première tâche une fois accomplie, la nouvelle race s'implanta dans ce que nous pourrions appeler le pays de ses premiers balbutiements. C'est ainsi que la race aryenne fut formée et instruite ; ainsi que son caractère propre s'imprima en elle ; la première famille issue de son tronc et de laquelle les autres devaient plus tard descendre — celle, de nos jours, dont les représentants sont désignés du nom d'Hindous, mais que dans l'ancien temps on appelait toujours Aryens — cette famille était établie au nord de l'Inde, dans le district d'Aryâvarta ; elle y évolua graduellement dans une direction définie qui lui avait été tracée par son Manou et par les Initiés de son entourage. Dans ce cas, le modèle qui prévaudra pour toute la race nous apparaît, imprimé d'une manière définitive, sur la première famille issue d'elle ; ce qu'il s'agira de reproduire d'une façon irréprochable est déjà exprimé ici avec une perfection due à ceux sur qui la primitive empreinte a été marquée. Car si, à la lumière de l'occultisme, nous jetons un coup d'œil en arrière sur ces origines, nous trouvons que les âmes incarnées aux premiers âges de la race aryenne, étaient des âmes de types très différents. À la tête de tous, le Manou, le Maître et le législateur ; puis, autour de lui, ses Initiés, enseignant et guidant le peuple — les Biskis de l'Inde ancienne ; au-dessous d'eux, un grand nombre d'âmes venaient s'incarner qui avaient déjà atteint un haut degré de développement moral, intellectuel et spirituel à des stades antérieurs d'évolution ou même dans des mondes antérieurs ; au-dessous de celles-ci, des âmes plus jeunes ayant néanmoins une longue évolution derrière elles ; et finalement un certain nombre d'âmes n'ayant eu, comparativement, qu'une évolution très courte, ayant traversé la quatrième race et constituant les membres les plus privilégiés de cette grande division de l'humanité. On avait de la sorte une population fort variée, pouvant très aisément recevoir l'empreinte d'une religion embrassant tout : la philosophie, la science et la politique — capable aussi de servir de modèle, transmettant à des successeurs, moins avancés, l'exemple de ce que devaient être un Aryen et une nation de la cinquième race. Cette population avait tout ce qu'il faut pour devenir la gardienne de la politique, de la philosophie, des sciences, de la religion exotérique, et pour tracer, une fois pour toutes, ce qui devait être le développement typique de la race aryenne.

Et maintenant si nous étudions la religion donnée aux populations anciennes, nous voyons qu'elle est une éducation de la nature tout entière de l'homme, aux divers stades de son évolution et qu'elle le guide, non seulement dans sa vie intellectuelle et spirituelle, mais encore dans ses rapports avec ses concitoyens, en ce qui concerne la vie de la nation et celle de la famille. La civilisation tout entière est religieuse et rien, dans la vie humaine, n'est envisagé comme « séculier » ou comme « profane ». Les choses que d'autres peuples considèrent comme étrangères à la religion sont précisément celles sur lesquelles l'hindouisme a toujours exigé la plus stricte orthodoxie. Le libre exercice de l'intelligence a toujours été encouragé, — c'est ce dont témoignent les écoles de spéculation comprises dans le vaste « Hindouisme », mais une conduite régulière, parce qu'elle touche à l'édifice social, a toujours été rigoureusement imposée. La liberté d'opinion, mais l'orthodoxie de la vie pratique : voilà ce qui a été la caractéristique de l'Hindouisme à travers sa longue évolution ; de là le vaste essor et la grande diversité de ses philosophies, à côté de la stabilité de son édifice social et de son organisation familiale. C'est aussi la raison pour laquelle on a regardé l'Hindouisme comme la plus insupportable des religions, car bien des gens sont fort désireux de leur liberté d'action, tandis que bien peu le sont, (excepté en théorie), de leur liberté de pensée. Un Hindou pourra concevoir Dieu comme il voudra, — l'identifier avec l'Univers ou l'en séparer, l'exclure même entièrement — et demeurer orthodoxe ; mais, il ne faudra pas qu'il se marie dans une autre caste, ni qu'il mange de la nourriture impure.

Notre sujet comporte naturellement trois divisions :

1° *Les vérités spirituelles*, avec leurs symboles intellectuels ultérieurs ; on les trouve dans les Vedas et dans les Upanishads qui en font partie intégrante. Nous avons, dans les Vedas, un exposé complet de la vérité spirituelle qui, si elle y est exposée incomplètement, y est implicitement contenue, de sorte qu'on a pu écrire que Brahma est caché dans les Upanishads comme ceux-ci le sont dans les Vedas. Graduellement, tout cela allait être exprimé, au cours de l'évolution ; un tout parfait était donné qu'il s'agissait de développer avec le temps. C'était la *Vidyâ*[2] supérieure, la science de Brahma, tandis que la Vidyâ inférieure était renfermée dans les *Vedânyas*[3] les soixante-quatre sciences qui codifiaient la connaissance de la nature et les méthodes conduisant à cette connaissance, — mine d'or d'où l'on pourrait extraire, aujourd'hui encore, un trésor scientifique qui plongerait le monde moderne dans l'étonnement.

Puis, 2°, *le culte exotérique*, détaillé et d'une précision merveilleuse dans sa description de la nature et des rapports de l'homme avec elle ; les Pourânas en sont l'expression populaire, tandis que les Ordonnances l'étendent à la conduite dans la famille et dans la société. Plus tard, les livres se suivent, tels le Râmâyana et le Mahâbhârata et beaucoup plus tard encore on trouve de nouvelles expressions des mêmes vérités dans quelques drames, comme ceux de Kalidâsa. C'est là que le grand public, la masse de la population, trouvait les instructions tout extérieures qui, graduellement, l'habituaient à saisir les vérités cachées et spirituelles.

Vous ne comprendrez jamais l'Hindouisme si vous ne vous rendez pas compte que c'est un système créé par des occultistes, par des Rishis, pour qui le monde invisible était une chose connue ; le but du système était d'initier graduellement le peuple à cette science, en lui faisant suivre une doctrine basée sur les faits du monde invisible. Il faut d'abord se rendre compte de ce principe fondamental, après quoi on est à même d'en retracer toutes les différentes parties. Vous comprendrez alors, pourquoi, comme je l'ai déjà dit, la spéculation a toujours eu un libre essor, limitée seulement par les Vedas, mais pouvant tirer tout ce qu'elle pouvait logiquement déduire de la sagesse védique, si complexe et si profonde, — tandis que la conduite pratique était soumise à une surveillance si rigide. C'est par la réflexion qu'un homme fait son évolution, et les pensées d'autrui sont de puissants facteurs de notre propre évolution ; plus elles sont variées, plus il en résulte d'ouvertures par lesquelles pourra luire le soleil de la Vérité. La diversité des opinions, quand il s'agit de la conception de Dieu, a son prix, loin de constituer une erreur, parce que chaque opinion n'exprime qu'un petit fragment de l'immense vérité, et qu'ainsi la totalité des opinions donne un aperçu plus complet qu'on ne pourrait l'avoir autrement. Mais la conduite d'un homme comprend toutes ses relations avec le monde extérieur, visible aussi bien qu'invisible — et c'est la conduite individuelle qui accroît l'harmonie ou la discorde universelle. Le culte exotérique était destiné à établir une harmonieuse concordance entre l'homme et son milieu ; on l'imposait par l'autorité, parce que la foule n'était pas capable de s'assimiler la science sur laquelle il était basé. Dans l'évolution ultérieure de la race, lorsqu'elle se fut élevée par la Yoga[4] jusqu'à la connaissance, les obligations extérieures tombèrent, car il n'était plus besoin d'autorité pour que l'harmonie se produisît : l'homme, uni à la loi, devenait sa propre loi.

Nous arrivons ainsi, 3° à la science de la *Yoga* par laquelle seules les vérités spirituelles peuvent être pleinement entendues, grâce au déploiement graduel des facultés intérieures, qui mettent l'homme à même d'étudier directement le monde invisible, et grâce aussi à l'expansion de sa conscience, qui devient capable d'embrasser des modes plus étendus et plus subtils de l'être. Les vérités contenues dans les Vedas pouvaient être comprises par la Yoga, mais les méthodes de celle-ci n'étaient consignées nulle part d'une façon complète, et c'est ce qui amena l'institution du Gourou, qui devait apprendre à l'élève, digne de cet enseignement, le moyen de franchir ce sentier difficile, étroit et tranchant comme la lame d'un rasoir.

Nous suivrons ces trois divisions tour à tour. Tout d'abord, nous passerons en revue les vérités spirituelles exprimées dans les Vedas et dont les différents aspects sont exposés dans les systèmes de philosophie partiels parce qu'intellectuels, complémentaires l'un de l'autre et non antagonistes, aucun d'eux n'exprimant la totalité de la vérité, mais chacun fournissant tout ce que l'intellect est capable de synthétiser en un même système. Après cela nous étudierons le culte exotérique dans ses principes et dans ses détails, montrant le rapport de chaque point avec la vie familiale et sociale. Enfin, nous verrons que la connaissance exacte des vérités spirituelles ne peut être obtenue que par la Yoga, qu'il y a une science de l'âme enseignée par le Gourou et qui met l'homme à même de s'élever pas à pas jusqu'à la plus haute sagesse spirituelle. Vous voyez quel vaste terrain nous avons à parcourir ; vous voyez quel immense champ d'étude nous avons à embrasser aujourd'hui, dans un si court espace de temps, et vous me pardonnerez si, passant rapidement d'un point à un autre, je néglige maint détail, car je m'exprime en paroles et non d'esprit à esprit et je suis limitée par cette illusion du temps à laquelle sont soumis, en ce monde, tous nos processus intellectuels.

Je commencerai par exposer brièvement les vérités fondamentales, spirituelles et philosophiques sur lesquelles tout l'Hindouisme repose et qui, si elles sont parfaitement comprises, indiquent que l'homme a réalisé sa fin. Jetons un regard sur les débuts de l'Univers, sur le commencement de la manifestation lorsque Brahma, le Moi de l'Univers, se manifeste lui-même afin que l'Univers soit. Nous lisons dans les textes : « Lorsqu'il est manifesté, tout est manifesté après lui : par sa manifestation tout ce que nous voyons devient manifeste[5] ». Que fait-il pour se manifester ? Nous ne le savons pas, mais on nous dit que c'est par un acte de sacrifice. « Oui, l'aurore de la vérité est la tête du cheval du sacrifice[6]. » La sagesse occulte nous enseigne que cet acte de sacrifice est la limitation de Brahman par lui-même, le fait qu'il se circonscrit lui-même par Mâyâ, c'est-à-dire par Avidyâ[7]. Sans cela, aucun Univers ne pourrait se manifester, puisque la limitation est nécessaire à la variété et que toute chose est enveloppée par Avidyâ ; c'est-à-dire que toute chose est limitée, empêchée d'être autre qu'elle n'est, d'être science parfaite. Avec Brahma, l'Univers manifesté commence d'exister ; Il est la source, la fontaine, l'unique Moi, et l'unique souffle de l'Univers ; en dehors de Lui rien n'est manifesté, il n'y a ni vie, ni pensée, ni esprit ; manifesté sous ses trois attributs divers, Il est à la fois Sat,

Chit, et Ananda et de Lui découlent toutes les qualités. Il les tient toutes enveloppées dans une seule, la Première, la Cause de tout. Ce Brahman, ce tout-puissant, ce Moi de l'Univers est dépeint dans un passage d'une beauté et d'une sublimité merveilleuses, du Shvetashvataropanishad que je choisis parce que, dans une shloka qui suit de près cette description, il est fait allusion à quelque chose qui serait encore au delà du Brahman manifesté. Vous vous rappellerez le passage, je suis obligée de le traduire dans la langue moins poétique, moins belle et moins parfaite que j'emploie ici, mais même à travers le langage moderne la merveilleuse beauté de l'original transparaît : « Lorsqu'il n'y a point d'obscurité, qu'il n'y a ni jour, ni nuit, ni être, ni non être, alors même il y a Shiva, tout seul. Il est indestructible. À lui ira l'adoration de Savitri, c'est de lui seul qu'émane l'antique sagesse. Il ne peut être compris ni par ce qui est au-dessus, ni par ce qui est au-dessous, ni par ce qui est au milieu et de même on ne peut rapprocher de rien Celui dont le nom est une gloire infinie. Ce n'est pas la vue qui saisit sa forme ; nul ne le contemple avec les yeux. Ceux qui l'ont connu par le cœur et l'esprit — un esprit ayant son siège dans le cœur — ceux-là deviennent immortels[8]. » Voilà la description de Brahma, du Dieu manifesté, de la Cause de l'univers. Deux shlokas font suite à ce passage, après quoi le chapitre suivant s'ouvre par la déclaration que chez Parabrahman, le Brahman suprême, « Vidyâ et Avidyâ existent non manifestés[9] » ; ce que nous pouvons traduire en disant encore « Ishvara et Mâyâ existent non manifestés[10] ». Nous ne savons pas ce que cela veut dire, nous ignorons ce que cela pouvait signifier. Nulle facilité humaine ne peut connaître l'Inconditionné ; nulle langue humaine ne peut exprimer *ce qui est au delà* de tout cela. Nous savons seulement que tout provient de *Cela*. *Cela* est toute chose, bien qu'aucun terme impliquant une différence (et tout terme implique une différence) ne puisse décrire *Cela* ; c'est dans *Cela* que Sat, Chit et Ananda ont leurs racines unies, sans qu'aucun y soit premier ou second, c'est dans *Cela* que l'inconnu, et l'Inconnaissable, tout existe mais d'une façon que nous ne saurions comprendre.

Puis passant à l'Univers manifesté, dont nous pouvons acquérir une connaissance relative, nom apprenons que la manifestation de Brahman est graduelle et non subite et que tout découle de Lui, non une fois pour toutes, mais lentement ; de ce qui est caché sort graduellement ce qui se manifeste ; du caché sort le révélé. Les phases se succèdent pour montrer que toutes choses viennent de Lui et sont Lui-même, mais qu'il est dissimulé sous les phénomènes, sous le nom et sous la forme. Ainsi que le sel dans l'eau où il est dissous[11], ainsi que le feu dans le bois, avant que les bûches ne soient allumées, ainsi que le beurre dans le lait qui le fournira après avoir été baratté[12], ainsi que la crème dans le beurre clarifié[13] : c'est ainsi que Brahman existe caché dans le Moi de toute créature. Degré par degré les merveilles de sa manifestation apparaissent ; degré par degré se révèle la puissance de son déploiement ; son attribut en tant que Sat, celui de la pure existence, nous apparaît dans la nature inanimée, dans ce que nous appelons le règne minéral et où l'on ne constate guère que la simple existence ; Chit et Ananda y sont encore cachés, seul Sat y est manifesté. Puis dans le règne végétal, la vie qui se déploie nous montre le commencement du plaisir et de la peine, le germe qui se développera avec Ananda aux stades ultérieurs de l'évolution ; enfin, avec le règne animal nous apparaît, en outre, le germe de Chit, qui attend son développement plus complet avec son évolution ultérieure. Chez l'homme, ces germes sont tous partiellement manifestés, ceux de Sat aussi bien que ceux de Chit et d'Ananda, en attendant qu'à la fin de son évolution, ces trois attributs soient parfaitement développés en lui. C'est alors que l'homme est Brahman, qu'il est devenu lui-même un Brahman.

Tout cela est le résultat du travail accompli par le cours très lent de l'évolution, naissance après naissance, mort après mort ; il faut l'œuvre de cette roue des naissances et des morts qui tourne incessamment dans les trois mondes. Le monde inférieur, celui de notre conscience à l'état de veille, c'est Bhûrloka ; c'est là que l'homme est enfanté dans son corps physique, là qu'il acquiert son expérience en entrant en contact avec des objets matériels ; puis, par le portail de la mort, l'homme passe dans le monde suivant, Bhûvarloka et là, par l'intermédiaire d'un corps en harmonie avec le nouveau séjour, il met à profit une partie de l'expérience acquise sur terre ; enfin, revêtu d'un troisième corps, il s'élève à Svargaloka ; il y recueille les fruits non seulement de sa dernière, mais de ses autres expériences terrestres[14]. De Svargaloka, il retourne encore par Bhûvarloka et renaît en Bhûrloka, où il recommence son instruction, dont il s'assimile les fruits dans les autres mondes. C'est ainsi que l'évolution humaine ordinaire s'accomplit dans trois mondes, les textes nous le répètent sans cesse.

À cette roue, l'homme est enchaîné par le désir, par sa soif de l'existence sensible, que dans son ignorance il commence par identifier avec la vie du corps. « Ce Pûrûsha (l'homme intérieur) est, par nature, désir. Tel est son désir, telle est sa décision, telle est son œuvre, telle est sa récompense. Celui qui est attaché à des objets obtient, au moyen du travail, l'objet auquel son esprit, en tant que cause, est attaché. Lorsqu'il a atteint (par Svarga) le dernier (effet) de l'œuvre qu'il a accomplie ici-bas, il revient de l'autre monde dans celui-ci conformément à son œuvre. Ainsi celui qui désire (erre de monde en monde)... Quand sont abandonnés tous les désirs qui habitaient dans son cœur, alors le mortel devient immortel[15]. »

Ayant cessé de s'identifier avec le corps, il s'identifie ensuite avec l'esprit et vit alors simplement pendant une durée plus longue en Svarga, enchaîné encore par le désir. La libération de l'éternelle renaissance n'a lieu que lorsqu'est mort tout désir pour les biens que les trois mondes peuvent offrir.

De plus, toute cette évolution se produit sous la loi de causalité, chaque cause produisant son effet légitime. Telle est la loi du Karma[16] qui fait recueillir à chaque homme exactement ce qu'il a semé. Il sème son Karma dans le monde de la matière, de la matière physique, il le récolte partiellement dans les deux autres mondes et il s'assimile les résultats de ses réflexions ; après quoi il revient sur terre, tel qu'il s'est façonné lui-même, pour y réaliser le Karma appartenant à cette terre ; c'est ainsi qu'il se développe, d'une vie à l'autre, étant « un être de réflexion ; selon les choses auxquelles il réfléchit dans cette vie, il se trouve façonné par la suite[17] ». De cette façon l'homme s'élève de degré en degré vers une extension toujours plus grande de conscience, en lui les enveloppes se forment l'une après l'autre, chacune d'elles constituant un véhicule pour la conscience. Au cours de son évolution, l'homme élargit sa conscience de manière à lui faire embrasser un monde après l'autre — les étapes de la conscience correspondant à ces trois mondes qui sont les conditions respectives de Jagrat, Svapna, et Sûshûpti[18]. Ainsi s'étend la conscience, embrassant chacun des mondes à son tour jusqu'à ce que l'homme soit maître et souverain là où il n'était d'abord qu'enfant et élève. Alors, s'élevant plus haut encore, il échappe à la roue des naissances et des morts, il passe du corps de la lune[19], suivant l'expression technique, dans le corps du soleil[20], et lorsqu'il a complètement maîtrisé celui-ci, il ne retourne plus à une naissance imposée. S'élevant à l'état Tûriya, il atteint le Moi, recouvert seulement de l'Anandamaya-kosha[21]. Arrivé là et ayant ainsi définitivement unifié sa conscience, l'homme a dépassé les trois mondes et l'éternelle révolution de leur roue. Il peut désormais passer et se répandre dans la conscience du Nirvâna, conscience divine qui embrasse tout. Jivâtma — jeté d'abord au sein de l'être dans la plus complète ignorance, plongé dans l'Avidyâ avec toutes ses facultés en germe, latentes sinon en activité — est recouvert d'enveloppes successives de matière, afin que par ses enveloppes il soit mis en contact avec toutes les régions de l'Univers et que dans chacune, grâce à ce contact, il puisse manifester les facultés appartenant à cette région et tout d'abord latentes en lui, jusqu'à ce qu'enfin toutes les facultés soient développées, toutes les enveloppes purifiées, Avidyâ dépassée et que l'homme sache que le Moi de l'Univers et son propre Moi ne font qu'un ; l'homme a trouvé son but, il devient Brahma ; ce qu'il avait toujours été en puissance, il le devient en acte et le réalise.

Tels sont, grossièrement esquissés, les points essentiels de cette puissante philosophie hindoue, laquelle enseigne à l'homme quelque chose des vérités spirituelles qui sont au fond de l'évolution. Tout cela sera accompli par l'humanité, vie après vie. Mais ce que réalisera la totalité des hommes au cours des siècles innombrables, un seul homme peut le réaliser, s'il le veut, par un effort plus grand, une application plus intense, au moyen de cette science de la Yoga qui entraîne l'âme plus rapidement que l'évolution ordinaire. Celle-ci n'est que la volonté d'ishvara, qui se révèle dans l'univers manifesté ; portée par l'évolution, l'humanité est graduellement poussée vers son but. Mais le nageur vigoureux peut atteindre ce but plus rapidement que le brin de paille flottant ; grâce à la Yoga, un homme peut arriver au terme de son voyage, alors que la masse de l'humanité flotte encore, avançant lentement, avec le courant de l'évolution. Nous verrons cela dans la troisième partie de notre sujet.

Les tentatives faites pour amener cette merveilleuse conception au niveau de l'intelligence, ont donné lieu aux six grandes écoles de la philosophie hindoue, avec leurs innombrables modifications. Nous descendons de la région spirituelle dans l'intellectuelle, du monde où tout apparaît clair à la vision purifiée, dans celui où règnent les limitations (et le langage est la pire des limitations), pourtant tout philosophe est obligé d'écrire, de s'exprimer sous la forme articulée. Mais comment parler de l'Innommable, comment dépeindre Brahman en termes intellectuels ? Un signe est commun à toutes les écoles et l'on peut dire qu'il est inscrit sur leurs portiques : » Jusqu'à ce qu'un homme soit capable de rouler l'âkâsha comme du cuir, la misère ne finira que par la connaissance de Dieu[22]. » Toute école de philosophie hindoue cherche la libération, l'affranchissement des limites de cette pénible existence, de la misérable nécessité de la naissance et de la mort. Toutes admettent que la science divine, Brahma Vidyâ, est nécessaire pour échapper à cette condition, mais elles diffèrent dans la façon d'exprimer leur but, dans les méthodes que chacune d'elles emploie pour y atteindre. Considérons-les, un instant, l'une après l'autre, — c'est tout ce que je peux faire — de manière que vous puissiez vous rendre compte de l'immense travail effectué par l'intelligence essayant d'exposer les vérités spirituelles. Ces écoles se répartissent en trois couples caractérisés par leur conception fondamentale de l'Univers et leur mode de démonstration. Nous avons d'abord celles fondées sur la théorie atomique, les deux écoles connues sous les noms de Nyâya de Gotama et Vaisheshika de Kanâda, qui ont en outre beaucoup de points communs dans leur méthode d'investigation. Elles cherchent la connaissance par voie d'induction, par des processus logiques, divisant toute chose en catégories, considérant la nature de la preuve, celle de l'inférence, l'essence pour ainsi dire de l'esprit analysée dans tous ses détails, tout cela basé sur la théorie atomique et développé selon les règles de la raison pure. Les productions de ces écoles demeurent comme des monuments de pure intellectualité, remarquables non seulement par la perfection avec laquelle le raisonnement y est conduit, mais aussi par la discipline qu'elles donnent à l'esprit humain ; la nature des choses y est explorée et, afin d'éviter l'erreur, il y est procédé à l'analyse la plus précise des instruments à l'aide desquels se fera cette investigation.

Nous arrivons ensuite aux deux écoles qui parlent de la dualité de l'Univers manifesté, de la co-éternité de ces deux fondements, jamais disjoints, toujours collaborant, cosmogonie où la logique la plus serrée est formulée avec un enchaînement parfait. Ces écoles sont le Sânkhya de Kapila (quelquefois appelé le Sânkya athée, parce qu'il ne pousse pas ses recherches au delà de la manifestation dualiste) et la Yoga de Patanjali ou Sânkhya théiste.

Pour la première, la dualité fondamentale de l'Univers manifeste est le point de départ. Pûrûsha, l'Esprit (ou plutôt la multitude des Pûrûshas individuels) est considéré comme éternel et Prakriti, la matière, est considérée comme lui étant co-éternelle. Prakriti est triple, présentant Sattva, Rajas et Tamas comme ses trois gounas[23] et elle est pleine d'activités, mais elle est sans but et ne peut rien faire, sinon en tant que revêtement de Pûrûsha. De là la comparaison favorite que Pûrûsha est semblable à un paralytique pourvu de bons yeux et porté sur les épaules d'un aveugle pourvu de bonnes jambes ; à eux deux ils peuvent marcher et éviter les chutes dans les pièges. Suit alors un traité général de tout l'Univers manifesté, dont les chapitres ont pour rubrique vingt-cinq « tattvas » ou principes, déduits avec une pénétration aiguë, unie précision logique, une observation si attentive des faits que le Sânkhya, (en tant que cosmogonie limitée à l'Univers manifesté), forme un tout homogène.

La Yoga de Patanjali reproduit, telle que nous l'avons indiquée, la cosmogonie du Sânkhya, mais y ajoute un vingt-sixième tattva, Ishvara, la divinité que nous devons adorer. Car Patanjali disait avec raison que, sans une forme, l'esprit ne pouvait pas se concentrer dans la méditation ; aussi, pour atteindre à la science, procédait-il non par une investigation de l'Univers à la façon du Sânkhya, mais par la suppression des modifications du principe pensant ; ces modifications étaient considérées comme constituant une barrière entre le penseur et celui qu'il cherchait ; c'est seulement lorsque son esprit n'était plus qu'un point, que l'homme pouvait échapper à cette limitation.

En dernier lieu, nous avons les deux grandes écoles de Mimâmsa, celle de Pûrva et celle d'Uttara. Dans la première, le système de Jaimani, nous avons des rites, des cérémonies, tout ce qui constitue le côté extérieur de la vie religieuse, et cela est traité et exposé avec la plus extrême précision. La seconde, l'Uttara de Mimânsa est la Vedânta, la mieux connue peut-être, en Occident, de ces six grandes écoles indiennes. Elle comprend elle-même trois sous-écoles : la Dvaita, la Vishishtadvaita et l'Advaita. Elles acceptent la cosmogonie du Sânkhya quant au cours de l'évolution de l'Univers manifesté, mais ne se contentent pas de s'arrêter où s'arrête le Sânkhya. La Vedânta — la « fin des Vedas » — cherche la cause de l'Univers manifesté, elle ne peut se déclarer satisfaite d'une analyse qui s'arrête à Pûrûsha et Prakriti. C'est, de fait, la plus splendide et la plus philosophique expression de cette aspiration indéracinable du cœur humain vers Dieu — qu'on peut nier, déformer, contrecarrer, mais qui toujours renaît de sa mort apparente, éternel témoignage de quelque chose en l'homme qui est le plus profond de son Moi, sa vie inaliénable et dont la plus noble expression est dans le cri de triomphe de l'Advaitin : « Je suis Lui ! » Alors qu'est trouvé Celui qui fut si longtemps cherché sous tant de voiles et que la Divinité se révèle comme le Moi même de l'homme.

Les trois sous-écoles de la Vedânta doivent être considérées comme trois étapes successives, plutôt que comme des théories antagonistes ; elles posent toutes l'existence divine comme la source de l'Univers, mais l'enseignement de la Dvaita soutient qu'entre l'homme et Dieu la division est éternelle — qu'ils demeurent éternellement distincts. La Vishishtadvaita fait un pas de plus : elle pose la dualité, mais l'amène à se dissoudre en une unité finale. L'Advaita insiste sur cette unité fondamentale et s'y attache si bien, qu'éblouie par une obscurité qui est « excès de lumière », elle perd presque de vue l'Univers, pour ne voir plus que l'Un sous les formes illusoires. Mais lorsque, de l'examen intellectuel, l'Adveita Vedântin s'élève à la piété, il reconnaît aussi dans les Dieux la manifestation de Brahma ; et où trouverons-nous une ferveur aussi intense, dans l'élan de la dévotion, que celle qui éclate dans les stotras à Shiva et à Dûrgâ, dus au plus grand des Advaita Vedântins, Shrî Shankarâchârya ?

C'est dans l'Advaita que se trouve la doctrine courante de Mâyâ, cette puissance qui cause l'illusion de la Pensée Divine — l'Univers d'où est exclue la pensée de l'Un sans second. Excepté Brahman, tout est illusion, car tout est limité, passager, toujours changeant : l'Un permanent est la seule réalité ; tout ce qui change est illusoire, la manifestation n'est qu'une pensée. Peut-être cette idée, difficile à saisir, nous paraîtra-t-elle plus claire si nous nous souvenons que l'esprit humain peut aussi, par sa propre pensée, inculquer des illusions à un autre esprit placé sous son influence. Lorsqu'un homme est hypnotisé, on peut lui faire sentir la résistance d'un corps, le lui faire voir, entendre, toucher et respirer, lui en fournir le témoignage de chacun des sens qui guident notre vie extérieure sans qu'il y ait, cependant, rien d'autre que la pensée de l'hypnotiseur, laquelle impose toutes ses sensations directement à l'esprit du sujet. Au moment où celui-ci échappe à l'hypnose, l'illusion cesse et le sujet sait qu'il n'y a rien devant lui. De même, à ce point de vue, l'Univers n'est que la pensée de Dieu exprimée et dominant tout — les formes ne sont que les pensées de Dieu ; lorsqu'on s'est rendu compte de cela, on aperçoit l'Un et toute distinction, toute différence disparaît. L'une après l'autre, les enveloppes d'Avidyâ sont arrachées du Moi ; l'une après l'autre, ces enveloppes sont transpercées par l'œil de la Sagesse, jusqu'à ce que le voyant déclare que : « Dans la plus élevée de toutes, dans l'enveloppe d'or, indivis et sans tache, réside Brahman, Celui qui est la véritable lumière des lumières, comme de ceux qui connaissent leur Moi[24]. » Avant qu'il ne le connaisse, l'homme erre dans l'Univers des formes, mais ce qui réellement l'attire dans chacune, ce n'est pas l'apparence phénoménale, mais le Moi qui rayonne à travers elle. Nous aimons les formes parce que le Moi est en elles ; nous sommes attirés par elles parce qu'un rayon brisé de la lumière du Moi luit en elles. Ainsi que l'enfant qui voit, après la pluie, un caillou briller sur la route va ramasser cette pierre brillante, attiré, non par ce terne morceau de la terre, mais par la lumière du soleil qui s'y réfléchit, — ainsi font tous les hommes. Oui ! même dans leurs vices — où, trompés par l'apparence extérieure, ils ne suivent que le rayon brisé du Moi. C'est toujours ce qu'ils cherchent en tâtonnant, ce que, dans leur aveuglement, ils ne comprennent pas, ne saisissent pas. De même, tous les hommes sont aimés pour le Moi qui est au-dedans d'eux. « Ce n'est pas l'épouse elle-même qui nous est chère, mais dans l'épouse c'est pour le Moi que l'épouse nous est chère ; ce n'est pas l'époux lui-même qui nous est cher, mais c'est pour le Moi que l'époux nous est cher[25] ; et ainsi de suite pour toutes les choses de l'Univers manifesté, l'une après l'autre, jusqu'à la déclaration finale : « Ce ne sont pas les Dieux eux-mêmes qui nous sont chers dans les Dieux, mais c'est le Moi qui nous est cher en eux[26]. » Ainsi l'homme s'élève de degré en degré, s'approchant toujours davantage du Moi ; ainsi s'explique qu'il saisisse d'abord la division : « Je suis Moi, Tu es Toi ; c'est Toi qu'il faut vénérer, Toi qu'il faut adorer ; je suis Moi, ton Bhakfa, ton fidèle. » S'approchant toujours davantage de la lumière, l'homme sent poindre en lui un sentiment de ressemblance, celui qui aime et l'objet aimé ne peuvent pas, en réalité, être deux ; jusqu'à ce qu'enfin, l'amour étant parfait et la sagesse n'étant plus entachée d'ignorance, celui qui aime et l'objet aimé se fondent en un seul et même être : « Je suis Lui ! » et l'unité est posée où régnait la dualité.

Vous comprendrez probablement, d'après cela, pourquoi, dans l'ancien temps, la doctrine de la Vedânta n'était pas communiquée au grand public. Le sentier du non manifesté, dit Shrî Krishna, « est difficile à atteindre pour celui qui est incarné[27] ». De ceux qui ont un corps nous nous élevons à ceux qui n'en ont pas, de ce qui a des formes, à ce qui n'en a pas. C'est pourquoi Shrî Shankarâchârya imposait comme préparation à l'étude de l'Advaita, que l'homme développât en lui-même certaines qualités, et tant qu'elles n'étaient pas développées l'Advaita n'était pas enseigné. À quel point cette restriction était sage et nécessaire, nous en pouvons juger, nous qui voyons quel mauvais usage il est fait aujourd'hui de cette noble doctrine par des hommes dont les sens ne connaissent pas de contrôle, ni l'esprit de préparation.

Passons maintenant de ces grands systèmes philosophiques que nous avons exposés d'une façon si terriblement succincte, au culte exotérique qui avait pour but de discipliner, de faire évoluer et d'instruire jusqu'à ce que, celle-ci, s'étant élevée de degré en degré, fût prête à passer dans les mains du Gourou et à recevoir les instructions finales.

La première chose qui nous frappe, dans la religion exotérique, c'est son caractère d'extension universelle, ses adaptations infiniment variées aux besoins infiniment variés de l'homme. Et cela parce qu'elle nous présente le monde extérieur envisagé du point de vue occulte et parce que ce monde, par toutes ses parties, entre en contact avec chaque cime aux étapes successives de sa longue évolution. Pour le plus pauvre, le plus bas, le plus infime, le plus ignorant, il y avait quelque chose dans la foi ; pour le plus élevé, le plus intellectuel, le plus avancé spirituellement, il y avait encore un enseignement à recueillir dans l'Hindouisme ; c'est un de ses caractères distinctifs de contenir un enseignement pour le plus ignorant comme pour le plus sage, les rassemblant tous dans le bercail commun de la religion.

Le culte exotérique était basé sur une connaissance de la nature, — connaissance occulte ; non pas celle que la science obtient en étudiant les phénomènes, c'est-à-dire les apparences extérieures, mais la science qui jaillit de l'étude de la vie intérieure, c'est-à-dire l'esprit, dont les phénomènes extérieurs sont les expressions. Vous avez là la différence fondamentale entre la science physique et la science occulte. L'une envisage l'apparence extérieure, l'autre considère la vie qui se manifeste à travers la forme. Ainsi basé sur les faits du monde invisible, l'enseignement tout entier de la seconde est l'expression de la nature invisible de la nature, non pas en tant que composée de matière et d'énergie, mais en tant que peuplée de vivantes intelligences, non pas en tant que matière « aveugle » ou « morte » et force inconsciente, mais en tant que constituée par de vivantes consciences, s'exprimant à travers la matière et l'énergie. Leur vie est proprement l'énergie, la conscience constituant l'essence de la vie ; les formes sont de la matière voilant la vie, de la matière façonnée par la conscience vivante qui est en elle. C'est sur cette vérité profonde, — à savoir qu'il n'y a rien dans l'Univers qui ne soit vivant, et que toutes les formes sont des expressions, en matière plus dense ou plus subtile, des pensées d'intelligences vivantes — que le culte exotérique de l'Hindouisme est basé. Il avait pour but, ainsi que je l'ai déjà dit, de mettre l'homme, quelqu'ignorant qu'il pût être, en harmonie avec son milieu visible et invisible. Ce culte enseignait à l'homme à pratiquer les rites, les cérémonies ; à se servir des formules (mantras), dont chacune devait amener des résultats définis dans le monde invisible ; à conserver non interrompus les chaînons solidaires des vies élémentales, minérales, végétales, animales et humaines ; à maintenir le rythme harmonieux de la roue de la vie, tournant dans les trois mondes : à entretenir l'assistance mutuelle entre les minéraux, les végétaux, les animaux et les hommes du monde physique, les Devalas du monde astral et les Devas du monde mental, organisant ce système de sacrifice réciproque auquel Shrî-Krishna faisait allusion lorsqu'il disait : « Nourrissez-en les Dieux et puissent les Dieux vous en nourrir ; vous nourrissant de la sorte réciproquement, vous récolterez le bien suprême. Car, nourris du sacrifice, les Dieux vous dispenseront les joies que vous désirez[28]. » Ce que l'occultiste fait parce qu'il possède la science et la puissance de la volonté, on apprenait aux hommes ignorants à le faire dans leur modeste mesure, par les rites et les cérémonies, les amenant ainsi à contribuer, pour leur faible part, à produire l'harmonie générale du tout.

La trinité, Sat-Chit-Ananda du philosophe et du mystique spiritualiste, est présentée sous la forme concrète de la

Trimûrti[29] — Brahmâ, Vishnou, Shiva. Nous avons là une forme concrète, adaptée au culte, du triple Brahman qui est la cause de l'Univers. Les trois aspects sont présentés dans leur manifestation séparée afin d'être un peu mieux compris par l'intelligence limitée de l'homme. L'esprit créateur est indiqué par Brahmâ, de qui la méditation (tapas) a produit toutes choses ; Il exprime l'esprit universel, le Chit divin. La vie qui est partout, cette vie qui pénètre, soutient tout, cet infini support, le fondement de l'Univers sans lequel celui-ci ne pourrait se maintenir, cette vie présente en toutes choses, en chaque atome, — c'est Vishnou, Celui qui pénètre en tout, Celui qui entretient la vie de Dieu ; Celui-là, double principe, exprime Ananda, la béatitude. Enfin, plus caché et, sous bien des rapports, mystérieux est celui qu'on appelle parfois le Destructeur, mais qui est bien plutôt le Régénérateur, le Feu vivant, le Seigneur de la terre brûlante, dont le feu vient consumer toute forme lorsque son utilité a cessé, afin de libérer la vie enfermée à l'intérieur de cette forme et lui permettre de revêtir une expression plus haute et une plus complète manifestation. Celui-la, Mahâdeva, Maheshvara, c'est Sat ou l'existence. Telle est la grande Trimûrti, ensemble des aspects concrets du Dieu manifesté. Après quoi, descendant de la Trimûrti, nous rencontrons les sept grands « éléments », dont chacun est l'aspect-forme d'une puissante Intelligence, d'un Dieu, et parmi lesquels cinq seulement sont manifestés à l'heure actuelle, tandis que deux sont encore cachés. Ces cinq Dieux sont Akâsha, la forme animée par Indra ; Agni, le feu, la forme d'Agni ; Vâyou, l'air, la forme de Pavana ;

Apas, l'eau, celle de Varouna ; Prithivi, la terre, celle de Kshiti.

Vous ne comprendrez jamais la perfection merveilleuse du culte hindou, tant que vous ne saisirez pas quelque chose du caractère vivant de l'Univers. Ces Dieux des éléments, — Indra, Agni, Davana, Varouna et Kshiti, sont des entités réelles, de grandes intelligences spirituelles et chacune d'elles a sa propre région ; chacune d'elles est Seigneur et Régulateur souverain de l'élément particulier qui est l'expression de sa nature et sous elles sont d'innombrables légions de Devas et de Devatas, de plus en plus inférieurs, hiérarchiquement, jusqu'à ce qu'on arrive aux plus grossières manifestations de toutes, sur le plan physiques, aux plus grossiers Devatas de l'Hindouisme, chargés purement et simplement de former et construire les corps physiques, dans notre monde physique. Vous ne devez pas oublier non plus que, s'il y a sept grandes régions dans l'Univers[30], — dont cinq seulement nous concernent, — chacune consistant en modifications de l'élément qui est sa racine — à son tour, chacune de ces régions a ses sept subdivisions, lesquelles présentent chacune les caractéristiques des grandes régions. Empruntant une image à mon vénéré maître H. P. Blavatsky, je pourrais comparer les sept régions de l'Univers aux sept couleurs du spectre solaire. Imaginons alors que nous prenions une couleur, le violet par exemple, et que nous la décomposions en sept autres ; nous les trouvons constituées par le violet-rouge, le violet-orange, le violet-vert, le violet-bleu, le violet-indigo, le violet-violet ; toutes les couleurs du spectre y sont, mais dominées par la teinte violette ; vous avez là un admirable tableau de la manière dont chaque Dieu a sa région propre, bien que les autres dieux y soient représentés par des modifications de l'élément du Dieu souverain, chaque subdivision étant caractérisée par les attributs de l'un et des autres. Si, par exemple, vous prenez le feu, Agni en est le Dieu souverain et il existe en tant que feu dans toutes les régions de l'Univers : feu électrique, éclairs lumineux, lumière au plus haut des cieux comme au plus profond de la terre. Tout cela se range sous la loi d'Agni, forme les modes de son être et le conditionne d'après la région où se produit la manifestation, jusqu'au feu physique qui brûle dans l'âtre et dont les Devatas sont animés par la vie d'Agni. C'est pourquoi Agni, le puissant, le brillant par soi-même, souverain dans la région du feu, est encore célébré, dans les chants du *Sama Veda*, comme « le Seigneur du foyer », car le feu de nos foyers lui appartient aussi et lui sert aussi d'instrument.

Nous arrivons aux relations des hommes avec ces dieux, avec ces hiérarchies ascendantes qui aboutissent en droite ligne à la Trimûrti ; les dits rapports sont exposés par ordre, avec les rites, les cérémonies, les devoirs religieux attachés à chacun d'eux à chaque étape ; suivant le degré de l'évolution intellectuelle et spirituelle d'un homme, la Divinité à laquelle il doit adresser son culte, doit occuper tel grade dans la hiérarchie divine. À ceux qui s'éveillent juste à la conscience de l'esprit et ressentent les premiers mouvements de la dévotion, encore faibles, on propose une forme de Dieu très simple ; sans quoi ils ne peuvent rien comprendre au sens même du mut « Dieu ». L'Hindouisme leur donne, pour commencer, une forme concrète excessivement étroite ; autrement on n'aboutirait qu'a troubler, en l'éblouissant, l'intelligence naissante et à rendre confus l'obscur sentiment de dévotion, qui, sans cela, pourra graduellement se développer. Parleriez-vous au laboureur dans son champ, à cet homme qui ne connaît que ses semailles, ses moissons, son bétail, ses espérances de pluie ou de soleil, sa femme et ses enfants, — lui parleriez-vous du Brahman indivis et sans tache qui se fait connaître à qui connaît le Moi ? Si vous le faites, il vous regardera, ahuri ; vous ne lui offrez aucun objet vers lequel puisse se porter son amour, vers lequel sa dévotion puisse trouver une issue, autour duquel les pousses délicates de son cœur puissent s'enrouler, tandis qu'elles sont encore si faibles et si peu susceptibles d'une vaste étreinte. Lorsqu'une plante délicate est en pleine croissance, vous n'amenez pas un énorme rocher devant cette plante, dans l'attente qu'elle s'enroule tout autour ; mais vous prenez une mince ramille, pas trop grande, pour que les jeunes pousses s'y puissent enrouler et qui permette à la plante de grimper, de s'élever de plus en plus et, par l'aide que cette ramille lui apporte, de devenir plus forte et de plus en plus capable de croître. De même, dans le culte exotérique de l'Hindouisme, l'aspect sous lequel Dieu est présenté est proportionné au développement intellectuel de celui qui l'adore ; toujours un peu au-dessus de lui, toujours un peu plus haut que n'est le fidèle, toujours de telle sorte que le tableau puisse éveiller en lui un sentiment d'amour, de dévotion, d'hommage, toujours entièrement dirigé vers l'Un, quel que soit l'aspect sous lequel cet Un est entrevu. « Une feuille, une fleur, de l'eau, un fruit[31] », offerts avec un cœur pur, une dévotion sincère, sont acceptés par Shrî Krishna lui-même, comme si on les lui offrait personnellement. Car « ceux même, qui, pleins de foi, adorent d'autres Dieux, m'adorent, ô fils de Kûntî, bien que cela soit contraire à l'ancienne règle[32] », à plus forte raison, pour ceux qui adorent les dieux inférieurs conformément à l'ancienne règle. Et pourquoi pas, d'ailleurs, puisqu'il n'existe rien « de mobile ou d'immobile qui puisse subsister dépouillé de moi[33] » et puisque, par suite, le Seigneur est dans la pierre ou dans l'arbre et c'est lui qu'on y adore, non la simple forme extérieure ?

C'est ainsi que, pas à pas, le fidèle est conduit dans son ascension, comme par la main d'une tendre mère. Et si vous désirez saisir en une seule scène la nécessité de cette limitation, reportez-vous au onzième chapitre du *Bhagavad Gîta*, où Arjûna, ne sachant pas ce qu'il demande, prie afin de voir Shrî Krishna, Dieu de l'Univers, autrement que sous la forme limitée. Shrî Krishna exauce sa prière et lui donne l'œil divin, puisque l'œil charnel ne peut pas voir Dieu. Alors Shrî Krishna apparaît dans sa splendeur, semblable à un millier de soleils rayonnant à la fois aux cieux, comblant l'espace dans sa hauteur et sa profondeur, s'étendant à l'Est, à l'Ouest, et du Nord au Sud, imposant à tout sa forme, —

confondant les dieux, les hommes, et toutes choses en une seule image divine dont l'éclat ne se peut soutenir. Arjûna frémit, il est terrifié, confondu, il chancelle, il est anéanti. Il s'écrie enfin, dans l'ardeur du désir humain : « Ta vie, lorsqu'elle jaillit ainsi, me confond… De nouveau je voudrais bien te voir tel qu'auparavant ; revêts encore la forme aux quatre bras, Ô Seigneur[34] ! » L'expérience d'Arjûna est universelle. Tandis que nous grandissons, Dieu doit se rapetisser lui-même à la mesure de nos connaissances limitées, sans quoi nous n'apprendrions jamais à rien connaître de lui. Vous ne pouvez pas verser dans un vase plus que ce vase ne peut contenir ; le liquide déborderait de tous côtés, c'est ainsi que le grand océan de Brahma ne peut pas se déverser en sa totalité dans les minuscules vases que nous lui présentons pour le recevoir, c'est seulement lorsque le vase s'élargit qu'on y peut verser de plus en plus de ce Moi illimité.

Nous avons ainsi, dans l'Hindouisme, des rites, des cérémonies, des observances, des images, des formes innombrables de culte adaptées aux types innombrables de culture et d'ignorance humaines. Mais tout tend à éveiller l'amour ; tout tend à stimuler la dévotion, tout tend à amener la vénération, parce que partout c'est l'attitude de l'âme qui est importante, et non la forme intellectuelle sous laquelle le culte est présenté. Grâce à ces procédés, les hommes s'élèvent graduellement jusqu'à l'image suprême de Celui qui est le Seigneur de l'Univers ; ils s'élèvent jusqu'à la conception d'Ishvara, le Dieu qui est au-dessus de tout. Et ces mêmes procédés empêchent les hommes de rabaisser la sublime conception du Dieu unique au niveau bas de leur ignorance primitive, laquelle faisait du Dieu de l'Univers le type des passions terrestres et enfermait son action dans les limites humaines. On oblige les hommes à se rappeler constamment qu'ils ne connaissent pas Dieu tel qu'il est, mais n'entrevoient de lui qu'un petit rayon, autant qu'ils sont capables d'en saisir. Et à mesure qu'ils se développent, ils s'aperçoivent avec bonheur qu'une part croissante de Divin pénètre leur conception de Celui qu'ils adorent, l'élargissent, l'illuminent, le sublimisent, jusqu'à ce qu'ils se croient admis à une vision partielle de sa gloire. S'élevant jusqu'à Ishvara, ils peuvent l'adorer en tant que Vishnou ou dans l'un quelconque des Avatars de Vishnou. Ils peuvent l'adorer en tant que Shiva, le grand Yogi, le dieu de la sagesse. L'homme a alors atteint la conception de l'Unité qui, dans la manifestation, est au fond de la pluralité.

Nous avons à voir maintenant — car il faut nous hâter — comment tout ceci s'effectuait dans la vie individuelle de l'âme, envisagée extérieurement aux diverses étapes de son évolution à travers les trois mondes ; par vie individuelle, j'entends la vie entière de l'âme depuis le moment où elle a commencé ses expériences en tant qu'âme humaine (c'est-à-dire depuis la formation du Kârana Sharira[35], jusqu'au moment où elle atteint Brahman et devient un reflet parfait du Divin. L'Hindouisme divise cette vie individuelle en quatre grands degrés, représentés par les quatre ordres de castes. Vous avez la révolution, degré par degré, de l'âme individuelle. Dans l'Hindouisme, modèle politique de la race aryenne, cela faisait partie de l'édifice social de la nation, mais dans quelque condition que l'âme puisse se développer, il faut qu'elle traverse les quatre degrés au point de vue des réalités de la vie intérieure, sinon par rapport à la naissance extérieure.

L'Hindouisme était organisé de façon à représenter le développement intérieur sous forme extérieure, afin que les hommes pussent connaître les vérités spirituelles en voyant leurs symboles[36]. Passons-les successivement en revue, voyons ce que l'âme devait apprendre par chacune d'elles et comment le milieu était adapté à l'évolution progressive. Le stade inférieur était celui de Shûdra, où les obligations étaient minimes, sauf le devoir de l'obéissance et du service. Le stade suivant était celui de Vaishya, où il était permis d'avoir des biens, où l'on était encouragé à accroître ses richesses et où l'âme devait apprendre à n'être pas égoïste au sein de la fortune ; le bon usage de la fortune au service du prochain, était la leçon de la caste. Alors on atteignait le troisième stade, celui de Kshatriya, où la vie elle-même devait être considérée comme un sacrifice et non plus seulement, cette fois, les biens matériels. Vient enfin la caste des Brâhmanas, où rien de ce qui est éphémère n'a le pouvoir d'attirer l'âme, où cette âme a pour demeure le dernier corps qu'elle doive avoir sur terre. Et au delà des quatre castes, lorsqu'on a vécu dans toutes et appris toutes leurs leçons, on trouve le Sannyâsi, qui n'a pas de caste, n'emploie ni rites, ni cérémonies, ni feux, et ne possède rien qui appartienne à l'existence passagère, — le Sannyâsi du cœur et pas seulement de l'habit. Il offre une telle absence de personnalité que les hommes en le saluant, disent simplement : « Namo Nârâyanâya », louant en lui le Dieu au lieu de célébrer la forme extérieure.

Ce système de castes fait l'édifice politique de la nation ; l'enseignement spirituel, sous son expression exotérique, donne naissance à cette quadruple hiérarchie.

Il nous faut maintenant examiner la vie personnelle, c'est-à-dire la vie, qui, à travers les trois mondes, se poursuit dans un même cycle d'existences personnelles, une période dans chaque monde. Ici encore, la vie varie selon le stade atteint par l'individu (soit le degré de développement de la vie totale de l'âme). Au degré primitif, il mènera la simple vie des sens jointe à un peu d'intelligence sous sa forme inférieure, il passera un temps considérable en Bhûvarloka et peu de temps en Svargaloka. À mesure que l'individu avancera intellectuellement, le séjour ou Bhûvarloka sera abrégé, celui en Svargaloka prolongé, les désirs de l'homme étant de nature à trouver leur satisfaction surtout dans le monde supérieur. Prenons un cas d'un ordre encore plus élevé, qui nous montrera la vie terrestre à son plus haut degré, avant que la Yoga actuelle ne soit pratiquée, la vie vécue de telle sorte que l'existence en Bhûvarloka y soit réduite au minimum et la félicité de l'existence en Svargaloka prolongée autant que possible.

La vie personnelle sur terre est divisée en quatre étapes ou âshramas. D'abord la vie de l'étudiant, dans laquelle il doit, pour ainsi dire, répéter dans son nouveau corps toutes les vertus qu'il a dû apprendre dans son évolution antérieure alors qu'il appartenait à la caste de Shûdra : obéissance, discipline, respect, chasteté, application au travail, devoir envers les supérieurs, voilà les qualités requises dans la vie de l'étudiant hindou, voilà ce que doit montrer le premier stade de cette vie personnelle. Vient le second, le stade de l'homme marié, dans sa vie domestique, du citoyen, du mari, du père de famille, remplissant ses devoirs envers l'État comme envers son foyer. C'est la seconde étape ou stage grihastha, l'école de la vertu sans égoïsme pénétrée entièrement de religion. L'individu doit accomplir les cinq sacrifices quotidiens, sacrifices aux dieux, aux Pitris, aux Rishis, aux hommes et aux animaux, — donnant l'exemple du cercle des devoirs quotidiens qu'exige la charité désintéressée. De la sorte, envers l'invisible et le visible, toutes les dettes étaient payées et les obligations de chaque jour, de quelque nature qu'elles fussent, étaient remplies. Il y avait, en outre, des cérémonies spéciales, marquant chaque événement de famille : cérémonies se rapportant à la vie anté-natale de l'enfant, cérémonies à sa naissance, cérémonies à son mariage, cérémonies à sa mort, cérémonies après sa mort, suivant le progrès de son âme dans le monde invisible — tout cela posé comme l'édifice spirituel au sein duquel l'âme devait se développer.

Le plus noble idéal de vie conjugale qui fut jamais proposé au monde se trouve dans l'Hindouisme, où le mari et la femme sont attirés l'un vers l'autre par une affinité spirituelle plutôt que par un désir charnel et unis dans les liens d'un mariage indissoluble — unis pour se développer spirituellement, en vue de leur commune croissance spirituelle ; l'homme est incapable d'accomplir la plupart des cérémonies religieuses sans sa femme, celle-ci étant la Shishya, l'élève du mari, lequel est Gourou en même temps qu'époux. Regardez la vie qu'on mène au sein de la famille hindoue ; la beauté des relations entre les fils et le père, les fils et la mère, les frères et les sœurs — et ainsi de suite, tout cela posé avec soin et discernement, toujours en vue de cette unique idée : développer en l'homme la qualité naissante de l'amour spirituel. Et remarquez cette insistance sur les vertus morales, la peinture constante, dans la grande littérature (répandue dans toutes les familles), des plus nobles idéals, — de ces hommes assoiffés d'idéal qui vécurent l'ordinaire vie humaine et furent pourtant les modèles de la plus noble vertu, l'expression de la plus haute pureté, de la vie la plus droite. Existe-t-il une seule littérature qui offre de plus nobles exemples à suivre pour former le cœur de la jeunesse sur chacun des points essentiels de la vie humaine ? Vos filles pourraient-elles avoir de meilleurs exemples de l'amour qu'une femme doit à son mari, qu'elles n'en trouveront dans Sitâ et Savitrî ? pourraient-elles trouver une plus noble émulation vers la science que dans les exemples de Gargi et Maitreyî ? Où trouverez-vous des échantillons plus grandioses de l'humanité, des êtres qui soient plus parfaits dans toutes les différentes circonstances de la vie ? Si vous cherchiez des modèles de vertu, trouverez-vous un plus noble trio que celui des trois frères Râma, Lakshmana et Bharata ? Voit-on nulle partie dévouement, la serviabilité, l'amour fraternels plus exquisement retracés ? Connaissez-vous un amour plus fervent entre mari et femme que celui de Râma pour Sîtâ ? Savez-vous plus noble exemple d'exquise pondération d'esprit, de patience, de sérénité que celui du législateur exilé, Yûdhishithira ? Trouvez-vous nulle part le devoir plus parfaitement incarné qu'en Bhîshma qui, couché sur son lit de flèches, répand la plus divine sagesse sur les disciples réunis autour de lui ? Telle était l'âme façonnée par le précepte et l'exemple, c'est ainsi que d'étape en étape elle était guidée dans la conduite quotidienne.

Viennent enfin les deux derniers stades de la vie, alors que les devoirs de famille ont été remplis : c'est la vie dans la forêt ; le mari et la femme y emportent l'âtre dont le feu avait été allumé lors de leur mariage et mènent là une vie de paisible contemplation, loin du monde, laissant derrière eux de grands fils qui continueront de remplir les devoirs envers l'État et le foyer. En dernier lieu, l'étape du reclus, de l'ascète, où l'âme est laissée face à face avec Brahma. Telle était la vie ordonnée et progressive, contenue et digne, par laquelle l'âme était disciplinée et développée, jusqu'à ce que vînt le moment où s'ouvraient devant elle les trois sentiers ou Margas, la pratique de la Yoga commençant aux deux derniers stades des existences précédentes.

Nous sommes arrivés à la troisième partie de notre sujet, — la science de la Yoga, la manière dont un homme peut hâter son évolution, accroître l'extension de sa conscience et s'élever jusqu'à l'Union avec le Principe suprême. La Yoga était le degré terminal d'une évolution patiemment effectuée, avec une conscience toujours plus claire du but, depuis le culte des Devalas[37] inférieurs, à travers les quatre castes, les quatre âshramas, jusqu'à l'éducation directe en vue de la libération de l'âme qu'il faut arracher à la roue des naissances et des morts.

Ainsi que nous venons de le dire, les sentiers sont au nombre de trois et chacun d'eux a sa Yoga propre : Karma Mârga, dont le stade final est Karma Yoga ; Gnyâna Mârga, qui se termine par Gnyâna Yoga ; enfin Bhakti Mârga, qui aboutit à Bhakti Yoga[38]. Pour tous, l'assujettissement des sens et le contrôle de l'esprit sont essentiellement nécessaires comme conditions préalables, mais les méthodes pour accomplir cette tâche diffèrent selon les sentiers.

Dans la Karma Mârga, un homme s'instruit par la pratique constante, par la vie quotidienne ; chez lui, il maîtrise ses sens, donne l'exemple du renoncement, du sacrifice ; il acquiert de l'empire sur son esprit par sa méditation de chaque jour, par la ponctualité et l'application apportées au travail, puis parce qu'il utilise les continuelles occasions de maintenir son attention concentrée et en équilibre au milieu des distractions et du tourbillon de l'ordinaire vie humaine. Quand, pendant plusieurs vies, il a fait ainsi tous ses efforts, l'homme est préparé, il commence la Karma Yoga, dans laquelle il apprend à accomplir une action par devoir, sans en désirer de résultats, « renonçant aux fruits de l'action », ainsi qu'il est écrit. L'homme accomplit chacun de ses devoirs avec une fidélité scrupuleuse, mais il ne compte pas en rien retirer, il renonce à tout résultat. Finalement, il accomplit chacun de ses actes comme un sacrifice au Principe suprême, son seul mobile devient l'accomplissement de la volonté d'Ishvara. De la sorte, bien que vivant dans le monde, il n'y a pas d'attachement : au point de vue du cœur, il est sans attache, c'est le voyageur errant. Et de la sorte, il construit sa « hutte », et trouve pour sa méditation un lieu solitaire. Ainsi il réalise le pur « Moi » et l'unité de celui-ci avec d'autres « Moi » : il est le Hamsa. Ainsi, il s'élève au-dessus du « Moi » et devient Paramahamsa[39]. Par le renoncement et le sacrifice, Ahamkâra[40] est détruit et avec sa destruction le voile qui aveuglait l'homme tombe de ses yeux : le fidèle est pénétré par Gnyâna et Bhakti, car lorsqu'on arrive au terme, les trois sentiers se confondent.

Pour parvenir au Gnyâna Mârga, l'homme développe son intelligence par l'étude qu'il poursuit plusieurs vies durant, jusqu'à ce qu'il atteigne un point où il commence à être las de la connaissance pure, et cherche la vérité permanente dont toutes les connaissances ne sont que les rayons brisés. Il doit alors développer en lui Viveka, le discernement entre le réel et l'irréel ; Vairâgya, le dégoût de l'irréel ; Shatsampatti, les six qualités mentales (Shama, l'empire sur l'esprit ; Dama, l'empire sur le corps ; Uparati, la tolérance libérale ; Titiksha, la force d'endurance ; Shraddhâ, la fidélité ; Samadhâna, la pondération), il doit encore posséder Mûmûkshâ, le désir de se libérer du transitoire ; après quoi, avec tout cela, il est l'Adikari, l'homme préparé à recevoir l'initiation à la Yoga[41]. Il poursuit alors la Gnyâna Yoga et, comprenant que le transitoire est dénué de valeur, il devient le Parivrajaka, le voyageur errant, qu'aucun désir n'attache à rien, l'homme qui n'a pas de foyer. Une vision plus profonde encore lui fait saisir le permanent et il s'y fixe comme sur une fondation certaine, devenant par là le Kutichaka, l'habitant de la hutte, résidant en ce seul lieu sûr. Il prend alors clairement conscience de lui, réalise le « Moi » et distingue le même « Moi » chez les autres, c'est l'étape du Hamsa. S'élevant encore au-dessus, tandis que s'éclaircit la vision spirituelle et que s'élargit la conscience, le sujet devient Paramahamsa au delà du « Moi » et réalise le « Je suis Lui ».

Bhakti Mârga suivi par les âmes attirées par quelque aspect manifesté de Dieu ; ses premiers degrés sont ceux d'un culte dévoué, d'un amour et d'un respect profonds.

Graduellement, l'âme s'approprie les qualités qu'elle admire et devient identique à ce qu'elle adore. Le détachement qu'atteint l'âme par le renoncement, dans le Karma Mârga, par le discernement, dans la Gnyâna Mârga, elle y arrive cette fois en expulsant tous les attachements inférieurs au profit de l'attachement exclusif à son Seigneur ; par l'amour, l'âme se rend maîtresse de tous les désirs vils et ceux-ci dépérissent par manque d'expression. Le sacrifice est une joyeuse manifestation de la dévotion, chacun des quatre stades est franchi et l'amour est, chaque fois, le moyen actif de réalisation jusqu'à ce que cet amour qui adore se trouve embrasé par l'objet de son adoration et se sente fondre en une unité complète avec son Dieu-aimé.

Au fond, les trois chemins se confondent et aux stades supérieurs on ne peut pas les distinguer l'un de l'autre, car le Karma Yogi est plein de Bhakti, et en même temps, par le sacrifice qu'il accomplit, il détruit Ahamkara et devient ainsi parfait en sagesse. Le Gnyâni et le Bhakta s'approprient les qualités l'un de l'autre. Dans le cœur du Bhakta, la sagesse s'éveille graduellement, et, dans celui du Gnyâni et du Bhakti, elle fleurit comme le résultat inévitable de la vision.

Aux derniers stades de chacun des trois sentiers, aussitôt que ses services sont nécessaires, le Gourou apparaît et prend l'âme sous sa propre direction ; l'homme devient un shishya, un chelâ[42]. Le Gourou ne vient pas à ceux qui ne sont pas préparés, ne sont pas prêts — quoique dans son impatience, l'homme réclame souvent à grands cris sa présence, alors que cette présence passerait inaperçue au cas où elle serait accordée. Le Gourou conduit l'âme à travers les dernières étapes, lui donnant exactement l'assistance nécessaire, l'aidant à déployer ses propres facultés, les virtualités divines qui sont en elle, hâtant ainsi son évolution jusqu'à ce que l'achèvement en soit atteint. Alors, à son tour, le chelâ devient l'âme libérée, prêt et apte à aider les moins avancés dans leur progrès. Il devient le Jivanmûkta[43], vivant toutefois dans un corps afin de constituer un lien entre l'humanité physique et l'humanité spirituelle, un canal qui amène vers l'homme l'amour divin et la force. Ou bien, le chelâ peut devenir Videhamûkta[44], vivant dans le monde invisible, encore au service de l'Un, menant encore à bien le plan divin, servant encore, d'une autre manière, de canal à la vie spirituelle des hommes. Ces êtres puissants acquittent leurs dettes envers leur propre Gourou en se mettant au service de l'humanité présente et future, agissant en Gourous envers les Shishyas présents et futurs, absolument de même qu'ils ont reçu leur propre illumination de Gourous développés dans le passé. Ainsi les univers succèdent aux univers, chacun aidant ses successeurs, jusqu'à ce que notre pensée ne puisse plus s'exprimer soi-même et que les facultés humaines succombent, incapables de s'élancer plus haut.

Telle est, brièvement et très imparfaitement exposée, la religion fondée à une époque immémoriale de l'antiquité et qui nous vient des Rishis. Telle devrait être votre religion, à vous, héritiers du passé, descendants de ces puissants Rishis ! C'est seulement dans la mesure où vous la vivez que vous êtes réellement leurs héritiers. C'est seulement dans la mesure où elle vous est chère et où elle est pratiquée par vous, que vous apprenez la leçon de l'Évolution ainsi qu'elle était enseignée par ces ancêtres et donnée à la nation qu'ils instruisaient. Et c'est seulement dans cette mesure que vous profiterez de circonstances plus grandes que celles offertes à tout autre peuple, — occasions que vous regretterez amèrement d'avoir négligées quand, dans les nombreuses vies à venir, des conditions moins favorables vous seront offertes.

1. ↑ Voir la note page 1.
2. ↑ La Connaissance.
3. ↑ Littéralement : « membres des Vedas ».
4. ↑ Union de l'homme avec son moi ; union mystique.
5. ↑ *Mundakopanishad*, II, II, 10.
6. ↑ *Brihadâranyakopanishad*, I, I, 1.
7. ↑ Mâyâ, c'est l'illusion, le transitoire, tout ce qui change par opposition à la réalité permanente, à la vie unique. Par suite, c'est la racine de la matière, la matière étant ce qui prend forme et s'adapte aux impulsions de la vie qu'elle recouvre : Avidyâ, l'absence de science, n'en est qu'un autre nom.
8. ↑ *Op. cit.*, IV, 18, 19, 20.
9. ↑ *Ibid.*, V ; I.
10. ↑ Ishvara, le seigneur Brahman en tant que source de l'Univers et la puissance qui le dirige. Mâyâ, Cf. ante.
11. ↑ *Chhândogyopanishad*, VI, XIV.
12. ↑ Shvelâshvatarop., I, 14, 17.
13. ↑ *Ibid.*, IV, 16.
14. ↑ Cette terre, le monde astral, le devachan.
15. ↑ *Brihadâranyakopanishad*, IV, IV, 3-7.
16. ↑ Karma, acte, œuvre.
17. ↑ *Chhândogyopanishad*, 999, XIV, 1.
18. ↑ La conscience est une unité, mais elle peut agir dans la condition de Jagrat, c'est-à-dire dans le corps physique, en Bhûrloka, ou dans la condition de Svapna ou dans le corps astral, en Bhûvarloka, ou enfin dans la condition de Sûshûpti, c'est-à-dire dans le corps spirituel en Svargaloka. C'est pourquoi on appelle Jagrat, la conscience à l'état de veille, Svapna, la conscience dans le rêve, et Sûshûpti, la conscience dans le sommeil sans rêve. Les termes français pourraient induire en erreur si les faits n'étaient pas bien compris.
19. ↑ Les corps astral et mental.
20. ↑ Le corps causal.
21. ↑ Le corps de béatitude, l'âme spirituelle.
22. ↑ *Shedâsâvalaropanishad*, VI, 20.

23. ↑ Sérénité, activité, inertie comme ses trois qualités.
24. ↑ *Mundakopanishad*, II, II, 9.
25. ↑ *Brihadârangopanishad*, IV, V, 6.
26. ↑ *Brihadârangopanishad*, IV, V, 6.
27. ↑ *Bhagavad Gîta*, XII, 5.
28. ↑ *Bhagavad Gîta*, III, II, 12.
29. ↑ Trois images, la trinité.
30. ↑ Les sept plans du Théosophe.
31. ↑ *Bhagavad Gîta*, IX, 26.
32. ↑ *Ibid.*, IX, 23.
33. ↑ *Ibid.*, 10, 39.
34. ↑ *Bhagavad Gîta*, XI, 31, 16.
35. ↑ Le corps causal, qui persiste à travers tout le cycle humain.
36. ↑ Symboles, en anglais *externat pictures*.
37. ↑ Dieux inférieurs, comprenant les entités astrales qui s'occupent des processus de la nature aux deux plans les plus bas.
38. ↑ Le sentier de l'action : le sentier de la sagesse, le sentier de la dévotion. Yoga, ou l'union avec le moi, peut être pratiquée et réalisée par l'une quelconque de ces trois voies.
39. ↑ Ces étapes seront décrites plus loin, à propos du Gnyâna Mârga.
40. ↑ La qualité qui fait le Moi (I-ness), la propriété d'exister séparément.
41. ↑ Telles étaient les qualités exigées par Shrî Shankarâchârya avant qu'un homme fût autorisé à étudier sa Vedânta, car la Vedânta ne pourrait pas être réalisée sans Yoga.
42. ↑ Un disciple ou élève.
43. ↑ L'âme libérée.
44. ↑ L'âme libérée et sans corps.

ZOROASTRISME

Un point sur lequel diffèrent continuellement la science occulte et la science orientale qui progresse en Occident depuis ces dernières années — c'est la question de l'âge des grandes religions. Lorsque nous arrivons au Bouddhisme et au Christianisme, la question ne porte que sur une différence d'un siècle ou deux. Mais, en ce qui concerne tant l'Hindouisme que le Zoroastrisme, il y a un conflit absolu entre l'occultisme et l'orientalisme — débat qui ne semble pas près de finir, car les occultistes, très certainement, ne changeront pas de point de vue, et les orientalistes, d'autre part, ne seront que reportés en arrière d'étape en étape, à mesure que seront mises au jour d'anciennes cités et que des monuments antiques seront découverts. Et cela se fait très lentement. L'Hindouisme et le Zoroastrisme reculent dans le lointain que l'histoire appelle « la nuit des temps », — l'Hindouisme étant la plus ancienne et le Zoroastrisme, la seconde des religions apparues au cours de révolution de la race aryenne.

Je vous propose de jeter un coup d'œil sur les changements d'opinion des Orientalistes afin que vous voyiez comment ils sont graduellement reportés en arrière, bien qu'ils disputent, nous pouvons le dire, chaque pouce de terrain, siècle par siècle, à mesure que l'évidence croissante indique une antiquité de plus en plus reculée. Je me reporterai ensuite à la preuve occulte, et nous verrons à quelle époque celle-ci place la religion du prophète iranien.

Nous constatons, en feuilletant leurs œuvres, que quelques écrivains font vivre ce prophète appelé parfois Zoroastre et plus récemment Zarathûshtra — (je demande pardon à mes frères Parsis, car il se peut que je commette les plus grosses fautes de prononciation, ignorant complètement la langue de l'Avesta) — dès 610 avant Jésus-Christ. — il serait alors presque contemporain de Bouddha et de Platon, opinion qui s'appuie sur l'autorité de Mahomet, mais qui, (si jamais elle a été sérieusement soutenue par les orientalistes européens) est, du moins, complètement abandonnée aujourd'hui. Le docteur L.-H. Mills, — considéré comme une des grandes autorités de l'Europe, à qui l'on doit la traduction classique des Gâthâs et qui a publié en même temps les diverses autres traductions qui font autorité, — lorsqu'il traite cette question de l'ancienneté, s'appuie sur la preuve tirée de la langue, point sur lequel j'aurai quelques mots à dire plus tard. Il prétend que les Gâthâs sont écrites dans une langue qui est évidemment parente du sanscrit védique, les Gâthâs étant « bien postérieures aux plus anciens Ricks[1] ». Mais l'auteur assigne au *Rig Veda*, la date ridiculement récente de 4000 ans avant Jésus-Christ et, se basant là-dessus, il place les Gâthâs en l'an 1000, croit même possible de les faire remonter jusqu'à 1500 avant Jésus-Christ. De sorte que notre premier pas en arrière nous conduit de 610 à 1000 et même à 1500 avant Jésus-Christ. Mais le docteur Mills déclare que les Gâthâs sont peut-être beaucoup plus anciennes — et, de fait, elles le sont. Dans son dernier ouvrage, écrit en 1890, il dit : « J'ai cessé de repousser l'opinion d'après laquelle cette dernière limite (1500 avant Jésus-Christ) pourrait être reculée. Si les Gâthâs sont antérieures au culte de Mithra… on ne peut pas dire à quelle époque elles peuvent remonter. La conclusion de la critique est qu'il faut s'abstenir des hypothèses qui fixeraient trop exactement l'âge de ces œuvres[2]. »

Nous arrivons alors à l'opinion soutenue par le savant allemand, le docteur Haug, qui réclame une ancienneté plus grande, s'appuyant sur la destruction de la bibliothèque de Persépolis par Alexandre, en 329 avant Jésus-Christ. Il invoque cet argument que le fait d'avoir pu constituer une aussi vaste bibliothèque, réunir une aussi énorme littérature, obligea admettre une plus haute antiquité, ne fût-ce que pour donner le temps nécessaire à la rédaction et au rassemblement des livres. La rédaction fut terminée, à ce qu'il estime, vers 400 avant Jésus-Christ. Il n'est pas possible, dit le critique allemand, de fixer l'époque de Zoroastre à une date plus rapprochée que la limite extrême de 1000 avant Jésus-Christ — et l'auteur, quant à lui, considère la date de 2800 comme probablement plus exacte, quoique son héros puisse avoir vécu dans un temps beaucoup plus reculé[3]. Le docteur Haug remarque en outre : « Aucune considération ne peut nous faire assigner à

Zoroastre une date postérieure à l'an 1000 et l'on peut même trouver des raisons de fixer à une date bien plus reculée l'époque à laquelle il a vécu, d'en faire un contemporain de Moïse. Pline, qui compare l'un à l'autre Moïse et Zoroastre, et les appelle des inventeurs de deux sortes différentes de rites magiques, va bien plus loin encore et déclare que Zoroastre vivait plusieurs milliers d'années avant Moïse[4]. »

Nous reculons ainsi graduellement de 610 à 1500 avant Jésus-Christ ; entre 1500 et 2800, peut-être à une époque beaucoup plus reculée, doit se placer la première proclamation, par le Prophète, des célèbres vérités. Le témoignage des Grecs qui est certainement appréciable — et il a une grande valeur, étant beaucoup plus ancien que l'opinion de nos orientalistes — reporte, sur ce point encore, la date proposée bien plus en arrière. Aristote et Eudoxe, placent l'époque à laquelle vivait le prophète vers 6000 ans avant le temps de Platon, d'autres disent 5000 ans avant la guerre de Troye, (Voir Pline, *Historia Naturalis*, XXX, 1-3), et l'on peut dire d'une manière générale que c'est l'opinion partagée par les historiens grecs[5]. Les découvertes que font chaque jour les archéologues européens sont d'un grand secours pour le débat soulevé, lequel tend de plus en plus à reculer les commencements de la religion ; car en tant que nous avons à rattacher cette tradition zoroastrienne à la tradition chaldéenne, à celles de Ninive et de Babylone, les recherches récentes faites dans ces contrées jettent quelque lumière sur la question. Vous pouvez vous rappeler qu'il y a un mois ou deux, à peine, dans le *Lucifer*, commentant un article de H. P. Blavatsky, j'ai mentionné quelques-unes des découvertes les plus récentes qu'on est en train de faire dans le pays sur lequel cette religion régna jadis sans conteste. Elles nous livrent l'histoire du pays, consignée en caractères cunéiformes, remontant jusqu'à 7000 ans au moins avant le Christ et, probablement, selon l'auteur de ces découvertes, jusqu'à l'an 8000. Cette écriture cunéiforme est maintenant en cours de traduction et lorsque les inscriptions traduites seront publiées, il est possible que l'évidence se fasse et qu'une donnée, acceptée par la science européenne elle-même, vienne utilement confirmer l'ancienneté de la religion de Zoroastre.

L'occultisme, en tous cas, rejette les débuts de la prédication du prophète, bien loin, au-delà de toutes ces dates. Les occultistes ont deux sortes de documents sur lesquels ils s'appuient. Tout d'abord la Grande Confrérie a conservé les anciens textes, les textes eux-mêmes, soustraits dès l'époque où ils furent rédigés ; ces textes sont gardés dans des temples souterrains, dans des bibliothèques souterraines, où aucun ennemi ne peut les découvrir et où ils ne peuvent subir aucun dommage. Là, se trouve recueilli sous la forme écrite, millénaire après millénaire, le savoir humain et il y a, de nos jours, des gens, hommes et femmes, à qui il a été permis de jeter les yeux sur un grand nombre de ces anciens documents, — de ceux dont on n'a plus même connaissance dans le monde de l'histoire profane, documents rédigés dans l'ancienne langue sacerdotale et différents de tout ce que les plus vieilles races connaissent aujourd'hui. Mais ce n'est pas là le seul témoignage que les occultistes invoquent ; ils s'appuient encore sur ces impérissables documents écrits, comme on dit parfois, dans l'Akâsha même, voulant dire par là qu'il existe un médium subtil, lequel (pour employer une analogie physique) enregistre, comme une plaque sensible, tous les événements qui se produisent, même dans leurs plus petits détails — la photographie, en quelque sorte, de l'évolution de l'homme, exacte jusqu'au moindre incident, à laquelle on peut se reporter en toute circonstance, et que peuvent consulter à tout instant ceux, du moins, qui s'entraînent à l'étude, et ont la volonté de se soumettre à la discipline nécessaire à ce genre de recherches. Ainsi les preuves peuvent être vérifiées successivement par chaque investigateur ; nous possédons les témoignages d'experts qui, l'un après l'autre, étudient ces anciens documents et qui n'y voient pas simplement les caractères d'une écriture, mais y retrouvent les événements du passé, défilant avec une vivante fidélité, tels qu'ils se sont produits, animés d'une seconde vie. Les événements historiques des temps les plus anciens revivent ainsi dans le passé.

D'après ces témoignages, la religion appelée de nos jours Zoroastrisme, la religion des Parsîs, est, ainsi que je l'ai dit, la seconde de celles qui sont issues du tronc aryen. Les Iraniens provenant du même berceau d'origine que la première famille, mais s'étant répandus vers l'Ouest, sur cette vaste étendue de territoire qui comprend, non seulement la Perse actuelle, mais l'ancien royaume de Perse, — furent dirigés de ce côté dans leur première migration, par leur grand prophète Zoroastre, qui joua le même rôle vis-à-vis d'eux que Manou vis-à-vis de la totalité de la race aryenne originelle. Il appartenait à la même puissante Confrérie et était un des hauts Initiés de la même Grande Loge, ayant reçu l'enseignement des mêmes Maîtres, les Fils du Feu. Beaucoup d'entre vous ont dû lire, dans les vieilles annales tirées du Livre de Dzyân, reproduites dans la *Doctrine secrète*[6], que les Fils du Feu ont été les Instructeurs de tous les grands Initiés, appelés à leur tour les seigneurs de la flamme. Zoroastre se présenta dès que fut formée cette branche iranienne, comme un maître qui voulait lui enseigner les anciennes vérités sous une forme appropriée à la civilisation qui devait s'élever au sein de cette race, appropriée au type de mentalité qui devait se développer parmi cette nation, en un mot sous une forme qui permît d'éduquer, de faire progresser, de développer ce peuple, tout comme d'autres croyances étaient proposées à d'autres peuples dans le même but et reposant sur des principes similaires.

À ce Maître dont l'action fut puissante, — et dont la vie se place à une époque si reculée que tout orientaliste rirait dédaigneusement de la date adoptée par nous, — à ce Maître, succéda une lignée de prophètes qui dirigèrent le premier développement de la nation iranienne. Et, ici, laissez-moi vous rappeler que lorsque nous parlons comme à l'instant d'une lignée de prophètes, il ne s'ensuit pas que chacun d'eux soit un individu séparé, car la même âme se réincarne souvent, de périodes en périodes, pour remplir les mêmes fonctions — ainsi que vous le savez, du reste, par vos propres livres sacrés. Des hommes tels que Veda Vyâsa, par exemple, n'ont pas eu une naissance seulement sur la terre, mais plusieurs, car ces hommes vivent toujours en contact avec la terre, ils président toujours à l'évolution spirituelle de l'humanité, et ils apparaissent de temps à autre, d'âge en âge, manifestant dans un corps de l'époque à laquelle ils surgissent, le même grand Maître, la même âme libérée, le même puissant Instructeur, — reprenant toujours le même nom, comme pour suggérer l'idée de leur identité spirituelle aux oreilles des hommes qui ne savent pas entendre. Si nous suivons cette lignée de prophètes, — ou ce seul prophète, — nous découvrons le moment où la tradition grecque entre en jeu et nous nous apercevons que le Zoroastre dont parle Aristote, quatre-vingt-seize siècles avant ce que nous appelons l'époque du Christ (ce qu'Aristote calculait, naturellement, par rapport à Platon et non au Christ) — était le septième de ce nom, à partir du premier Zoroastre, et non ce premier Zoroastre lui-même, comme les Grecs le supposaient et comme j'imagine que trop souvent bien des Parsîs modernes sont enclins à le croire. Le Zoroastre d'Aristote était donc le septième dans la lignée de ces Maîtres qui vinrent ranimer et renforcer la doctrine alors qu'elle tombait et qu'elle menaçait d'être renversée. Plus tard encore il y eut un autre Zoroastre (environ 4000 ans av. J.-C.), qui ranima une seconde fois l'ancienne doctrine, répéta une fois encore les vérités essentielles, les émettant une fois de plus au nom de l'autorité divine avec l'aide de ce feu sacré, symbole de la Divinité, qui est, en réalité, la voix même de cette Divinité. En étudiant cette succession de prophètes, nous voyons que c'est de cette ancienne religion qu'est venue ce qu'on appelle la « grande science », la « Magie » chaldéenne. Nous nous rendons compte que les mages de l'antiquité étaient les prêtres de cette ancienne religion en même temps qu'ils renseignaient à des disciples, et, — s'il m'est permis d'étonner un instant les esprits modernes, — j'ajouterai que lorsqu'il y a plus de 20.000 ans, le sage Chaldéen, debout sur le toit de son observatoire, marquait et enregistrait le passage des étoiles, cet homme était un des descendants relativement modernes de la longue lignée des Mages, un des représentants relativement modernes de l'antique science inhérente à la doctrine zoroastrienne.

Retournons donc en arrière et examinons cette doctrine sous la forme primitive, bien que nous n'en ayons que des comptes rendus récents en ce qui regarde l'érudition ; nous trouverons que, même à travers ces analyses récentes, les vérités anciennes sont reconnaissables bien que cachées ; et quoique un grand nombre de ces vérités, défigurées par leur vêtement moderne, et tombées dans le domaine matériel, aient été dégradées, l'occultiste cependant peut encore les reconnaître. Il peut encore les désigner à ceux qui restent attachés à l'ancienne religion et il peut prier les Parsîs modernes, au nom de leur ancien prophète, au nom de l'Initié divin qui a fondé leur religion, de s'élever au-dessus du matérialisme contemporain, au-dessus des limites trop mesquines de l'Orientalisme moderne ; et il peut revendiquer leur légitime dignité, celle qui leur revient comme adeptes d'une des plus anciennes religions du monde. Puissent ces Parsîs se rattacher à l'immémoriale tradition occulte et ne pas se dégrader en acceptant les théories passagères que leur suggère l'érudition européenne !

Rappelons-nous — et le langage va nous en fournir tout à l'heure la preuve, — que ces anciens Iraniens étaient des Aryens, et non des sémites. C'est un des points qui a été contesté et je vais vous montrer dans un instant comment l'étude du langage vient trancher le débat au profit de l'occultisme. Nous admettons, naturellement, qu'il s'est fait, beaucoup plus tard, une infiltration d'éléments sémites. Mais les Iraniens étaient issus du tronc aryen et leur race est bien la sœur de celle des Aryens établis au sud de l'Himâlaya.

Le premier Zoroastre, enseignant à son tour les principes essentiels qui sont le fondement de toute religion et qui, dans chacune, peuvent être étouffés sous des additions postérieures, — mêla la philosophie à la religion d'une manière remarquable. Venu pour fonder une civilisation dont les caractères particuliers s'annonçaient déjà, dont le type devait être essentiellement agricole, qui était imprégnée d'outre en outre de l'idée de la vie pratique et destinée à instruire les hommes pratiquement, à les élever dans une croyance noble et une morale sublime, — Zoroastre ne leur donna pas une philosophie métaphysique, puis une religion exotérique en se contentant de les rattacher l'une à l'autre ; mais il les fondit si intimement qu'il est presque impossible de rendre compte de chacune d'elles séparément. On se fera une meilleure idée du tout en suivant la méthode du Maître, en étudiant la philosophie et la religion comme constituant un seul système. Prévoyant la civilisation spéciale qui allait se développer, Zoroastre donna à son peuple une immense science astronomique mélangée à la philosophie et à l'enseignement religieux ; et ces connaissances astronomiques, si nécessaires à un peuple adonné à l'agriculture, furent présentées sous leur forme occulte, non pas sous leur triste aspect moderne qui nous les rapetisse. Pour le prophète, les étoiles n'étaient pas de simples masses de matière, accomplissant leur révolution autour de soleils morts et inconscients, en vertu de lois aveugles et inconscientes. Pour lui, les planètes qui entourent le soleil et les étoiles de première grandeur au plus haut des cieux, n'étaient que les corps d'intelligences spiritualisées, guidées par la seule loi de leur volonté et qui, par leur savoir, assuraient la stabilité de l'Univers. Zoroastre enseigna l'astronomie, non pas comme si elle s'occupait de matière inerte et d'énergie inanimée, — mais comme la science d'Intelligences vivantes se mouvant dans un ordre invariable, guidées par une sagesse parfaite et une volonté infaillible. Il enseignait l'astronomie en faisant d'elle la vivante science occulte de la sagesse spirituelle, exprimée dans l'Univers matériel sous sa forme la plus grossière. En dehors de l'enseignement de la philosophie religieuse et de la science, une éthique se développa, qui, jusqu'à nos jours, fait la gloire de la religion zoroastrienne. Une pureté pratique absolue constitue la note fondamentale de cette morale : pureté dans chacun des actes de la vie personnelle, pureté dans tous les rapports avec la nature extérieure, dont les éléments sont honorés comme autant de manifestations de la pureté divine et défendus, pour ainsi dire, contre toute atteinte à leur intégrité immaculée, comme si agir ainsi était rendre hommage à la Vie dont tout procède. Nous verrons à mesure que nous avancerons, que ce sont là les points saillants de la doctrine, mais avant de les relever un à un, je voudrais examiner la question de la langue, car nous devons la connaître jusqu'à un certain point si nous désirons suivre les destinées de la doctrine à travers les différents livres que nous avons aujourd'hui entre les mains.

J'ai dit que la langue, sous sa plus ancienne forme, celle de l'*Avesta* justifiait la thèse occulte de la haute ancienneté de la religion zoroastrienne ; car, d'après l'affirmation des orientalistes européens, — et je suis toute prête à l'accepter lorsqu'elle confirme la théorie occulte, — cette langue de l'Avesta, même si on l'examine sous sa forme la plus récente, est un dialecte aryen apparenté au sanscrit des Védas. Je n'ai pas le temps, — et ce serait m'écarter un peu du sujet, — de parler des modifications qu'a subies, en ce pays, le sanscrit dans son développement ; retenez seulement le fait : ces modifications sont déjà sensibles quand on passe du sanscrit des Védas au sanscrit classique d'une époque ultérieure ; mais l'Avesta se rapproche du sanscrit primitif, védique[7], et ce sanscrit, ainsi que le déclare notre docteur allemand, est un frère aîné de la langue de l'Avesta[8]. Non seulement cette similarité ressort claire et distincte des mots employés, mais elle va bien au delà des mots eux-mêmes. Les anciennes Gâthâs, ou hymnes, sont écrites en mètres qui se rapprochent extrêmement des mètres du *Sama Veda*. Leur rythme, le nombre de leurs pieds, la manière dont ils étaient évidemment chantés rappellent tout à fait le rythme, le nombre de pieds, la manière de chanter en usage parmi les Hindous. De sorte que si nous considérons les Gâthâs, nous y trouvons les caractères d'une haute antiquité et, tandis qu'en dépit des orientalistes, nous nous obstinons à faire reculer dans le passé l'ancienneté des Vedas et celle de l'Hindouisme, — nous admettons avec eux une haute antiquité à la religion Zoroastrienne ; nous rattachons d'ailleurs, dans notre plaidoyer, les deux thèses l'une à l'autre ainsi que les deux groupes de faits étaient liés, à leurs débuts, dans le passé lointain des deux peuples. C'est ainsi encore, s'il m'est permis de m'appuyer un instant sur les annales occultes, que les chants sont les mêmes. Ces merveilleux chants du monde antique, qui se répercutent dans l'invisible, ces chants qui exercent leur empire sur les intelligences inférieures et s'élèvent jusqu'aux supérieures par le langage de la couleur et de la musique, — ces Gâthâs étaient chantées dans le même svara archaïque, et bien qu'elles soient perdues pour les prêtres du Zoroastrisme moderne, leur écho peut être retrouvé dans les chants akashiques. Si nous passons maintenant, — car notre examen doit forcément être précipité, — de la langue de l'*Avesta* à ce terme si débattu de « Zend » dont quelques-uns font une langue, tandis qu'il n'est pour d'autres qu'un commentaire, — dans quelle mesure l'érudition européenne vient-elle éclairer la question ? Quelques érudits déclarent, — et là-dessus je crains que les Parsîs modernes ne soient tentés d'être du même avis, — que le Zend n'est rien d'autre qu'une traduction et un commentaire en Pahlavi moderne, des textes anciens.

Ce terme est constamment employé pour désigner simplement cette traduction, faite, à n'en pas douter, sous la dynastie sassanide, à une époque relativement récente. Mais je suis bien aise de voir qu'un groupe d'érudits européens rejettent cette opinion et déclare que le Zend est le commentaire original, écrit dans la langue de l'Avesta ; qu'il doit, par conséquent, être reporté à une époque reculée, à l'époque où la langue se rapprochait du sanscrit des Védas. Le docteur Haug déclare que : « L'emploi des termes Avesta et Zend, par les traducteurs Pahlavis, nous autorise complètement à conclure que le Zend dont ils parlent était le commentaire de l'Avesta, déjà existant avant qu'ils n'eussent commencé leur traduction ; et puisqu'ils le tenaient pour sacré, ce Zend était probablement rédigé dans la même langue que l'Avesta original. Primitivement, ce mot (Zend) désignait les commentaires ajoutés par les successeurs de Zarathushtra aux écrits sacrés du prophète et de ses disciples immédiats. Ces commentaires ont dû être rédigés en une langue presque identique à celle du texte original ; par suite lorsque, peu à peu, cette langue devint inintelligible (ne fut plus comprise que des prêtres), les commentaires furent regardés comme faisant partie du texte et le besoin d'une nouvelle explication, ou Zend, se fit sentir. Ce nouveau Zend fut donné par les prêtres les plus instruits de l'époque sassanide, sous forme d'une traduction en Pahlavi, idiome national des Perses de ce temps-là, et plus tard le terme Zend a été réservé à cette traduction[9] ». La thèse contestée qui fait du Zend un commentaire, se trouve en grande partie justifiée si nous consultons, une fois encore, les témoignages occultes au lieu de l'érudition moderne. Nous trouvons, en effet, — et sur ce point nous pouvons accepter l'affirmation de H. P. Blavatsky, qui n'a parlé en écrivant que de ce qu'elle savait de science certaine, l'ayant appris de son Maître, de son Gourou, — que ce commentaire, le Zend originel des Iraniens, était écrit dans une langue dérivée de cette ancienne langue sacerdotale, à laquelle j'ai fait allusion au début de cette conférence. Car il existe, connue de tous les occultistes, une langue qui ne consiste pas en lettres au sens où l'on entend celles-ci dans nos langues modernes, un langage fait de signes, de symboles, de couleurs, de sons, qui s'exprime en musique comme les apparences se traduisent en couleurs, et qui a ses formes propres, que tout initié sait reconnaître et traduire dans une des langues inférieures du monde intellectuel. On l'a quelquefois appelé le Zenzar, quelquefois aussi on le désigne du nom de Deva-Bhâshya.

H. P. Blavatsky dit en parlant du Zend : « Ce mot signifie, comme en un sens on l'a soutenu avec raison, commentaire ou explication ; mais il signifie aussi, ce dont les orientalistes ne semblent pas se douter, le mode de rendre les maximes ésotériques, le voile employé pour cacher le sens exact des textes du Zen-d-Zar, la langue sacerdotale en usage parmi les Initiés de l'Inde archaïque. Découverte actuellement dans diverses inscriptions qui sont indéchiffrables, elle est encore usitée et étudiée de nos jours dans les communautés secrètes des adeptes orientaux et appelée par eux — suivant les localités : *Zendzar* et *Brahma* ou *Deva-Bhâshya*… Le texte Zend est simplement un *code* secret de certains mots et de certaines expressions sur lesquels les premiers compilateurs se sont mis d'accord et dont on ne peut trouver la clef qu'auprès des Initiés[10]. » Cette langue a reçu de nombreux noms ; les noms importent peu, car ils varient avec chaque langue, mais la chose essentielle est qu'un tel langage existe, qu'on le connaisse aujourd'hui comme on le connaissait il y a un million d'années, que des gens l'apprennent de nos jours comme ils l'apprenaient alors, que l'instruction occulte soit donnée en cette langue et non au moyen de sons grossiers articulés matériellement par l'intermédiaire de la langue, — et surtout que les vérités exprimées en ce langage soient traduites dans les langues intellectuelles les plus anciennes qui en soient dérivées. Le sanscrit védique est le plus ancien écho intellectuel de cette langue archaïque et le Zend des Iraniens a la même racine, dérive de la même source. Plus tard, quand nous arrivons aux traductions en Pahlavi, nous nous apercevons que nous sommes là dans ce qu'on appelle d'ordinaire les temps historiques. Le terme de « Pahlavi » ne désigne plus aujourd'hui que « la langue écrite des Persans sous la dynastie sassanide, ainsi que la littérature de cette même période et de celle qui la suit immédiatement[11] », mais autrefois ce terme était employé d'une façon générale pour désigner l'ancien persan Nous avons là des mois sémitiques, des traces d'influence sémite et l'on a soutenu qu'elles remontaient à près de 600 ans avant l'ère chrétienne[12]. Cela importe peu, car six cents ans avant notre ère constituent une époque récente pour un occultiste. Celui-ci compte par milliers d'années et non par siècles, et ces signes d'influence sémite à une date récente sont sans importance pour son jugement, quant à l'origine de l'antique religion.

Il nous faut passer de cette question du langage, — qui mériterait d'être traitée plus longuement et nous conduirait à bien d'autres sujets intéressants, — à un autre point important, très débattu et trop souvent négligé. La tradition chaldéenne, telle qu'elle a subsisté à travers la Grèce, est d'un intérêt vital, quoiqu'elle soit aujourd'hui laissée de côté par le Zoroastrisme moderne. Cette tradition chaldéenne, qui nous est parvenue par la Grèce, paraît s'être formée, — si l'on envisage les choses dans l'ensemble, — de la manière suivante. Il est admis qu'au temps d'Alexandre, Persépolis possédait une vaste bibliothèque, mais, vous le savez, le héros y mit le feu, soit par vengeance, soit dans un moment d'ivresse. C'est pourquoi il est toujours appelé le « maudit Alexandre » dans tous les textes ultérieurs relatifs à la religion de Zoroastre. Maintenant, il est prouvé qu'à l'époque de cet incendie, il existait une double collection complète de tous les écrits composant la littérature zoroastrienne. L'une de ces collections se trouvait dans la bibliothèque et fut brûlée par le « maudit Alexandre ».

L'autre collection tomba en la possession des conquérants grecs et fut, par eux, traduite en grec, il en survit peu de chose, mais il en reste des fragments dans l'*Industrie agricole des Nabathéens* et dans les citations qu'ont tirées de là les écrivains néo-platoniciens qui parlent des *Oracles de Zoroastre* et de l'enseignement de ce prophète. Ces vestiges de la doctrine ancienne, conservés dans la littérature grecque, confirment la tradition zoroastrienne généralement admise et lui fournissent un nouvel appui. Pourquoi donc cet auxiliaire ne serait-il point accueilli dans la lutte qui s'est élevée sur la question d'établir l'ancienneté de la religion ? Pourquoi les Parsîs modernes n'accepteraient-ils pas l'évidence qui vient à eux par cette autre voie, puisqu'il est reconnu que les deux voies se confondent en une seule ? Ces fragments conservés par les auteurs grecs, dont la littérature grecque témoigne, ces fragments respirent encore l'esprit antique et confirment ce que nous savons de l'enseignement donné dans le passé par Zoroastre.

Passons maintenant à la littérature elle-même et considérons nos documents. Nous trouvons d'abord la *Yasna*, dont la partie la plus ancienne est constituée par les Gâthâs, les hymnes archaïques, les maximes sorties de la bouche du grand prophète lui-même. Voilà ce qui forme la première partie de la *Yasna* ; la seconde consiste en prières et cérémonies, — prières adressées à la Divinité suprême, adressées également aux puissances qui viennent après elle et qui forment la hiérarchie spirituelle. Car le Zoroastrisme antique ignorait ce matérialisme moderne qui tente de placer Dieu à l'un des pôles de l'univers, l'homme et le monde terrestre à l'autre, mettant entre eux une profonde lacune faite d'espace vide et de néant. Dans le Zoroastrisme, comme dans toutes les autres religions antiques, il n'y avait pas de lacune dans l'Univers, pas d'espace vide, aucun lieu exempt d'Intelligences vivantes et où des êtres spirituels ne fussent pas actifs ; entre l'homme, à la base de l'échelle, et le Dieu suprême au sommet, se plaçaient des Intelligences, occupant des rangs de plus en plus élevés, d'une nature de plus en plus divine et toutes objets d'adorations, — fait dont témoigne la littérature zoroastrienne tout entière. À côté de la *Yasna*, formée des deux parties que nous venons de voir, nous trouvons la *Visparad*, collection d'invocations préparatoires qu'on prononçait avant les autres prières et sacrifices. On peut considérer ces deux recueils, la *Yasna* et la *Visparad* comme occupant dans le Zoroastrisme la même place que les Védas dans l'Hindouisme. Après ces recueils, nous trouvons ce qui constituait autrefois une vaste littérature et dont, Hélas ! il ne nous reste presque plus que des titres. Nous possédons un livre complet et quelques fragments du reste, tandis que nous avons la liste de vingt et un grands traités dont le contenu, grossièrement résumé, nous a été conservé : — c'est ce qu'on appelle les vingt et un Nasks. Il y est question de toutes sortes de sciences, de médecine, d'astronomie, d'agriculture, de botanique, de philosophie, en somme de la série complète des sciences et des lois ; ces Nasks occupent ici la même place que la Védânga dans l'Hindouisme. J'insiste sur ces analogies parce qu'elles constituent un argument puissant pour l'opinion que je soutiens relativement à l'ancienneté et à la grandeur de cette religion.

De ces traités, un seul livre, le *Vendidad* subsiste complet : c'est un livre de lois relatives à la conservation de la pureté, aussi bien chez l'homme que dans la nature extérieure. Nous avons ensuite le *Khordah Avesta* ou petit *Avesta*, qui consiste en Yashts (invocations) et en prières à l'usage des laïques plutôt que des prêtres et dont la plupart sont les prières quotidiennes des Parsîs modernes. C'est une collection mêlée — quelques-uns des fragments sont très anciens, quelques-uns d'une époque relativement récente. L'incendie de la bibliothèque de Persépolis fut suivi d'une période de cinq cent cinquante ans de tumulte et d'anarchie, et ce ne fut qu'après cette période, sous les monarques sassanides, qu'on s'occupa de rassembler les fragments conservés de la littérature zoroastrienne. Il n'est pas étonnant qu'il ne soit resté que des fragments, débris d'un tout autrefois splendide, pareils à des morceaux de mosaïque arrachés de leur lit de ciment, où ils faisaient partie d'un grand tableau dont le sens était alors intelligible. Ceux-là seulement qui savent reconstituer le tableau peuvent voir où se plaçait chaque fragment et sont ainsi à même de juger de la beauté originelle de l'ensemble.

J'ai insisté assez longuement, — par rapport au temps dont je dispose, quoique j'en aie parlé, en réalité, très brièvement, — sur ces détails préliminaires, parce que la plupart des gens les ignorent et qu'à moins de les connaître, il est impossible d'apprécier le poids de l'argument qui vient accroître l'évidence de l'ancienneté de la philosophie et de la religion elles-mêmes. Et nous pouvons bien dire aussi qu'il est nécessaire de constater qu'il y a des lacunes dans les preuves, afin de mesurer la valeur de ce qui a été perdu, afin de comprendre combien les textes que nous avons entre les mains sont fragmentaires et combien, par suite, sera nécessairement imparfait le tableau que nous tracerons de la philosophie et de la religion en recourant à ces seuls documents. Il nous en reste assez, cependant, pour qu'on puisse établir que le Zoroastrisme est d'accord avec la doctrine occulte sur tous les points essentiels, sauf un. Dans les écritures, telles qu'elles sont acceptées par les Parsîs orthodoxes, il n'est pas parlé de la réincarnation ; c'est un dogme admis dans les textes conservés par les

Grecs et dans le *Desatir*, livre riche en vérités occultes, mais ni les uns ni l'autre ne sont considérés comme faisant autorité.

Examinons maintenant la religion et la philosophie elles-mêmes, et comme il s'est produit, bien malheureusement, sous l'influence européenne une réaction matérialiste, il nous sera nécessaire de citer les Écritures vers par vers afin de rétablir l'antique doctrine occulte.

Au sommet de l'Univers manifesté se trouve Ahûra-Mazdâ, nom que l'on traduit parfois par « Sagesse vivante », d'autres fois par « Seigneur de la Sagesse », enfin d'autres fois par« Sage Seigneur ». Les inscriptions cunéiformes portent Aûramazda, les Sassanides Aûharmazda et le mot persan moderne est Hôrmazd ou Ormazd[13].

C'est l'Être suprême, universel, celui qui pénètre tout, la source et la fontaine de vie ; dans la religion zoroastrienne il occupe la même place que le Brahman manifesté des Onpanishads, ce Brahman engendré au commencement de toutes choses, l'Unique, la source où l'homme puise la vie. Il est décrit à mainte et mainte reprise dans les textes sacrés ; avec moins de détails dans les Gâthâs, — quoiqu'il s'en trouve là aussi une description partielle, — que dans quelques-unes des prières et des invocations. Nous allons choisir deux spécimens qui nous montreront comment est décrit cet Être puissant, afin que vous vous rendiez compte à quel point la conception en est sublime, combien est élevée cette idée du Dieu primordial. Dans l'*Ormazd Yasht*, ce Dieu énonce ses propres qualités (un peu comme le fait Shrî-Krishna dans le dixième discours du *Baghavad-Gîta*. » Il énumère ses noms, les noms qui décrivent ses attributs. Il dit : « Je suis le protecteur, je suis le créateur, je suis le nourricier, je suis celui qui sait. Je suis le plus saint d'entre les divins. Mon nom est salut, mon nom est Dieu, mon nom est le grand, le sage, mon nom est le pur... On m'appelle le majestueux... celui qui voit au loin... on m'appelle le veilleur... le dispensateur de tout accroissement », et ainsi de suite pour soixante-douze noms[14]. Écoutons maintenant la description qu'en donne le grand prophète lui-même : « Il créa d'abord (Ahûra-Mazda), par son éclat inné, la multitude des corps célestes et par son entendement les êtres bons, gouvernés par la pensée droite qui lui est innée. Toi, Ahûra-Mazda, Esprit éternel, fais-les prospérer (les êtres bons). Lorsque nos yeux le contemplent, Essence de vérité, Créateur de toute vie, qui manifestes la vie propre dans les œuvres, — alors je reconnais en toi l'esprit originel, en toi, Mazda, dont la pensée est assez haute pour avoir créé le monde, en toi, le père de la pensée droite[15]. » Ahura-Mazda se révèle comme triple, et nous lisons dans le *Khorda-Avesta* : « Gloire à toi, Ahûra-Mazda, à toi qui apparais triple à toutes les autres créatures[16]. Notez ce « triple », car c'est un point d'une importance essentielle. Il rapproche la conception zoroastrienne de l'Être suprême du triple Brahman des Upanishads, qui nous est si familier et, de même, cette triplicité explique les deux principes existant en l'Être suprême et émanant de lui, à côté d'un troisième qui vient compléter la trinité, — les deux premiers trop souvent conçus comme des principes opposés, ce qui a conduit à concevoir la doctrine zoroastrienne comme dualiste, en son essence tandis qu'elle est foncièrement moniste.

Mais, avant de nous arrêter à cette question, nous devons constater qu'il y avait, d'après l'ancienne doctrine, au delà et au-dessus d'Ahûra-Mazda, cet Un, cet Inconnaissable, ce « Temps illimité », que les orientalistes européens se refusent à reconnaître, ignorant les théories occultes. Ils prétendent que l'idée d'un temps illimité, lequel serait la source d'Ahura-Mazdâ repose sur un contresens grammatical et qu'il n'y faut pas voir (ce qui est, cependant) une forme sous laquelle on essaierait de présenter la vérité occulte de l'existence de l'Un, — inconnaissable aux facultés humaines. Mais bien qu'ils attaquent la théorie, ils en admettent l'antiquité et ils sont obligés de reconnaître aussi que les textes anciens sont d'accord avec la doctrine occulte. Les Grecs se prononcent sans hésitation sur la réalité de cet enseignement. Plutarque dit : « Cromasdes (Ahura-Mazdâ) descendait de la pure lumière[17] » : Damascius écrit : « Les mages et toute la nation aryenne avec eux considèrent (ainsi qu'on le lit dans Eudème), quelques-uns l'Espace, d'autres le Temps comme la cause universelle, au sein de laquelle existaient séparés l'Esprit bien et celui du mal, ou, comme certains le prétendent, la lumière et les ténèbres — avant que ces *deux esprits n'apparussent*[18]. » Théodore parle « de cette exécrable doctrine des Persans, introduite par Zoroastrades, à savoir celle qui concerne *Zorouan,* dont on fait le régisseur de tout l'univers et qu'on appelle Destin et qui, ayant offert des sacrifices afin d'engendrer Hormisdas, donna naissance à la fois à Hormidas et à Satan[19] ». Cette analyse erronée est très intéressante chez un controvertiste, en particulier l'allusion qu'il fait au dogme occulte du sacrifice originel. On retrouve cela dans une « l'allusion des hérésies » du cinquième siècle après Jésus-Christ et due à Ezvik : « Avant que rien n'existât, ni le ciel, ni la terre, ni aucune des créatures qui s'y trouvent, Zerouan existait déjà… Il offrit des sacrifices pendant mille ans dans l'espoir d'obtenir un fils du nom d'Ormiz qui devait créer le ciel, la terre et toutes les choses qui s'y trouvent[20]. » Le docteur Haug qui adopte la théorie de cette erreur grammaticale, reconnaît cependant : « que cette doctrine de *Zarvan Akarana* était communément admise en Perse, à l'époque des Sassanides, ainsi que cela ressort nettement des textes cités plus haut (pp. 12-14)[21], » Indépendamment de tout témoignage occulte, c'en est assez pour qu'il soit bien établi que Zarathûshtra avait enseigné la vieille doctrine de l'existence de l'Un non manifesté, d'où l'Univers manifesté était issu. Et quand nous lisons le récit d'un sacrifice originel, accompli par Dieu lui-même, à la suite duquel Ahura-Mazdâ fut engendré, nous savons, grâce à la mention faite incidemment, — mention si obscure pour la majorité, mais si claire pour la minorité, — que le sacrifice originel, la limitation par laquelle devint possible la manifestation, constituait un dogme enseigné par Zoroastre lui aussi ; c'est ce que savent tous les étudiants en occultisme et ce à quoi les Écritures font allusion à mainte et mainte reprise. H. P. Blavatsky nous dit : « Ahura-Mazda (Asûra-Mazda) lui-même avait été engendré par Zéroana Akerna, cercle infini du temps ou cause inconnue. La gloire de ce dernier est trop grande, son éclat trop éblouissant pour que l'intellect humain le conçoive ou pour que l'œil d'un mortel le contemple. Son émanation première est la lumière éternelle, qui, antérieurement cachée dans l'obscurité, fut appelée à se manifester, et c'est ainsi que se forma Ormazd, le roi de la vie. Il est le « premier né » dans le temps infini, mais pareil en cela à son propre antétype (l'idée spirituelle préexistante), il a vécu de toute éternité au sein de l'obscurité[22]. »

Pour l'occultiste qui sait que Zarathûshtra était membre de la Confrérie, il ne peut y avoir de doute sur l'enseignement de cette vérité fondamentale ; pour ceux qui ne le sont pas, les preuves apparentes devraient être suffisantes, attendu que le point de vue opposé est celui d'Européens ignorant les anciennes traditions.

Revenons maintenant au triple Ahûra-Mazdâ, et à sa projection hors de lui-même afin que la création soit. Nous savons que de lui procède une dualité : Sentô-Mainyush et Angrô-Mainyush, deux principes dont les racines étaient en lui, mais qui furent projetés hors de lui afin qu'un Univers manifesté pût parvenir à l'existence. Les mots « bon » et « mauvais » sont employés pour désigner ces deux principes, mais ce ne sont pas les meilleurs termes qui nous les décrivent ; la vraie clef nous est fournie par les anciennes Gâthâs. On peut dire que le bien et le mal ne parviennent à l'être que lorsque l'homme, au cours de son évolution, développe en lui la faculté de s'instruire et de choisir ; la dualité originelle n'est pas celle du bien et du mal, mais celle de l'esprit et de la matière, de la réalité et du non-être, de la lumière et des ténèbres, de la construction et de la destruction, — des deux pôles entre lesquels l'Univers est enfermé et sans lesquels aucun Univers ne pourrait subsister. La seconde expression, « réalité et non-être », est employée par Zarathûshtra lui-même quand il proclame cette vérité fondamentale ; nous lisons, en effet, dans la *Gâthâ Ahûnavaiti* que le Prophète, debout près du feu sacré, — et nous verrons dans quelques instants le sens d'une déclaration faite près du feu sacré, — fit la déclaration suivante : « Au commencement était un couple de jumeaux, deux esprits exerçant chacun leur activité propre » et le Prophète ajoute : « Et ces deux esprits en s'unissant créèrent au commencement (les choses matérielles), l'un la réalité l'autre le non-être[23]. » Voilà cette dualité primitive de Sat et Asat, l'exacte reproduction de la doctrine occulte suivant laquelle l'Un aurait projeté la dualité afin que la pluralité pût en sortir. De l'Un sont issus la réalité et le non-être. Le prophète continue et déclare qu'il faut opter pour l'un ou pour l'autre ; il faut choisir l'un de ces deux « esprits », de même toutes les anciennes doctrines nous disent qu'il dépend de nous de choisir l'esprit ou la matière, appelez-les si vous voulez « bien » et « mal, » mais ce ne sont pas là leurs noms essentiels, car le point fondamental est que le choix de l'homme doit se faire entre le spirituel et le matériel. Divers noms sont donnés à cette dualité, qui nous montrent comment on la comprenait jadis. On lit dans la *Gâthâ Ushatavaiti* (Yasna XLV) : « Vous tous qui êtes venus de près ou de loin, prêtez l'oreille et écoutez maintenant ce que je vais vous annoncer. Les sages nous ont désormais révélé dans l'Univers une dualité… Je veux vous faire connaître les deux esprits qui sont à l'origine de ce monde, et ce que l'un des deux, le constructeur, a dit à l'autre, le destructeur[24]. » Voici encore deux noms qui nous donnent la clef du secret, le « constructeur » et le « destructeur » ; l'un, duquel la vie découle sans cesse ; l'autre, le côté matériel qui appartient à la forme et qui se détruit sans cesse afin que la vie puisse passer à une expression plus haute. Pour graver cela dans l'esprit du peuple, on l'exprime en disant que ce qu'on nomme mauvais esprit, c'est la mort, qui dissout le corps de l'homme ; la destruction de la forme corporelle signifie le passage de la vie des conditions précédentes à des conditions supérieures, — il n'y faut pas voir l'œuvre d'une puissance mauvaise, mais la libération de l'âme et par suite une partie de la manifestation divine de l'Univers. On parle aussi des deux premiers principes en les appelant les « deux maîtres » ou les « deux créateurs » et il est déclaré quelque part que l'intelligence suprême, Srosh, adorait « ces deux créateurs qui ont créé toutes choses[25]. » Il est certain que ce grand Un n'adorerait pas le mal, bien qu'il puisse certainement aussi rendre hommage à la dualité de la nature divine.

Comme pour régler définitivement la question, ces deux principes sont appelés « mes deux esprits » par Ahûra-Mazdâ lui-même[26]. Le docteur Haug s'empare avec empressement de cette idée et déclare que : « Ce sont les deux causes qui meuvent l'Univers, elles sont unies depuis l'origine par suite appelées « jumelles » (*Yemâ*, sanscr. *Yaman*). Elles sont partout présentes, aussi bien chez Ahûra-Mazda que chez l'homme… Nous ne trouvons jamais dans les Gâthâs, Angro-Mainyûsk mentionné comme un adversaire constant d'Ahura-Mazda, ainsi que ce sera le cas dans les écrits ultérieurs… Telle est la conception zoroastrienne primitive des deux esprits créateurs qui constituent simplement les deux parties de l'Être divin[27]. »

Il y a dans cette Trinité primitive, une troisième personne, bien qu'il soit un peu plus difficile d'en suivre la trace, enfouie, plus profondément que les deux autres, sous un changement qui se produisit plus tard. Cette trinité comprend, en effet, Ahûra-Madzdâ qui est le premier et de qui tout dérive ; un second principe, avec la dualité qui est toujours l'indice de la seconde personne dans la Trinité manifestée ; enfin, la troisième, la Sagesse, la Sagesse primitive ou Pensée, par laquelle le monde a été créé. C'est Armaiti, celle de qui il est écrit : « Pour assister la vie (pour l'enrichir), Armaiti est venue avec la richesse, la pensée juste et bonne ; elle, l'éternelle, a créé le monde matériel[28]. » Plus tard, Armaiti fut identifiée à sa création et adorée comme déesse de la terre, mais primitivement, elle complétait la trinité.

Si nous procédons par ordre, nous rencontrons ensuite les hiérarchies d'intelligences divines régies par les sept grands esprits, les Ameshaspentas, les sept Dieux-présidents ; Ahûra-Mazdâ est placé à leur tête, comme l'un d'entre eux ; parfois ils forment le septénaire inférieur et au-dessus d'eux se place la Triade supérieure, — conception familière à tout théosophe qui sait que l'Univers est une décade figurée par les sept inférieurs et les trois supérieurs, de même que dans le Sephiroth de la Cabale Juive. Les sept Ameshaspentas (si l'on en excepte Ahùra-Mazda) sont : Vohûman, la bonne pensée; Asha Vahista, la plus grande sainteté ; Khshatraver, la puissance ; Spendarmad, l'amour ; Haurvatât, la santé ; Amercelâd, l'immortalité; enfin le Feu, le plus précieux des Ameshaspentas[29] ». À ces sept Esprits, on adresse continuellement des prières, des hymnes sont continuellement chantés en leur honneur, leur culte pénètre la liturgie tout entière. Et cependant, quelques savants orientalistes — suivis, je suis heureuse de le dire, par une petite minorité de Parsîs modernes — ont matérialisé ces esprits, dont ils ont fait de simples attributs de Dieu, au lieu de les considérer comme les vivantes Intelligences par qui, ainsi qu'il est dit dans les Gâthâs, les mondes furent créés et sont conservés.

Le docteur Mill rabaisse ces Esprits au rang de simples attributs et, dans sa traduction, les traite toujours comme tels, bien qu'il soit parfois acculé dans des positions intenables par cette répugnance moderne à reconnaître partout des Intelligences invisibles. Voyons si l'on peut vraiment faire de ces Esprits de simples attributs :

> « Cependant, très généreux Mazda Ahûra, et toi, Piété, avec lui, »
> « Et toi, Asha, intercédant pour me rendre leurs décisions favorables, »
> « Toi, bonne Pensée, et toi, la Puissance, »
> « Vous tous, écoutez-moi, et soyez-moi miséricordieux[30]. »

Les « attributs » orthographiés avec des majuscules désignent des Ameshaspentas, Spendarmad, Vohûman et Khshatraver — et le pluriel « vous », comme d'ailleurs la phrase, « vous *tous*, écoutez-moi ! » seraient une étrange façon de s'adresser à un Dieu et à ses qualités.

> « Des doctrines, Ahûra, et des actions, dis-moi ce qui vaut le mieux, Mazda, »
> « Et enseigne à ton débiteur la prière des admirateurs, dis-moi cela avec »
> « La Vérité et la Bonne Pensée »
> « Et puisse ta grâce, par la Souveraine Puissance, réaliser la Perfection de ce monde. »

On lit dans le texte Pahlavi : « Déclare-moi donc, par suite, ô toi, Auhamnazd, quelle est la meilleure parole et la meilleure action et donnez-moi ce qui est ta dette, ô Vohûman, et la tienne, ô Ashavahist, pour que je vous loue, car grâce à votre souveraineté, ô Aûharmazd, l'accomplissement du progrès se manifeste réel en ce monde, selon votre volonté[31]. »

« Tel je l'avais conçu, Dieu généreux, Ahûra-Mazda
« Quand, avec l'aide de la Bonne Pensée, la soumission s'approcha de moi
« Et me demanda : Qui es-tu ? D'où viens-tu[32] ? »

Curieux procédé s'il s'agissait d'un attribut.

« Telles sont les faveurs que je sollicite d'abord de toi, Ahûra !
« Asha ! et accorde aussi les tiennes, Aramaiti[33] ! »

Bien d'autres passages extraits des Gâthâs pourraient être cités, si nous en avions la place. Considérons maintenant celui-ci, emprunté au *Yasna haptanhaiti*, qu'on admet être une des plus anciennes parties de la *Yasna*, après les Gâthâs : » Nous adorons Ahûra-Mazda, le juste, le maître de toute justice. Nous adorons les Ameshaspentas (les archanges), les possesseurs du bien, les dispensateurs du bien. Nous adorons la création tout entière de l'esprit juste[34]. » Le *Vispered* commence ainsi : « J'invoque et je proclame les puissances du ciel, les puissances de la terre, » et ainsi de suite une longue liste de dieux est énumérée[35]. Et ailleurs : « Nous les faisons connaître : à toi Ahûra-Mazda, au saint Sraôsha, à Rashnû le très droit, à Mithra qui règne sur de vastes pâturages, aux âmes-haspentas, aux Fravarshis des purs, aux âmes des purs, au Feu, fils d'Ahûra-Mazda et au Seigneur tout-puissant[36]. » La *Yasna* apporte son témoignage : « J'invoque et je proclame : le Créateur Ahûra-Mazda, le Brillant, le Majestueux, le Très Haut, le Très Bon, le Très Beau, le Très Fort, le Très

Intelligent, celui dont le corps est le plus parfait, le Dieu suprême par sa Sainteté ; celui qui est très Sage, le Bienheureux, celui qui nous a créés, nous a formés, nous conserve l'existence, le plus Saint d'entre les divins. J'invoque et je proclame : Vohûmano, Ashvahista, Kshathra-Vairya, Spent-ârmaiti, Haurvat et Ameritât ; le corps de la vache, l'âme de la vache, le feu (le fils) d'Ahûra-Mazda, le plus précieux des Ameshaspentas[37]. »

Mais les *Yasnas* sont pleines d'hommages : aux Dieux suprêmes, à Mithra[38], à la Déesse des eaux[39], à Srosh[40] — l'une des plus puissantes parmi les grandes intelligences, — au Soleil, à la Lune et aux Étoiles[41]. En somme, il faudrait détruire l'édifice tout entier du Zoroastrisme si, par déférence pour le matérialisme européen, on en voulait arracher le culte des Dieux. Dans cette religion, comme dans l'Hindouisme, les Dieux sont partout et à mesure que le fidèle s'élève, il adore des Intelligences de plus en plus élevées, jusqu'à ce qu'il arrive à Ahûra-Mazdâ, dont la volonté a les précédents pour agents et dont la vie fait subsister ces esprits subalternes.

Arrivons maintenant au Feu, symbole suprême de Dieu, symbole de la vie divine qu'on appelle le fils d'Ahûra-Mazdâ, — symbole sacré le plus révéré des Zoroastriens de nos jours. Ainsi que nous pouvions nous y attendre, nous trouvons toute une série de prières adressées au Feu, tout un culte rendu, dans les termes les plus clairs, les plus simples, les plus explicites au Feu, (ce Feu qu'on déclare la plus précieuse des Intelligences spirituelles, à ce Feu qui est la plus bienveillante d'entre elles puisqu'il descend d'Ahûra-Mazdâ et qu'il connaît tous les secrets des cieux. « Heureux l'homme vers qui tu viens dans la puissance, ô Feu, fils d'Ahûra-Mazdâ. Plus bienveillant que le plus bienveillant, plus digne d'adorations que le plus digne d'honneur. Puisses-tu venir à nous et nous être secourable à l'heure de notre plus grande détresse. Feu, tu es en relation intime avec Ahûra-Mazda, en relation intime avec le monde celeste. Tu es ce qu'il y a de plus saint en ton propre être (le feu), qui porte le nom de Vazista. Ô Feu, fils d'Ahûra-Mazdâ, laisse-nous approcher de toi[42]. »

Qu'est-ce que le feu ? De tout temps, dans toute religion, le feu a été le symbole du Dieu suprême. Brahma est feu ; Ahûra-Mazda est feu ; les Juifs adorent leur Dieu sous la forme d'une colonne de feu et les Chrétiens déclarent : « Notre Dieu est un feu qui consume. » Partout le feu a été et est encore l'emblème suprême ; car celui qui est gloire, se manifeste sous la forme du feu, il flamboie du sein de ce qui « est obscur par excès de clarté » et l'Univers tout entier n'est que le produit par rayonnement de la flamme vivante. Oh, si je pouvais vous montrer Zarahtûshtra le tout-puissant, et qu'il parla pour la première fois au peuple et lui enseigna les vérités qui lui avaient été à lui-même révélées par le Feu, par les Fils du Feu qui l'avaient envoyé sur terre pour qu'il enseignât ces vérités au peuple ! Si je pouvais vous le peindre, debout près de l'autel, parlant de ce que le Feu lui a révélé ! Rappelez-vous ce qu'il est dit dans l'un de ces « Oracles » qui reproduisent les traditions primitives :

« Lorsque tu contemples un Feu sacré sans forme, qui brille d'une manière éblouissante, partout, à travers le monde, écoute la voix du Feu. » Lorsque parla Zarathushtra, il n'y avait d'abord pas de feu à côté de lui sur l'autel ; il y avait du bois de santal dont les morceaux répandaient leur odeur, il y avait des parfums, mais pas de feu. Tandis que le Prophète était là, debout, il tenait une baguette, — tout occultiste sait qu'une reproduction de cette baguette était employée dans les mystères, — dans laquelle brûlait le feu divin des sphères supérieures et autour de laquelle s'enroulaient, enlacés, les serpents de feu. Et comme il levait cette baguette, la dirigeant vers le ciel, voici qu'à travers l'espace infini, à travers la voûte du ciel bleu, les cieux éclatèrent en feu et des flammes légères voltigèrent de tous côtés ; fendant l'air, quelques-unes de ces flammes s'élancèrent et vinrent tomber à côté du Prophète sur l'autel qu'elles incendièrent. Et le feu vivant s'enroulant autour de lui, fit du Prophète une masse de flammes tandis qu'il prononçait les « paroles du feu » et proclamait les vérités éternelles. C'est ainsi que Zarathûshtra enseigna jadis. Et il composa les hymnes du feu, hymnes qui avaient le pouvoir de faire descendre le feu d'en haut — mantras[43] infaillibles, paroles toutes-puissantes — et les siècles ont suivi les siècles, les millénaires ont suivi les millénaires et jamais plus le feu qui avait flamboyé sur l'autel de Zoroastre, dans le temple du Feu, n'a consisté en une simple masse de flammes. Désormais, d'en haut, du haut des cieux, le feu sacré est descendu du brûlant Akâsha : à la parole du prêtre, il est tombé sur l'autel et on l'y a vu flamboyer comme le vivant symbole de Dieu. Lorsque le clergé inférieur devait officier (quand le clergé supérieur n'était pas en état de faire le service), on donnait à ces prêtres subalternes la baguette de feu dans laquelle brûlait toujours le feu électrique, la flamme vivante, et lorsqu'ils touchaient avec cette baguette ce qui était déposé sur l'autel, le feu du ciel aussitôt éclatait.

De nos jours encore, regardez comment la tradition s'est transmise dans ces cérémonies où l'on allume le feu sur le nouvel autel. Aujourd'hui il reste encore un faible écho de l'ancienne vérité, bien que le pouvoir ait disparu et que nul Parsî Dastur puisse faire descendre le feu d'en haut. Dans la ville où la flamme sacrée doit être allumée, on recueille le feu de toutes les sources différentes, mais ce feu n'est pas employé sous la forme où il est produit par le combustible terrestre, car l'officiant place, au-dessus du feu qu'il a recueilli, un plateau de fer sur lequel il entasse le bois de santal, puis il soutient ce plateau en l'air afin qu'il n'y ait pas de contact matériel ; le feu qui brûle en-dessous allume alors le combustible et un second feu jaillit ; neuf fois de suite cette cérémonie est répétée, jusqu'à ce que l'essence même du feu, pour ainsi dire, soit recueillie — pure essence destinée aux purs et digne d'être le symbole du divin. Ensuite on cherche à recueillir le feu électrique, la flamme de l'éclair telle qu'elle sort des cieux et que les prêtres actuels sont incapables de faire descendre à leur appel ; ils doivent parfois attendre des années avant de pouvoir recueillir ce feu ; pendant des années ils patientent avant de pouvoir mélanger cette flammes à celles qui brûlent déjà sur l'autel sacré. Devant ce feu sacré, tout Zoroastrien s'incline, et dans tout domicile, lorsque le soleil se couche, on promène mais toutes les pièces, à travers l'obscurité grandissante, un feu dans lequel brûlent des parfums, — emblème du pouvoir purificateur et protecteur du Feu suprême.

Il nous faut maintenant examiner rapidement comment l'homme est envisagé, afin que nous puissions comprendre sa place dans la hiérarchie des Intelligences. Il a en lui, — comme tout ce qui existe, — les deux principes esprit et matière et il peut opter pour l'un ou l'autre. Toute l'éthique repose sur l'idée que l'homme se jettera du côté de la pureté, combattra pour la pureté, soutiendra la pureté. Il se peut que la seconde conception d'Angrô-Mainyush, qui fait de lui un ennemi, ait été une tentative pour stimuler l'homme à un conflit actif avec le mal, pour lui faire sentir qu'il livrait la bataille de « l'esprit du bien » contre « l'esprit du mal ». Prendre en toute chose activement parti pour la pureté est un devoir personnel. Le Zoroastrien doit conserver la pureté de la terre, la cultiver est accomplir un devoir religieux ; il doit accomplir tous les travaux de l'agriculture en les regardant comme un mode du service divin — car la terre a été créée pure par Ahûra-Mazdâ et doit être préservée de toute pollution. L'air doit demeurer pur. L'eau doit demeurer pure. Si quelque chose d'impur, un cadavre par exemple, tombe dans l'eau, un bon Zoroastrien doit l'enlever afin que l'élément pur ne soit pas souillé. De là, aussi, le refus de brûler les morts, parce que le feu serait souillé par un contact impur. C'est pourquoi les corps sont respectueusement transportés dans les « Tours du silence » ; là, dans ces lieux bien gardés, qui ne sont ouverts qu'aux cieux, les cadavres sont étendus afin que les vautours puissent rapidement les dévorer et qu'aucun élément pur n'en soit souillé.

Quittons cette pureté de la nature éternelle, (à laquelle un Parsî ne doit pas s'associer passivement, mais activement), — et arrivons à ce fameux axiome de leur religion : « De pures pensées, de pures paroles, de pures actions. » C'est la règle, sans cesse répétée, de la vie zoroastrienne — et remarquons que les trois choses se suivent dans l'ordre occulte — on y revient sans cesse dans les prières quotidiennes, on y insiste à chaque tournant de la vie. Les premiers mots du *Khordah-Avesta* forment l'Ashem-Vohû, la formule la plus sacrée, chaque jour répétée : « La pureté est le plus grand des biens. Le bonheur, le bonheur est à lui — au plus pur d'entre les purs[44]. » Quand Ahûra-Mazdâ répond à Zarathushtra qui l'interroge sur la récitation de l'Ashem-Vohû, le Dieu déclare que le mode de récitation de l'Ashem-Vohû qui a autant de prix que les meilleures choses qu'Il ait lui-même créées — consiste à : « éviter les mauvaises pensées, les mauvaises paroles et les mauvaises actions[45]. »

Entre l'âge de sept ans et celui de quinze ans, l'enfant doit être initié, après quoi on le revêt pour la première fois du kûsti (ou cordon sacré) et de la Sûdrâ (chemise de lin blanc), tous deux emblèmes de la pureté. Le kûsti est fait de soixante-douze fils de laine prise sur des agneaux et il est enroulé trois fois autour de la taille pour symboliser les bonnes pensées, les bonnes paroles et les bonnes actions qui doivent incomber au porteur de ce kûsti ; on le noue deux fois devant et deux fois derrière. La sincérité, la chasteté, l'obéissance envers tes parents, le fait d'être hospitalier, laborieux, honnête, doux envers les animaux utiles — constituent des vertus auxquelles une importance spéciale est attachée et quant à la charité, elle fait partie essentielle de la religion. Ce doit être une charité éclairée, elle doit être exercée envers qui la mérite ; il est particulièrement recommandé d'aider les pauvres, d'aider à se marier ceux qui n'ont pas le moyen de le faire, d'aider à élever les enfants de ceux qui sont incapables de remplir eux-mêmes ce devoir. Ervad Sheriayi Dadabhai Barucha écrit : « De même que certaines vertus sont considérées comme les attributs spéciaux des quatre classes de l'humanité et leur sont parfaitement appropriées, de même certains vices doivent être tout spécialement évités par chacune de ces classes. Dans la classe sacerdotale, ce qui est particulièrement choquant, c'est l'hypocrisie, la cupidité, la négligence, la paresse, l'importance attachée à des riens et le manque de foi religieuse. Le guerrier doit ignorer la tyrannie, la violence, le manquement à la parole donnée, l'excitation au mal, l'ostentation, l'arrogance et l'insolence. Le cultivateur doit fuir l'ignorance, l'envie, la mauvaise volonté et la malice ; l'artisan doit se garder de l'incrédulité, de l'ingratitude, de la grossièreté et de la médisance (Mainyo-I Khart, LIX) »[46]. Il est intéressant de noter que lorsqu'Ahûra-Mazdâ a fait connaître « la voie droite » (Ahûna-Vairya) dans l'ordre spirituel et dans l'ordre humain, cette Ahûna-Vairya comportait trois paragraphes : les quatre classes, les cinq chefs et une conclusion. Les quatre classes étaient les castes des prêtres, des guerriers, des agriculteurs et des artisans[47], — nouvel indice de l'étroite parenté entre les Iraniens et la première subdivision de la race aryenne.

Il y a d'autres indices non moins intéressants du même fait : le sacrifice du Homa, par exemple, adoré avec la même ferveur et exalté au même degré dans le *Homa Yash*[48] que dans le *Sama Véda* les noms des prêtres — l'Atharva (Atharvan), le Zaota (Hôta) et l'identité de fonctions entre le Rathwi et l'Adhvârya ; le lait, le ghee[49], l'eau sainte, les rameaux sacrés sont d'usage dans certaines cérémonies, aussi bien chez l'un des peuples que chez l'autre ; les Parsîs, comme les Hindous, ont des prières pour les morts à intervalles fixés. La vérité est que les deux religions sont sœurs ; c'est seulement l'invasion, l'oppression et l'exil qui ont altéré la plus jeune des deux au point qu'elle a perdu une grande partie de son patrimoine primitif.

Les sept principes qui constituent l'homme sont clairement mentionnés dans la *Yasna LIV*, 1 : « Des corps joints à des os, la force vitale et la forme, la vigueur et la conscience, l'âme et le Fravarshi[50]. » Les trois premiers sont les corps denses et éthérés avec Prâna ; la vigueur est

Kamâ, la conscience Manas, Urvan (traduit par âme) est Bouddhi, et Fravarahi n'est autre qu'Atmâ. « Tout être de la bonne création, vivant ou décédé, ou même pas né encore a son propre Fravarshi », écrit le docteur Haug[51]. Mais cela ne peut guère donner une idée complète de la chose, tandis qu'on la trouve expliquée dans le *Fravardin Yasht* où Ahûra-Mazdâ déclare que toutes les choses bonnes subsistent grâce à leur splendeur et à leur gloire. Celles-ci sont appelées les « puissants anges gardiens du juste » et représentent évidemment l'Atmâ et même, dans bien des cas, l'Atmâ après l'absorption en lui de Manas et de Bouddhi.

Après la mort, l'âme passe dans le monde intermédiaire, dans ces « sentiers usés par le temps, qui sont pour les méchants et qui sont pour les justes[52] » et dont parle Ahûra-Mazdâ, comme du » sentier terrible, mortel, destructeur qui est la séparation du corps et de l'âme[53] », le Kâmaloka. L'âme du juste rencontre une belle jeune fille, l'incarnation de ses bonnes pensées, de ses bonnes paroles et de ses bonnes actions ; elle traverse saine et sauve le » pont du juge » et arrive au ciel. Mais l'âme du méchant rencontre une hideuse vieille, l'incarnation de ses mauvaises pensées, de ses mauvaises paroles et de ses mauvaises actions, elle ne parvient pas à traverser le pont et tombe dans le feu.

Ici encore il y a bien des choses qui sont passées sous silence ; beaucoup d'autres sont décrites trop brièvement, d'une manière trop succincte ; cependant il en est dit assez pour justifier l'occultiste quand il affirme que cette antique religion, la seconde des religions de la cinquième race, est issue de la source primitive, que son Prophète fut un des Initiés divins, qu'elle s'est transmise millénaire après millénaire, du passé jusqu'à nous et qu'elle est médiocrement représentée par le Zoroastrisme, relativement matérialiste, qu'on observe aujourd'hui. L'étude des textes sacrés de cette religion pourrait la rétablir sous sa forme primitive ; on pourrait y respirer encore la doctrine ancienne ; les concessions faites à la critique et au matérialisme européens pourraient être repoussées par tout Zoroastrien, comme ne faisant pas partie de son ancienne, de son admirable religion. Ô mes frères Parsîs ! votre Prophète n'est pas mort. Il n'a point péri. Il veille sur la religion qu'il a fondée, s'efforçant sans cesse de la relever de sa dégradation actuelle, de lui restituer la doctrine qu'elle a perdue, le pouvoir qu'elle n'a plus. Y a-t-il une plus noble tâche pour les Zoroastriens actuels que de faire pénétrer le Feu antique dans l'âme de leurs frères, d'en rallumer la flamme sur l'autel spirituel de leur cœur ? Y a-t-il pour eux une plus noble tâche que d'étudier les textes sacrés de leur propre religion, puis d'aller enseigner l'ancienne doctrine avec l'autorité et le pouvoir que peut seul détenir l'homme qui partage la même foi que ceux auxquels il s'adresse ? Le feu n'est pas mort ; il couve seulement sur ses anciens autels ; les cendres en sont brûlantes, prêtes à faire jaillir de nouveau des flammes. Et je rêve au jour où le souffle du grand prophète Zarathushtra passera de nouveau dans ses temples, ranimant les cendres sur les autels de ces anciens fanums[54] — et de tous les autels le feu jaillira et du haut des cieux, de nouveau, des flammes descendront en réponse à l'appel terrestre, ramenant la religion iranienne à ce qu'elle devrait être : un fanal pour les âmes humaines, une des plus grandes religions du monde.

1. ↑ Zend-Avesta. Introduction, p. 37. *Sacred books of the East*, vol. XXXI.
2. ↑ *A study of five Zarathustrian (Zoroastriân), Gâthâs*, avec traduction en Pahlavi, texte sanscrit de Naryosangh, texte persan traduit et accompagné d'un commentaire. Introduction, pp. XIX, XX.
3. ↑ *Essays of the sacred Language. Writings and Religion of the Pârsis*, par Martin Haug, ph. D., *Trübner's Oriental Series*, p. 136.
4. ↑ *Ibid.*, p. 299.
5. ↑ *Essays on the sacred Language*, p. 298.
6. ↑ *Op. cit.* par H. P. Blavatsky, I, stance IV, I.
7. ↑ *Essays of the Parsîs*, p. 70.
8. ↑ *Essays on the Parsîs*, p. 40.
9. ↑ *Essays on the Parsîs*, pp. 120, 122.
10. ↑ *Theosophist*, vol. IV, article sur le Zoroastrisme, commençant p. 221.
11. ↑ *Essays on the Parsîs*, p. 81. La période florissante de la dynastie sassanide s'étend de 226 après Jésus-Christ à 653, date à laquelle cette dynastie fut chassée par les Mahométans.
12. ↑ *Essays of the Parsis* p. 81.
13. ↑ *Essays of the Parsîs*, p. 302.
14. ↑ *Ormazd Yasht*, trad. d'après le professeur Spiegel, par A. H. Bleek.
15. ↑ *Gâthâ Ahunavaiti*, trad. par le docteur Haug.
16. ↑ *Op. cit.*, VII, *Qarsêt Nyâyis*. I, Spiegel.
17. ↑ *Essays of the Parsîs*, p. 9.
18. ↑ *Ibid.*, p. 12.
19. ↑ *Ibid.*
20. ↑ *Essays of the Parsîs*, p. 13.
21. ↑ *Op. cit.*, pp. 309-310.
22. ↑ Article du Zoroastrisme, *Theosophist*, IV, 221.
23. ↑ *Essays on the Parsîs*, Yasna, XXX, 3, 4. Trad. du docteur Haug. Voir aussi : *le Mazdéisme* de G. de Lafont, p. 140.
24. ↑ *Op. cit.*, 1, 2.
25. ↑ *Op. cit.*, Yasna, LVII, 2.

26. ↑ *Op. cit.*, Yasna, XIX, 9.
27. ↑ *Op. cit.*, pp. 303, 305.
28. ↑ *Op. cit.*, Gâthâ Ahûnavaiti, 7.
29. ↑ Yasna, I, 6. Trad. de Spiegel, p. 26.
30. ↑ Gâthâs (Yas. XXXIII), II. Trad. du docteur Mill, p. 127.
31. ↑ *Op. cit.*, pp. 152, 153.
32. ↑ *Ibid.*, p. 165.
33. ↑ *Ibid.*, p. 313.
34. ↑ *Essays on the Parsîs*, p. 171.
35. ↑ *Op. cit.*, I. Trad. du prof. Spiegel, p. 5.
36. ↑ *Ibid.*, XII, 18, 19, p. 18.
37. ↑ *Yasna*, I, I, 6. Trad. du prof. Spiegel, p. 26.
38. ↑ Mihir Yasht, *Essays on the Parsîs*, p. 202.
39. ↑ *Abân Yasht. Ibid.*, p. 197.
40. ↑ *Yasna*, LVII. *Ibid.*, p. 189.
41. ↑ Yasna IV, 89. Trad. de Spiegel, p. 12.
42. ↑ *Yasna*, XXXVI, II, 1-10. Trad. du prof. Spiegel, p. 96.
43. ↑ Mantra : formule magique.
44. ↑ *Op. cit.* Trad. du docteur Spiegel, p. 3.
45. ↑ *Hadokht Nask,* Essays on the Parsîs, *p. 219.*
46. ↑ *Zoroastrian Religion and Customs*, p. 31.
47. ↑ Yasna XIX, 17., *Essays on the Parsîs*, p. 168.
48. ↑ *Essays on the Parsîs*, pp. 176-183.
49. ↑ Ghee. Sorte de beurre fondu fait avec du lait de buffle.
50. ↑ *Op. cit.*, Trad. du prof. Spiegel, p. 120.
51. ↑ *Essays on the Parsîs*, p. 206.
52. ↑ *Vendidad*, Fargard, XIX, 29, *Essays on the Parsîs*, p. 233.
53. ↑ Hadokht Nask, Yt XXII, 17. *Ibid.*, p. 222.
54. ↑ Édifices ou Terrains consacrés au culte.

BOUDDHISME

La religion connue sous le nom de Bouddhisme est celle qui compte le plus d'adhérents dans le monde. En dépit de toutes les difficultés que présente une statistique exacte, nous pouvons admettre qu'environ un tiers de la race humaine suit l'enseignement du Bouddha ; en Europe l'attention s'est beaucoup portée vers cette doctrine à la suite des travaux approfondis d'un certain nombre d'orientalistes qui ont été fascinés par le charme du Bouddha lui-même, par la pureté et l'élévation de sa doctrine. À cause de diverses raisons, que je ne peux pas vous exposer ici en détail, le Bouddhisme a plus d'attrait pour l'esprit européen que l'Hindouisme, ou le Zoroastrisme, — surtout le Bouddhisme sous la forme où on l'enseigne dans l'Église du Sud. L'Église du Nord, — c'est-à-dire le Bouddhisme tel qu'on le rencontre et en Chine, — se rattache si étroitement à l'Hindouisme par sa doctrine, par son dogme de la continuité du Moi, sa conception de la vie après la mort, ses rites et ses cérémonies, l'emploi des mantras sanscrits, — qu'elle a moins d'attraction pour l'Européen. Car, ne l'oubliez pas, l'Européen a un esprit essentiellement pratique, plutôt que métaphysique et il a une tendance à se détourner des longs discours sur le monde invisible et des longues théories relatives au côté mystique de la religion. Dans l'Église du

Sud, au cours du temps, ce côté mystique a disparu en apparence, du moins en grand partie et à ne considérer que les traductions que possèdent les Européens. Les livres qui traitent de la partie plus mystique ne sont pas encore traduits et par suite, ne sont pas connus du public européen. Ce qui, pour celui-ci, constitue le Bouddhisme est un système de morale merveilleux exposé dans le plus beau et le plus poétique des langages ; les Européens constatent que cette doctrine morale s'allie à une rare libéralité d'esprit, à un appel constant à la raison, à un effort constant pour justifier et rendre intelligibles les fondements sur lesquels cette morale est construite. Et cela attire fortement l'esprit d'un grand nombre d'Européens qui se sont détournés des formes plus grossières de religion admises en Europe et qui cherchent dans le Bouddhisme un refuge contre le scepticisme complet auquel, sans cela, ils se sentiraient condamnés.

Et maintenant en ce qui concerne les doctrines bouddhistes, je m'appuierai sur les textes eux-mêmes, car c'est le procédé le plus équitable pour traiter d'une religion ; je les examinerai d'ailleurs, connue je le fais toujours, à la lumière de la science occulte et j'essaierai de vous montrer à quel point ils sont d'accord avec les théories les plus élevées des autres religions, avec les vérités essentielles de toute religion et comment il faut attribuer en grande partie à une conception erronée, à une fausse interprétation et, nous pouvons le dire, à l'exposé trop restreint que les plus récents disciples du Bouddha ont donné de l'enseignement de leur Maître, — comment, dis-je, il faut attribuer en grande partie à ces conceptions erronées et à ces omissions le fait que dans le pays même où le Bouddha est né, au sein du peuple auquel il appartenait par sa race, ses doctrines sont aujourd'hui un tel objet de soupçon que presque personne n'accepte son enseignement ni ne consent à se dire bouddhiste. Le Bouddha, cela est hors de doute, est fils de l'Hindouisme, fils de la religion antique, quoique né lui-même à une époque relativement moderne et les textes bouddhiques, si on sait les lire, sont l'écho des textes hindous, tandis que la doctrine, — bien que revêtue souvent d'une forme moins métaphysique et plus directement pratique, — est une doctrine pénétrée de l'esprit hindou, ainsi qu'on pouvait s'y attendre en songeant aux lèvres qui l'ont prêchée. La forme sous laquelle était présentée cette doctrine avait été choisie dans le but d'en répandre les principales vérités au delà des limites de l'Inde elle-même ; cette forme était telle, (le Bouddha en avait eu la prescience), que les dogmes de la plus pure morale hindoue ainsi présentés pouvaient être transportés dans maint pays situé au delà de ceux où l'Hindouisme serait prêché ; elle était destinée à le répandre parmi des populations moins intellectuelles et douées d'un sens métaphysique moins aigu que la nation hindoue. Nous rencontrons ici, ainsi que je viens de le dire, les vérités fondamentales, bien que la forme sous laquelle elles sont présentées soit plus simple et, à maints égards, plus pratique. La mission du Bouddha, — qu'il commença dans l'Inde avec l'espoir que son œuvre tout entière s'accomplirait peut-être harmonieusement et sans rupture, — tendait à apporter la lumière de la vérité à d'autres peuples, mission qui a été couronnée par un succès triomphal et qui, nous sommes en droit de l'espérer, continuera à être couronnée de succès dans les temps à venir.

L'enseignement essentiel du Bouddha est contenu dans les trois grandes divisions de la littérature sacrée bouddhiste, les trois Pitakas, comme on les appelle. Le premier est le Vinâya : il contient toutes les règles assignées par le Maître à l'ordre monastique, au fameux Sangha, gardien et dépositaire de sa religion. Outre les règles de discipline, nous avons aussi, dans ce Vinâya, un grand nombre de doctrines professées par le Bouddha, enseignements d'un caractère plus mystique que ceux de certains autres volumes et destinés spécialement à l'éducation des membres de l'ordre monastique, à l'instruction des disciples. Ces livres s'expriment plus clairement que d'autres au sujet du monde invisible ; ils présentent d'une manière plus complète ce qui est regardé par l'Occident matérialiste comme le côté légendaire du Bouddhisme, mais qui, en réalité, en est une partie authentique et essentielle, car, ainsi que l'a dit beaucoup plus tard Nagarjûna : « Tout Bouddha possède, à la fois, une doctrine révélée et une doctrine mystique. » La doctrine ésotérique est pour la multitude des nouveaux disciples. L'ésotérisme est pour les Bodhisattvas et les élèves avancés tels que Kâshiapa. Elle n'est pas communiquée sous forme d'un langage défini et n'a pas pu, par suite, être transmise par Ananda comme une doctrine définie faisant partie des Sûtras. Pourtant, elle est virtuellement contenue dans ces Sûtras. Par exemple, le *Fa-hwa-king*, ou « Sûtra du lotus de la bonne loi », considéré comme contenant la fine fleur de la doctrine révélée, doit être envisagé comme une sorte de document original faisant partie de l'enseignement ésotérique, bien qu'il présente la forme exotérique[1]. Lorsque le Bouddha eut atteint l'âge de soixante et onze ans, il exposa la doctrine ésotérique pour répondre aux questions que lui posait son grand disciple Kâshiapa ; et bien que cette doctrine, comme le dit M. Edkins, ne puisse pas être entièrement exposée à l'aide de mots, — car la doctrine ésotérique, étant spirituelle, dépasse toujours le langage intellectuel, — cependant on la peut extraire des Sûtras.

Le second de ces trois Pitakas consiste en Sûtras, ou Sûttas, comme on les appelle généralement, parce que le Bouddha est supposé avoir parlé en Prakrit, dialecte commun dérivé du sanscrit et qu'on nomme aujourd'hui Pâli. Les Sûttas la partie de la doctrine bouddhiste qui s'adressait au peuple ; l'enseignement moral du Maître, avec les discussions, controverses, questions et explications auxquelles il donnait lieu et que faisaient, en outre, surgir les circonstances que rencontrait le Bouddha dans sa vie quotidienne. Dans ces livres sont consignés la vie et l'enseignement du Bouddha ; ils nous montrent cette vie telle qu'elle fut vécue dans l'Inde et cet enseignement tel qu'il est tombé des lèvres sacrées du Maître.

Le troisième Pitaka est l'Abhidhamma, dont on connaît très peu de chose en Occident à l'heure actuelle. On prétend que l'ouvrage est plein de mysticisme et contient la philosophie bouddhiste en tant qu'indépendante de la morale. Mais je laisserai cela de côté, comme un point que nous ne pouvons atteindre et il y a d'ailleurs, dans les deux autres Pitakas, une abondance de matière qui réclamerait bien plus de temps que tout celui dont nous disposons[2].

Après m'être demandé comment je vous exposerais cette grande doctrine, sous quelle forme je vous la rendrais immédiatement la plus attrayante et la plus instructive, j'ai décidé que le mieux serait de suivre le même chemin que cette doctrine a primitivement suivi pour arriver jusqu'au peuple qui écoutait le Bouddha en personne ; car sa doctrine et sa vie sont si bien tissées ensemble, la beauté et la fascination de cet enseignement dépendent pour une si grande part de celui qui l'a donné et de la perfection merveilleuse de sa vie si diverse, que décrire sèchement ce système en le séparant de la vie du Prophète, me semblerait le priver de sa force inspiratrice, lui retirer sa grande influence sur la vie des hommes.

Laissez-moi vous rappeler, dès le début, la manière dont le Bouddha est envisagé, à la fois par ses propres disciples, par tous les occultistes et par tous ceux qui connaissent quelque chose du monde invisible et du chemin qui conduit à la dignité d'un Bouddha. Des centaines d'incarnations eurent lieu avant l'incarnation finale dans laquelle l'illumination du Bouddha fut atteinte. Échelon par échelon, il eut à gravir la longue échelle de l'existence ; l'une après l'autre, des vies de dévouement et d'abnégation le conduisirent de l'humanité terrestre à l'humanité divine, de l'humanité divine à la situation d'un Bodhisattva, de la situation d'un Bodhisattva à celle d'un Bouddha. On dit que le Bouddha a perfectionné son vœu, kalpa après kalpa.

Un nombre incommensurable de vies innombrables s'écoulèrent dans le passé du Bouddha avant qu'il ne naquît dans la ville de Kalpilavastu, dans le palais du roi, la dernière de ses naissances sur cette planète, naissance qui devait le conduire à la parfaite illumination et faire de lui un anneau dans la série des Maîtres suprêmes des dieux et des hommes. Cet enfant naquit dans la vallée du Gange, à une centaine de milles, environ, au nord de la ville sainte de Bénarès ; on dit (et avec raison) que toute la nature se réjouit à l'heure de sa naissance, sachant quelle œuvre il était venu accomplir dans le monde. On dit que les Devas[3] répandirent des fleurs sur la mère et sur l'enfant et que la joie ébranla les mondes des dieux et des hommes, car l'enfant qui venait de naître devait être un maître tout puissant et instruire des myriades et des myriades d'hommes. La date de sa naissance est fixée par les Singhalais à 623 avant Jésus-Christ, par les Siamois à 685[4]. Il reçut de ses parents le nom de Siddharta, « celui qui a accompli son but » ; ce nom lui fut donné à cause d'une prophétie faite peu après sa naissance par un célèbre brahmane qui avait déclaré que l'enfant serait un grand prophète et viendrait éclairer les nations de la terre. Pendant son enfance, il grandit dans l'ignorance — au moins apparente — de ses hautes destinées. C'est un étrange problème, que beaucoup d'esprits se sont posé, de comprendre comment pour quelques-unes des plus grandes personnalités qui aient vécu, la conscience de leur propre grandeur a pu rester un certain temps voilée. Vous pouvez vous rappeler qu'il en était de même pour Râma. Il n'avait pas montré dans sa jeunesse qu'il eût la moindre conscience d'être un Avatâra de l'Être suprême ; il avait reçu, incarné dans son corps momentané, l'enseignement de Vasishta, lequel lui avait conféré la science de la véritable Yoga. De même encore pour le Bouddha ; si nous suivons la belle vie qu'il vécut comme enfant, comme jeune homme, jusqu'à l'époque de son mariage avec sa cousine, et un an ou deux ans après, nous le voyons sans doute, mener une existence noble, belle et pure, mais cette existence ne semble pas consciente de sa propre grandeur : l'esprit est tourné vers le monde invisible, mais ne saisit pas encore sa mission, ni le rôle qu'il a à jouer. On nous raconte comment son père, désirant ardemment qu'il régnât sur la terre au lieu d'exercer son empire sur des millions d'esprits humains, dans le domaine spirituel, essaya de lui tenir cachée la souffrance à laquelle, autour de lui, le monde était en proie. Son père l'entoura de toutes parts de choses belles et délicieuses afin d'écarter de ses yeux la tristesse qui régnait dans le monde. On nous raconte comment guidé par un Deva, il fut conduit à quitter son palais et le délicieux jardin qui l'entourait, et comment, passant dans son char, il rencontra quatre hommes qui lui donnèrent le premier signal du réveil. D'abord, il rencontra un homme âgé, tandis que, jusqu'à ce jour, il n'en avait vu que de jeunes ; il demanda ce que c'était que cet homme à moitié aveugle, chancelant, paralysé, la face toute ridée, sur les membres duquel la faiblesse était inscrite ; et le conducteur de son char lui répondit que c'était un homme âgé et que, pour tout ce qui naissait sur terre, l'âge arrivait à son heure. Le Bouddha rencontra ensuite un homme qui souffrait d'une horrible maladie : il n'avait vu que la santé et la beauté et il demanda ce que c'était ; le conducteur de son char lui répondit que c'était la maladie, à laquelle la plupart des enfants des hommes étaient condamnés. Le Bouddha rencontra un cadavre, lui qui n'avait vu que la vie, et il demanda ce que c'était ; et le conducteur de son char lui répondit que c'était la mort à laquelle était condamné tout ce qui vivait. Et finalement le Bouddha rencontra un ascète calme, serein, loisible, respirant le bonheur, la paix, et il demanda comment il se faisait que dans un monde où régnaient la vieillesse, la maladie et la mort, cet homme pût être aussi serein. On lui répondit que cet homme possédait une vie au delà de celle des hommes, une vie fixée dans l'éternel : de là sa paix, sa sérénité, son calme au milieu de l'affliction. Alors, rentrant dans son palais le prince réfléchit et de ses lèvres s'échappa ce cri : « Pleine d'entraves est cette vie de famille, demeure des passions ; libre comme l'air est l'état de vie errante. » Cette idée s'empara de lui : le contraste entre le lien des passions et la vie de l'homme sans foyer ; jusqu'au moment enfin, où s'étant levé dans la nuit tandis que sa femme et son enfant dormaient à côté de lui, il se pencha sur la jeune femme, belle dans son sommeil, et sur le bébé couché à côté d'elle et sans les toucher, de crainte de les éveiller et que leurs cris n'ébranlent son projet, le Bouddha sortit du palais de son père, appela son fidèle conducteur pour qu'il lui amenât son cheval et traversa la cité silencieuse et endormie, les rues tranquilles de la ville déserte. Arrivé aux portes de la ville il descendit de son cheval, le donna au conducteur et lui ordonna de le ramener au palais ; il se dépouilla alors de ses vêtements princiers, coupa sa chevelure et s'en alla tout seul, sans foyer, chercher la cause de la misère humaine et son remède. Celui qui devait être le Bouddha ne pouvait pas vivre joyeux et heureux dans le palais du roi, tandis qu'autour de lui les hommes souffrance, agonisaient et mouraient ; il partit chercher la cause de la souffrance et le remède qu'il pourrait apporter à l'humaine détresse[5].

Nous le suivons maintenant à la recherche de la divine sagesse. Il alla d'abord vers les grands reclus, vers Aléra Kâlamâ et Uddaka et essaya d'apprendre d'eux le secret ; ils étaient versés dans la philosophie et la religion et Siddharta pensait apprendre d'eux la cause et le remède de l'affliction. Il étudia les mystères de la philosophie, il s'assit aux pieds des reclus, apprenant d'eux toutes les subtilités de la métaphysique et finalement, désespérant, il se releva, sentant que là n'était pas le remède à l'affliction, que ce n'était pas par une simple étude intellectuelle que le salut des hommes serait trouvé. Poursuivant son chemin, il rencontra cinq ascètes, et pendant six ans il se consacra à la vie ascétique, pratiquant des pénitences plus grandes qu'aucun autre n'en pratiquait, ayant fini par réduire sa nourriture à un simple grain par jour, jusqu'à ce que, finalement, il tombât, émacié, sans connaissance et sans force, usé par la rigueur de son austérité. Une jeune fille qui passait, Nanda, lui apporta du riz et du lait ; il prit cette nourriture et se releva restauré, mais lorsque ses camarades virent qu'il avait pris de la nourriture, ils détournèrent de lui en disant : » Cet ascète est en train de retourner au monde, il est las de l'austérité et indigne de la vocation sacrée. » Ils le laissèrent ; et de nouveau il poursuivit son chemin tout seul pour trouver dans la solitude le secret de la détresse humaine.

Tandis qu'il allait errant, l'époque approchait où l'illumination devait se faire et ayant atteint Gâya, il s'assit sous l'arbre sacré, Asvattha, disant qu'il ne se relèverait jamais avant que la lumière n'ait lui sur son esprit et que le secret de la tristesse ne fût découvert. Il resta là patiemment assis et toutes les hordes de Mâra[6], les hordes mauvaises, l'assaillirent de leurs tentations de plaisir et de leurs menaces de peine ; tous les Asouras s'assemblèrent autour de lui, essayant d'ébranler sa constance et de modifier sa détermination. Il resta assis, enveloppé de sa pure résolution, inébranlable, inflexible, même quand il se représentait sa femme en larmes, les bras tendus vers lui, l'implorant pour qu'il tournât de nouveau son visage vers le monde. À la fin, à l'heure silencieuse, l'illumination se fit. Tandis qu'il était assis sous l'arbre sacré, il vit poindre la lumière pour la découverte de laquelle il avait été envoyé sur terre. Il se produisit en lui ce puissant réveil qui fit de lui l'Inspiré, le Bouddha, qui lui fit comprendre la tristesse, la cause de la tristesse, la guérison de la tristesse, le chemin qui conduit au-delà ; le noviciat du Bouddha était achevé, un Sauveur du monde était venu. C'est alors que s'échappa de ses lèvres le chant triomphal qui doit être familier à la plupart d'entre vous : « Cherchant l'auteur de ce tabernacle, j'aurai à parcourir une série de naissances tant que je ne l'aurai pas trouvé ; et la naissance est chose pénible, toujours. Mais maintenant, auteur du tabernacle, tu t'es laissé voir ; tu ne reconstruiras plus désormais ce tabernacle. Toutes les poutres sont brisées, ton faîtage est ouvert en deux ; l'esprit qui s'approche de l'Éternel a atteint l'extinction de tous les désirs[7]. »

Voilà le secret du Bouddha, à savoir que par l'extinction des désirs l'homme s'élève à la paix. Sous l'arbre de la Sagesse, il avait vu la douleur du monde, sa cause dans le désir, son extinction dans celle du désir et le noble sentier aux huit voies qui conduisait hors de là à la paix éternelle. Ayant vu cela pour lui-même et pour la race humaine tout entière, il passa dans le Nirvâna, dans l'Incréé, le séjour sans passion, qui embrasse tout. Et lorsque l'Élu fut ainsi entré dans le Nirvâna, il demeura assis durant sept jours sous l'arbre Bodhi, « jouissant de la béatitude de l'émancipation[8] ».

Pendant la nuit qui suivit le septième jour, il « fixa son esprit sur la chaîne des causes » et reconstitua l'évolution de l'Univers, qu'il exprima dans les douze Nidânas dont la suite retrace celle de nos étapes jusqu'à ce que nous atteignions la souffrance qui nous environne ; la première est Avidyâ, « l'ignorance » ou la limitation, la cause première, parce que sans cette limitation dans la Conscience totale, due à l'action de l'Être Suprême, aucun Univers, aucune variété ne pourraient se produire. De l'Avidyâ proviennent les Samkhâras, de ceux-ci la Conscience, puis le Nom et la Forme, puis les six facultés de perception ; — de celles-ci le Contact, du Contact la Sensation, de la Sensation le Désir, du Désir l'Attachement, de l'Attachement « l'Existence », c'est-à-dire la Personnalité ; — de celle-ci la Naissance et de la Naissance le Déclin avec tous les chagrins de la vie[9]. Tels sont les anneaux de la chaîne de l'évolution et bien compris, leur sens bien développé, ils contiennent la philosophie tout entière de l'Univers dans son évolution progressive, puis dans sa marche rétrograde.

Après s'être relevé, le Bouddha, quittant l'arbre Bodhi, vint s'asseoir sous un bananier où, de nouveau, il resta sept jours au bout desquels, répondant à un brahmane, il prononça des paroles qui expliquent toute son attitude vis-à-vis des brahmanes. « Celui d'entre les brahmanes qui a écarté (de lui) tout péché, qui est exempt d'orgueil, exempt d'impureté, qui se possède, qui est maître accompli de la science (ou des Védas), qui a rempli les devoirs de la sainteté, — celui-là peut, à bon droit s'intituler brahmane dont la conduite ne ressemble à rien en ce monde[10]. »

Deux fois encore, pendant une durée de sept jours chaque fois, le Bouddha demeura assis sous deux autres arbres ; après quoi, il prit la nourriture que lui offraient deux marchands qui devinrent ses premiers disciples. Étant retourné s'asseoir sous le bananier, une étrange scène se produisit. » Dans l'esprit de l'Élu qui était seul et s'était retiré dans la solitude, la pensée suivante s'éveilla : j'ai pénétré cette doctrine qui est profonde, difficile à percevoir et à comprendre, qui donne la quiétude du cœur, qui est élevée, à laquelle on ne peut pas atteindre par le raisonnement abstrait, intellectuel (exclusivement) et qui n'est intelligible qu'aux sages[11]. Ces gens, d'autre part, sont portés au désir, adonnés au désir, trouvent leur plaisir dans le désir. Donc pour ces gens qui sont portés au désir, adonnés au désir, qui trouvent leur plaisir dans le désir, la loi de causalité et la chaîne des causes doivent être choses difficiles à comprendre ; et de même, il leur sera infiniment difficile de comprendre l'extinction de tous les samkhâras, le rejet de tous les substrata (de l'existence), la destruction du désir, l'absence de passion, la quiétude du cœur, le Nirvâna. Et si maintenant je proclame la doctrine et que les autres hommes ne soient pas capables de comprendre ce que je prêche, il n'en résultera que lassitude et ennui pour moi. » Après quoi, les stances suivantes, jamais prononcées encore, se présentèrent à l'esprit de l'Élu ; « C'est à grand'peine que je l'ai acquise. Assez ! Pourquoi maintenant la proclamerais-je ? Cette doctrine ne sera point aisée à comprendre pour des êtres égarés dans les plaisirs et la haine. Adonnés au plaisir, entourés de ténèbres épaisses, ils ne verront pas ce qui choque (leur esprit), ce qui est abstrait, profond, difficile à percevoir et subtil[12]. »

Dans cette crise, le Brahmâ Sahampati (le troisième Logos de notre chaîne) intervint, voyant que « l'esprit du Tathâgata, du saint, de l'absolu Sambouddha inclinait à rester inactif et à ne pas prêcher sa doctrine. » Il dit au Bouddha que quelques-uns le comprendraient et lui rappela les souffrances de la terre : « Abaisse tes regards, toi qui vois tout, sur les humains perclus dans la souffrance, vaincus par la naissance et la mort toi qui t'es affranchi de la souffrance ! Lève-toi, ô héros, ô victorieux ! Marche à travers le monde, ô chef de la bande des pèlerins[13], toi qui es affranchi de toute dette. Puisse l'Élu prêcher la doctrine ; il y aura des gens qui pourront le comprendre. » Alors, il abaissa ses regards vers le monde, avec l'œil d'un Bouddha, plein de compassion et il dit : « Grande ouverte est la porte de l'immortel à tous ceux qui ont des oreilles pour entendre ; qu'ils fassent acte de foi pour aller au-devant de la vérité. Je ne disais pas aux hommes, ô Brahmâ, la Dhamma douce et bonne, désespérant de cette tâche qui les devait lasser[14]. »

Alors il se leva, et où alla-t-il pour commencer sa mission bienfaisante ? Il alla vers la cité sainte d'où les missions spirituelles sont toujours parties, aux Indes ; il alla à Kâshî, vers ce lieu saint où la vie spirituelle de l'Inde a toujours pris naissance, et là, à Isipatana, dans le parc aux daims de la cité de Bénarès, il fit tourner la roue de la Loi. Là demeuraient les cinq ascètes qui s'étaient détournés de lui, il alla vers eux et s'annonçant comme le sambouddha, il leur dit que les deux extrêmes : l'excès de complaisance envers soi-même et les mortifications constantes étaient également sans profit, et que lui, les évitant, s'était engagé dans le sentier du juste milieu qui conduit à la clairvoyance, à la Sagesse, qui conduit au calme, à la science, au Sambodhi[15], au Nirvâna. Ce sentier du juste milieu, c'est le sacré, le noble octuple chemin, la quatrième des « quatre nobles vérités ». C'est la croyance juste, l'aspiration juste, la parole juste, la conduite juste, la juste gaieté, le juste effort, la mémoire juste, la méditation juste. Le Bouddha leur exposa alors les trois autres vérités qu'il avait aperçues sous l'arbre Bodhi : « Voici, ô Bhikkhus[16], la noble vérité de la souffrance : La naissance est souffrance, le déclin est souffrance, la maladie est souffrance, la mort est souffrance, la présence d'objets que nous haïssons est souffrance, la séparation d'avec les objets que nous aimons est souffrance, ne pas obtenir ce que nous désirons est souffrance. Bref, notre quintuple attache[17] à l'existence est souffrance. Voici maintenant, ô Bhikkhus, la noble vérité de la cause de la souffrance : Une soif qui conduit à renaître à une vie accompagnée de plaisir et de convoitise, trouvant des joies ici et là. (Cette soif est triple) à savoir la soif du plaisir, la soif de l'existence, la soif de la prospérité. Voici enfin, ô Bhikkhus, la noble vérité de la cessation de la souffrance :

(Elle disparaît avec) la complète disparition de cette soif, disparition qui consiste en l'absence de toute passion, — avec le renoncement à cette soif, avec le rejet de cette soif, avec la délivrance de cette soif, avec la destruction du désir. » Lorsque la « roue suprême de l'empire de la vérité » eût ainsi tourné, on rapporte que tous les Devas, à commencer par ceux de la terre et en s'élevant jusqu'au septième monde, ou monde supérieur, poussèrent des cris de joie et s'écrièrent que nul ne pourrait plus jamais faire retourner la roue en arrière[18]. Puis il leur expliqua ensuite la différence entre le Moi et le Non-Moi, en des termes qui auraient dû rendre à jamais impossible de soutenir qu'il eût enseigné que la vie de l'homme ne fût pas continue : « Le corps (rûpa), ô Bhikkhus, n'est pas le moi… La perception n'est pas le moi… Les Samkhâras ne sont pas le moi… la conscience n'est pas le moi. » Définissant chacun des termes d'une façon plus explicite, il déclare que chacun d'eux » n'est pas le mien, n'est pas moi, n'est pas mon moi, sans quoi on s'en souviendrait par la vraie science, conformément à la vérité. » Et il conclut : « Considérant ceci, ô Bhikkhus, celui qui écoute ces paroles, s'il est noble et instruit devient las du corps, las de la sensation, las de la perception, las des Samkharas, las de la conscience. Lassé de tout cela, il dépouille la passion ; par l'absence de passion il est rendu libre ; lorsqu'il est libre, il prend conscience de sa liberté ; et il comprend que la série des naissances est épuisée ; que la sainteté est à son comble, que le devoir est accompli, qu'il n'y a plus possibilité de revenir en ce monde[19]. »

À partir de cette époque, le Seigneur Bouddha prêcha sa doctrine et les hommes et les femmes furent éclairés, obtenant, sous l'action de sa prédication, « l'œil pur et sans tache qui voit la vérité », la connaissance que tout ce qui a un commencement doit avoir une fin ; alors ils quittèrent toutes les choses de ce monde, devinrent Bhikkhus, mendiants, revêtirent la robe jaune, portèrent la sébile, cherchant leur refuge dans le Bouddha, dans sa Loi et dans son Ordre. Et l'Ordre grandit et se multiplia et, au bout de quelque temps, le Seigneur envoya ses disciples enseigner le monde et leur conféra le pouvoir d'admettre au Sangha (à l'Ordre), ceux qui souhaiteraient y entrer, sur la triple déclaration, trois fois répétée : « Je me réfugie dans le Bouddha. Je me réfugie dans le Dhamma[20]. Je me réfugie dans le Sangha[21]. »

Le docteur Rhys Davids, qui est fasciné par la vie morale du Bouddhisme, et qui est si nettement et si étrangement hostile à son esprit intérieur, déclare que la doctrine bouddhiste n'admet pas la continuité du Moi, ni le développement de la nature éternelle et spirituelle de l'homme. Le docteur Davids nous donne, extrait du commentaire de Bouddha Ghosa au premier des dialogues, un très attrayant tableau du cercle quotidien de cette sainte vie. « L'Élu avait coutume de se lever de bonne heure (c'est-à-dire vers cinq heures du matin), et par considération pour celui qui était attaché à sa personne, il faisait sa toilette et s'habillait lui-même, sans recourir à aucune aide. Puis, en attendant que l'heure fût venue d'aller faire sa tournée pour recueillir les aumônes, il se retirait en un endroit solitaire et méditait. Lorsque l'heure était arrivée, il revêtait lui-même complètement les trois robes (que tout membre de l'Ordre portait en public), il prenait sa sébile dans sa main et quelquefois seul, quelquefois accompagné de ses fidèles, entrait dans la ville ou le village voisin pour y mendier ; quelquefois la chose se passait simplement, quelquefois des miracles se produisaient, qui nous sont rapportés tout au long. Des gens, alors, sortaient et le priaient d'accepter d'eux sa nourriture : il s'asseyait et mangeait. « Alors l'Élu le repas achevé, leur adressait des discours, tenant compte exactement de leur aptitude à saisir les choses spirituelles, de telle sorte que quelques-uns prononçaient les vœux du laïque, d'autres entraient dans les sentiers saints, d'autres en recueillaient le plus grand fruit. Après avoir ainsi pris en compassion la foule, il se levait et repartait pour l'endroit où il était logé. Arrivé là, il s'asseyait dans la vérandah ouverte, attendant l'heure où le reste de ses fidèles auraient également fini leur repas. » Alors, debout, sur le seuil de sa chambre, il leur disait quelques mots d'exhortation, et, à la requête d'un quelconque de ses disciples, il « suggérait un sujet de méditation, approprié au développement spirituel de chacun d'eux ». Après que ses disciples étaient partis méditer, le Bouddha se reposait un moment et lorsque son corps était reposé, il se levait de sa couche et considérait pendant un certain temps la situation des gens des environs, afin de pouvoir leur faire quelque bien. Et vers la chute du jour, les gens de la ville ou des villages voisins se rassemblaient à l'endroit où il logeait, lui apportant des offrandes de fleurs. Et les ayant fait asseoir dans la salle du prêche, il leur tenait, se conformant à l'occasion et aux croyances de ses auditeurs, quelque discours sur la Vérité ». Il les dispersait à la fin du jour ; parfois il se baignait, puis allait s'asseoir, seul, « jusqu'à ce que ses frères revinssent de leurs méditations et commençassent à s'assembler. Quelques-uns, alors, posaient au Bouddha des questions sur des sujets pour eux embarrassants, d'autres parlaient de leur méditation, d'autres enfin réclamaient un exposé de la Vérité. Ainsi passaient les premières heures de la nuit, l'Élu satisfaisant le désir de chacun ; après quoi, les disciples se retiraient. Le reste de la nuit, il le passait en partie à méditer, allant et venant hors de sa chambre ; il se reposait, la dernière partie de la nuit, étendu, calme et intérieurement maître de lui. Lorsque le jour commençaient à poindre, il se levait de sa couche, s'asseyait, et évoquant devant son esprit les habitants de la terre, il considérait les aspirations que, lors de leurs naissances antérieures, ces gens avaient conçues, — et il réfléchissait aux moyens par lesquels il pourrait les aider à réaliser leurs aspirations[22]. »

Dans la trame de cette noble et simple vie, les joyaux de la doctrine bouddhiste se trouvent enchâssés. Afin de les apprécier, nous devons nous souvenir du milieu, nous souvenir que le Bouddha était un Hindou parlant à des Hindous sur des sujets qui leur étaient tout à fait familiers, employant les termes religieux et métaphysiques dans leur acception ordinaire et admise, ne soulevant donc pas d'opposition comme hérétique, — ce qui sûrement se serait produit si la doctrine avait été matérialiste, comme elle le devint plus tard chez quelques non-Hindous, ignorant le sens des termes employés — ; ce Maître, aux yeux des contemporains, ne se distinguait des autres Maîtres de l'époque que par l'incomparable pureté, par la compassion et la sagesse que respiraient chacun de ses regards, chacune de ses paroles. Le docteur Rhys Davids, considérant le bouddhisme comme « diamétralement opposé » à l'hindouisme regarde comme l'indice d'une merveilleuse tolérance le fait que le Bouddha ait pu prêcher si paisiblement. « Il y a même quelque chose de plus incroyable. Partout où allait le Bouddha, c'était précisément les brahmanes eux-mêmes qui prenaient souvent le plus vif intérêt à ses spéculations, bien que son rejet de la théorie de l'âme, avec tout ce qu'il implique, fût réellement incompatible avec la théologie tout entière des Védas et, par suite, avec la suprématie des brahmanes. Beaucoup d'entre ses principaux disciples, beaucoup parmi les membres les plus distingués de son Ordre, étaient des brahmanes[23]. il est plus raisonnable de supposer (supposition justifiée par ce qui nous a été conservé des propres paroles du Bouddha), que s'il n'a pas rencontré d'opposition, c'est précisément parce qu'il ne rejetait pas la théorie de l'âme avec tout ce qu'elle implique ; et lorsque quelques-uns de ses successeurs commirent cette terrible bévue, le bouddhisme s'éteignit dans l'Inde, car jamais les Hindous n'accepteront une soi-disant religion qui rejette la croyance aux dieux et à l'immortalité de l'homme. Ainsi que le dit le docteur Rhys Davids : « Nous ne devons jamais perdre de vue que Gotama est né, a été élevé, a vécu et est mort dans l'Inde. Sa doctrine, si originale qu'elle soit et si grande qu'en soit la portée, cette doctrine réellement subversive de la religion d'alors — est cependant indienne jusqu'au fond. Sans l'œuvre intellectuelle de ses prédécesseurs, celle du Bouddha, quelque originale qu'elle soit, aurait été impossible[24]. C'était, incontestablement, le plus grand de tous ; et il est probable que le monde finira par reconnaître en lui, sous bien des rapports, le plus intellectuel des fondateurs de religions. Mais le bouddhisme est essentiellement un système hindou. Le Bouddha lui-même, à travers toute sa carrière, apparaît avec toutes les caractéristiques de l'Hindou. Et quelle que soit la position qu'on lui assigne si on le compare aux autres fondateurs de religions, en Orient, nous demandons seulement qu'on reconnaisse en lui le plus grand, le plus sage et le meilleur des Hindous[25]. »

Qu'il ait continuellement parlé comme un Hindou, s'adressant à des Hindous, c'est ce que montrent, à maintes reprises, les préceptes qu'il donne et les comparaisons qu'il emploie, lesquelles sont tirées des vieux textes sacrés. Prenons comme exemple le triple contrôle à exercer sur les paroles, la pensée et le corps[26] tiré du Manou ; la sentence : « Celui qui refrène la colère grandissante comme un char lancé, voilà celui que j'appelle réellement un conducteur ; les autres gens ne font que tenir les rênes » —

et la comparaisons des sens avec des chevaux bien domptés, rappelle la doctrine de Yama, dans le *Kathopanishad*[27]. Le peu de mots sur le moi supérieur et le moi inférieur[28] viennent de la *Bhagavad Gîta*. « Tout ce que nous sommes est le résultat de ce que nous avons pensé ; c'est fondé sur nos pensées, c'est constitué par notre pensée[29] », nous rapporte le *Chandogyo panishad*. « Il est bon d'exercer un contrôle sur l'esprit qui est difficile à contenir, instable et qui va où il veut[30] », est une réminiscence de la *Bhagavad Gîtâ*. Mais il est inutile de multiplier les exemples. C'est assez que le grand Maître se soit fait l'écho fidèle des anciennes Écritures, non qu'il en eût besoin lui-même, — lui qui savait tout, — mais de crainte que les ignorants ne fussent amenés à trébucher et à se détourner de la foi de leurs pères.

Envisageons maintenant la quantité de doctrines qui se présentent à nous et essayons d'apprendre par quelques exemples, quelque chose, non seulement des préceptes, mais encore de la méthode du Bouddha. Elle était nette et significative au plus haut point, elle était pratique et s'adressait à la conscience des auditeurs. Il n'hésitait pas un instant à parler dans le langage le plus clair, dans les termes les plus précis, des fautes auxquelles nous sommes entraînés, des erreurs dans lesquelles nous tombons sans cesse. Car le Bouddha était vraiment un Maître, un vrai Maître dont les paroles illuminaient l'esprit. Énergique et pratique était donc cet enseignement et presque toujours il semble que quelque accident passager ait fourni l'occasion d'une parabole ou d'une histoire renfermant une leçon morale. Ses Bhikkhus se querellaient et comme chacun se disputait avec son voisin, et que le voisin répondait avec une nouvelle dispute, la haine régnait ou la paix aurait dû être. Alors le Bouddha les appela à lui et il leur raconta une histoire, celle d'un roi de Kâshî qui fit la guerre au roi de Kosala, le chassa de son petit royaume et s'appropria ses domaines. Le roi dépossédé et sa femme allèrent vivre dans une pauvre cabane et là il leur naquit un fils. Le barbier du roi dépossédé ayant aperçu son ancien maître et désirant s'insinuer dans les faveurs du conquérant, trahit le fugitif, de sorte que le roi fit chercher le vaincu, se saisit de lui et de sa femme et les livra au bourreau. Tandis qu'on les conduisait au lieu de l'exécution, le fils arriva, qu'on avait envoyé au loin pour plus de sûreté, aperçut son père et sa mère qu'on allait exécuter et se fraya un chemin parmi la foule. Le père murmura : « Mon fils, ne tarde pas trop, ne sois pas trop prompt, la haine n'est pas apaisée par la haine ; elle ne l'est que par l'absence de haine », et ayant ainsi parlé, il marcha à la mort ; et le fils songeait aux paroles du père, mais il ne les comprenait pas. Bientôt, il prit du service auprès du roi qui avait immolé son père et sa mère après les avoir réduits à la mendicité et, ayant attiré l'attention du roi, il devint son attaché personnel. Le roi aimait ce jeune homme et avait coutume de dormir la tête sur ses genoux. Un jour, tandis qu'il reposait ainsi, le jeune homme songea : « Ce roi est en mon pouvoir, il a immolé mon père et ma mère, il m'a réduit à la misère ; il est sans défense, je vais le tuer », et le jeune homme tira son épée.

Mais les paroles de son père lui revinrent à l'esprit : « Ne soit pas trop prompt », et il comprit que cela voulait dire : « Ne mets pas de hâte à agir », il remit l'épée au fourreau et se souvint des autres paroles, à savoir que la haine ne cesse pas par la haine. Le roi se réveilla et dit qu'il avait rêvé que le prince dépossédé par lui, l'avait tué : alors le jeune homme, tirant son épée, se fit connaître et dit au roi : Ta vie est à ma merci. Le roi demanda grâce pour sa vie et le prince lui répondit : « Non, ô roi, j'ai au contraire mérité de perdre la vie par cette menace et c'est à toi, au contraire, de me la rendre avec ton pardon. » Ainsi il épargna la vie du roi qu'il eût pu prendre, et le roi, pardonnant son offense, lui fit aussi grâce de la vie ; alors le prince rapporta au roi les paroles que son père lui avait dites avant de mourir : « Mon père m'a enseigné que je ne dois point tarder — je ne dois pas garder de haine ; il m'a enseigné à n'être pas prompt — je ne dois pas mettre de hâte à agir. Il m'a appris que la haine ne cesse jamais par la haine, mais que la haine cesse par l'amour. Car si je l'avais assassiné, tes amis, en revanche, m'auraient assassiné — et mes amis auraient tué les tiens et ainsi la haine n'aurait pas cessé ; mais, maintenant, nous nous sommes l'un à l'autre accordé la vie et ainsi la haine a cessé par l'amour. » Alors les disciples du Bouddha se mirent d'accord et la paix fut rétablie au soin de l'Ordre[31].

Une mère en larmes étreignait son enfant mort contre son sein : le Prophète lui dit que son bébé serait rendu à la vie si elle pouvait rapporter de la graine de moutarde d'une maison où il n'y aurait jamais eu de mort ; cette douce leçon fit une impression plus profonde qu'une centaine de sermons.

Un homme l'injuriait grossièrement tandis qu'il prêchait la grande doctrine. « À un homme qui, sottement, me veut du mal, je réponds par un amour complet ; plus de sa part, viendra de mal, plus de la mienne viendra de bien. » Tandis que l'homme lui adressait des reproches, « le Bouddha demeurait silencieux et ne lui répondait pas, ayant pitié de sa folie. L'homme étant au bout de ses injures, le Bouddha lui demanda : « Mon fils, lorsqu'un homme oublie les règles de la politesse en faisant un cadeau à un autre, l'usage est de dire : Gardez votre présent. Mon fils ! vous venez de m'outrager ; je me refuse à accueillir votre injure, et vous prie de la garder, elle ne sera qu'une source de misères pour vous-même. En effet, ainsi que le son vient du tambour, ainsi que l'ombre est inhérente à la substance, ainsi en fin de compte la misère retombera infailliblement sur celui qui agit mal. » Le Bouddha dit encore : « Un méchant homme qui adresse des reproches à un homme vertueux est comme quelqu'un qui lèverait la tête pour cracher contre le ciel, ses crachats ne salissent pas le Ciel mais retombent et souillent sa propre personne. De même encore, ce méchant est pareil à un homme qui lancerait des ordures à un autre par un vent contraire : les ordures ne peuvent que revenir à celui qui les a jetées. L'homme vertueux ne saurait être atteint. Les misères que d'autres voudraient lui infliger reviennent sur eux-mêmes[32]. »

Parfois un rayon d'humour vient briller et il n'est pas difficile d'imaginer la scène entre le disciple anxieux et le doux maître, légèrement amusé : « Comment devons-nous nous conduire, Seigneur, envers les femmes ? » — « Ne les regardez pas, Ananda. » — Mais si nous en voyons, que faut-il faire ? — « Abstenez-vous de paroles, Ananda. » — « Mais si elles nous adressent la parole, Seigneur, que devons-nous faire ? » — « Restez bien éveillé, Ananda[33]. » Restez bien éveillé ; faites attention à ce que vous faites ; veillez sur vos pensées. Un long sermon sur la sagesse qui exige de veiller sur ses pensées afin de ne pas se laisser égarer, n'aurait pas fait la moitié autant d'effet que cette simple phrase : « Restez bien éveillé, Ananda. »

Parmi les caractéristiques frappantes de la doctrine du Bouddha, nous trouvons ce fait occulte que le mal ne peut prendre fin que par son opposé, le bien : « Il faut qu'un homme surmonte la colère par l'amour ; qu'il surmonte le mal par le bien ; qu'il triomphe du cupide par la libéralité, du menteur, par la vérité[34]. » Un homme doit être fort et résolu : « La gravité est le chemin de l'immortalité (Nirvana) ; l'insouciance, le chemin de la mort. Ceux qui sont sérieux ne meurent pas ; ceux qui sont insouciants sont déjà comme s'ils étaient morts[35]. » La causalité est ininterrompue : « Si un homme parle ou agit ayant une mauvaise pensée, la peine le suivra de même que la roue suit le pied du bœuf qui traîne l'attelage… Si un homme parle ou agit ayant une pensée pure, le bonheur le suivra, comme une ombre qui jamais ne le quitte[36]. » « Celui qui a fait, ne fût-ce qu'un peu de bien, trouve en ce monde et dans l'autre le bonheur et de grands avantages ; c'est comme une semence qui a bien pris racine... Celui qui a commis le mal ne peut pas s'en libérer, il peut l'avoir commis il y a bien longtemps ou dans un pays lointain, il peut l'avoir commis dans la solitude, mais il ne peut pas le rejeter, pas plus que quand l'heure de l'expiation est venue il ne peut s'y soustraire[37]. » Avant tout, c'est du désir qu'il faut se débarrasser, car il est la racine de toute tristesse : « Du désir vient le chagrin, du désir vient la crainte ; celui qui est affranchi du désir ne connaît ni le chagrin ni la crainte... Il est difficile à celui qui est retenu dans les chaînes du désir de s'en libérer, dit l'Élu. Celui qui a une volonté ferme, qui ne fait nul cas des plaisirs du désir, les rejette et s'échappe bientôt... Ainsi que le cordonnier, quand il a bien préparé son cuir, peut l'employer à faire des souliers, ainsi celui qui a rejeté les désirs, possède le plus grand bonheur... les désirs ne sont jamais assouvis ; la sagesse seule apporte le contentement... Ce n'est pas même dans les plaisirs des dieux que le disciple du Bouddha trouve son propre plaisir ; il se réjouit seulement de la destruction des désirs[38]. » La doctrine est énergiquement résumée ainsi : « Évitez de commettre toute mauvaise action, pratiquez la plus parfaite vertu, dominez entièrement votre esprit, telle est la doctrine du Bouddha[39]. »

Ce qui est très important, c'est la doctrine du Bouddha sur la « domination de tous les Asavas, » sur les efforts que l'homme fait au cours de sa vie en vue d'acquérir les objets du désir. Ceux-ci se rangent en sept classes qui doivent être abandonnées respectivement par : 1° l'intuition[40] — l'intelligence des quatre nobles vérités, détruisant l'illusion du moi, l'hésitation et la dépendance par rapport aux rites extérieurs ; 2° par la domination — des cinq sens et de l'esprit ; 3° par le bon usage — des vêtements, des offrandes, de la demeure dont on doit se servir mais où l'on ne doit pas se complaire ; 4° par l'endurance au froid et au chaud, à la faim et à la soif, aux moustiques, aux astres, au vent, à la chaleur, aux serpents, aux paroles injurieuses, aux souffrances physiques, aux chagrins ; 5° en évitant — les dangers évidents, les compagnies et les lieux mauvais ; 6° par l'éloignement — des mauvaises pensées ; 7° par la culture — de la haute sagesse. Celui qui a fait tout cela « a éteint cette soif insatiable ; par une pénétration d'esprit absolue, il a écarté toute chaîne et il a mis fin au chagrin[41]. »

La doctrine morale du Bouddha était nette et significative à un rare degré ; voyez l'exemple suivant : « La faute des autres est aisée à percevoir, mais la nôtre propre est difficile à découvrir ; un homme passe au tamis les fautes de son voisin comme de la menue paille, mais il cache ses propres fautes comme un fourbe cache le mauvais dé au joueur. Si un homme cherche les fautes des autres et est sans cesse porté à en être offusqué, ses propres passions ne feront que grandir et il est bien loin d'avoir réalisé la destruction des passions[42]. »

Le Bouddha se plaisait à contraindre ceux qui l'interrogeaient à fournir eux-mêmes la solution des problèmes qu'ils posaient. Au lieu de répondre à une question, il questionnait l'interrogateur. Au lieu d'étaler une doctrine ou une vérité en réponse à une demande, il conduisait graduellement, d'étape en étape, l'interlocuteur à résoudre la question pour lui-même, — ce qui est l'une des façons les plus sages d'enseigner et celle qui offre le plus de chances de faire parvenir autrui à la vérité. C'est ainsi qu'un jeune brahmane du nom de Vâsettha, lui ayant demandé si certains brahmanes érudits enseignaient la bonne manière d'atteindre l'union avec Brahmâ, le Bouddha répondit par une série de questions, dont les réponses faites par Vâsettha prouvaient que les brahmanes ne connaissaient pas Brahmâ et ne se rapprochaient pas de lui ; que, s'ils étaient versés dans les Védas, ils « omettaient la pratique des qualités qui font réellement d'un homme un brahmane et adoptaient la pratique de celles qui font réellement d'un homme un non-brahmane » ; et, parvenu à ce point, le Bouddha se résumait : « Admettre que ces brahmanes, versés dans les Védas mais portant la colère et la malice dans leur cœur, vivant coupables et déréglés, soient, après la mort, lorsque le corps est détruit, unis à Brahmâ qui est exempt de colère et de malice, exempt de péché et maître de lui — admettre une telle organisation des choses ne se peut pas. » Le Bouddhâ dit alors au jeune homme que lorsqu'on avait demandé au Tathâgata le chemin qui conduit au monde de Brahmâ, il avait pu répondre : « Car, Vâsettha, je connais Brahmâ et le monde de Brahmâ, et le chemin qui y conduit.

Oui, en vérité, je connais même tout cela comme quelqu'un qui est entré dans le monde de Brahmâ et y est né ». « Lui, de lui-même comprend complètement et voit pour ainsi dire, face à face, cet Univers, — le monde d'en bas avec tous ses esprits, et les mondes d'en haut, ceux de Mâra et de Brahmâ — et toutes les créatures, Samaras et brahmanes, dieux et hommes, et Il fait part de son savoir aux autres. » Lorsqu'un homme est attiré par la vérité, qu'il quitte sa demeure, allant à travers « les pays sans foyer », menant une vie noble et pure, répandant sur le monde entier un « cœur plein d'amour, vaste, élargi au delà de toute mesure », — alors cet homme s'approche de l'union avec Brahmâ ; admettre alors qu'après la mort, lorsque le corps est détruit, il soit uni à Brahmâ qui demeure le même, une telle organisation des choses est tout à fait possible[43].

Nous avons là la clef de tout ce qu'enseignait le Bouddha concernant les brahmanes. Sans cesse il répète qu'ils doivent être traités avec respect, — mais sans cesse aussi il répète qu'on n'appelle pas brahmane un homme vicieux, déréglé, avide, un homme plein des vices du monde. De même, il déclare à ses propres Bhikkhus, qu'il n'appelle pas Bhikkhu l'homme qui porte une robe jaune et dont les passions ne sont pas maîtrisées. Car le Bouddha n'était pas dupe de l'apparence extérieure, ni de la simple inspection des dehors d'un homme ; il regardait le cœur et c'est seulement lorsque le cœur était pur qu'il admettait que l'homme eût le droit de porter un nom sacré. Il exigeait, comme l'ont exigé tous les grands réformateurs, que ceux qui portent un nom sacré honorent ce nom par la vie qu'ils mènent et ne le couvrent pas de scandale et de discrédit en vivant en proie à la passion et à la convoitise, à la colère et à la cupidité.

Le témoignage qu'il rend à ce que les brahmanes étaient autrefois, est plein d'intérêt. Interrogé par quelques brahmanes qui lui demandaient si les brahmanes d'aujourd'hui sont semblables à ceux d'autrefois, il répond négativement et ajoute : « Les anciens sages savaient se maîtriser, ils vivaient dans la pénitence ; ayant abandonné les objets des cinq sens, ils étudiaient leur propre bien. Il n'y avait pas de bétail, pour les brahmanes, ni d'or, ni de blé, (mais) les richesses et le blé de la méditation étaient pour eux et ils veillaient sur le plus précieux des trésors… Inviolables étaient les brahmanes invincibles, protégés par la Dhamma ; personne ne leur opposait de résistance lorsqu'on les trouvait (debout) sur le seuil des maisons. Pendant quarante-huit ans ils pratiquaient une chasteté juvénile ; les brahmanes d'autrefois étaient avides de science et de conduite exemplaire. Les brahmanes n'épousaient pas de femme appartenant à une (autre caste), pas plus qu'ils n'achetaient de femme. » Ils ne tuaient pas les vaches, « nos meilleures amies, qui produisent notre plus précieux remède », mais ils sacrifiaient les présents qui leur étaient offerts. » Ils étaient aimables, libéraux, beaux, renommés, brahmanes par nature, zélés dans leurs différentes tâches ; tant qu'ils vécurent dans le monde, notre race prospéra. Mais il se fit en eux un changement. » Ils commencèrent à convoiter la fortune, ils commencèrent à tuer les vaches ; » auparavant on comptait trois maux : le désir, la faim et la décrépitude, mais, par suite de l'immolation du bétail, il en survint quatre-vingt-dix-huit. » Ainsi les choses allèrent de mal en pis jusqu'à ce que, « la Dhamma étant perdue, les Suddas et les Vessikas cessèrent de s'entendre, les Khattiyas[44] cessèrent également de s'entendre à divers points de vue, la femme méprisa son mari. Les Khattiyas et les brahmanes et tous ceux qui avaient été protégés par leur caste, après en avoir fini avec leurs disputes au sujet de leur lignée tombèrent au pouvoir des plaisirs sensuels[45]. » À quel point était élevée la conception que se faisait le Bouddha du vrai brahmane, on en peut juger en lisant les dernières shlokas de la Dhammapada où, après avoir indiqué les caractéristiques du vrai brahmane, il conclut ainsi : « Celui que j'appelle un brahmane suit un chemin que ne connaissent ni les dieux, ni les esprits (Gandharvas), ni les hommes lorsque les passions sont éteintes ; celui que j'appelle un Brahmane est un Arhat (vénérable). Celui que j'appelle un Brahmane ne nomme rien son bien, ni ce qui est avant, ni ce qui est derrière, ni ce qui est entre ; il est pauvre et exempt de l'amour du monde. Celui que j'appelle un Brahmane, c'est l'homme fort, le noble, le héros, le grand sage, le conquérant, l'impassible, l'accompli, l'homme toujours en éveil. Celui que j'appelle un Brahmane, connaît ses demeures antérieures, voit le ciel et l'enfer, a atteint le terme des naissances, possède la science accomplie, est un sage et ses perfections sont toutes parfaites[46]. » Le Bouddha vint réaffirmer l'ancien idéal, selon lequel l'essence des castes consiste dans le développement spirituel et, s'il déclare qu'« un homme ne devient pas brahmane par ses cheveux plats, par sa famille ou par sa naissance[47] », il ne fait que proclamer ce que Manou avait enseigné lors de l'institution du système des castes. De même le Bouddha déclarait, parlant de ses propres moines : « Un homme n'est pas mendiant (Bhikkhu) simplement parce qu'il demande l'aumône aux autres ; celui-là seul qui adopte la loi tout entière est un Bhikkhu, non celui qui simplement mendie. Celui qui est au-dessus du bien et du mal, qui est chaste, qui traverse le monde en possédant la science, voilà celui que j'appelle un Bhikkhu. » « Bien des hommes dont les épaules sont couvertes de la robe jaune sont dans de mauvaises conditions morales et vivent déréglés ; ces hommes qui agissent mal, par leurs mauvaises actions, seront conduits en enfer[48]. » *Dhammapada*, un chapitre est consacré au brahmane ; il est décrit comme un homme « juste, rangé, paisible, maître de lui, menant une vie de sainteté (brahmachârya), ne faisant de mal ni ne tuant aucun être vivant ». Il a « atteint la perfection (exposée dans) les Védas, il est sur le chemin du Nirvâna, il a un corps pour la dernière fois, il est tolérant avec les intolérants », « il a traversé le torrent[49] ».

Tel est l'idéal du brahmane que professe le Bouddha. Telle est la description de ce que le nom devrait impliquer, et je vous renvoie aux anciennes Écritures hindoues qui justifient ces exigences. J'en appelle à des livres tels que le Mahâbhârata, qui contiennent exactement la même manière de voir, et à ces paroles du Manou que « le brahmane, sans les qualités de brahmane, est pareil à un éléphant de bois ou à une antilope de cuir », c'est-à-dire l'apparence extérieure des choses et non la réalité. Il n'est pas plus raisonnable de parler du Bouddha comme d'un antagoniste des brahmanes, que de parler du Manou dans les mêmes termes, car tous deux ont enseigné la même vérité, à savoir qu'un homme doit posséder la vie intérieure avant d'être digne du nom sacré qu'il porte. Et si l'on dit, comme j'entends parfois des Hindous le dire, que le Bouddha désirait abolir la caste des brahmanes parce qu'il signalait leur vie mauvaise, ainsi que nous venons de le voir, alors il nous faudra conclure qu'il souhaitait aussi abolir l'ordre des Bhikkhus, fondé par lui — parce qu'il déclare que la robe jaune n'est pas ce qui constitue le Bhikkhu, mais qu'on doit trouver en celui-ci le contrôle sur soi-même, la vraie vie et le détachement des biens de ce monde. Représenter le Bouddha comme un ennemi des brahmanes et comme cherchant à les détruire en tant que caste, alors que tout ce qu'il a fait a été de ranimer l'ancien idéal et d'adresser des reproches à ceux qui, par leur vie, le déshonoraient : c'est pervertir les faits. S'il avait réussi à purifier la caste, il l'aurait rendue à son ancienne splendeur, mais il échoua, hélas ! et cette caste, réduite à son pauvre idéal, marche à grands pas vers la fin qu'elle s'est choisie. L'occultiste ne peut que ranimer l'idéal immortel, mais si les hommes, pour l'avoir rejeté, périssent, tant pis pour eux.

En ce qui concerne les Dieux, le Bouddha n'a pas pris l'attitude qu'on lui attribue souvent, attitude impossible pour celui qui connaissait tous les mondes. Il dit avoir visité lui-même tous les mondes des Dieux et savoir, par conséquent, quel chemin mène à eux et pouvoir guider les hommes le long de ce chemin. Et un jour qu'on lui demandait quelle route conduit au monde de Brahmâ, le Bouddha répondit en demandant à son interrogateur s'il ne connaissait pas la route de son village et s'il ne saurait pas y guider un voyageur. L'homme répondit qu'il était né dans le village qu'il habitait et connaissait la route qui y menait ; de même, répondit le Bouddha, je connais le monde de Brahmâ, l'ayant visité et y étant familier[50].

Nous trouvons de fréquentes allusions aux Dieux, d'accord avec les croyances des Hindous auxquels il s'adressait. « Par son ardeur, Maghavan[51] s'est élevé à l'adoration des Dieux. Le disciple subjuguera la terre et le monde de Yasna et le monde des Dieux. »

« Les Dieux eux-mêmes envient celui dont les sens, pareils à des chevaux bien domptés par le conducteur, ont été maîtrisés. » (Notez l'analogie avec le passage extrait du *Kathopanishad*. « Vivons donc heureux quoique nous n'appelions rien notre bien. Nous serons pareils aux Dieux brillants, nous nous nourrirons de bonheur. » » Dites la vérité ; ne cédez pas à la colère, donnez si l'on vous demande peu ; ces trois pas vous conduiront près des Dieux[52]. » Dans l'Église du Sud, la croyance aux Dieux semble avoir disparu, mais l'indéracinable besoin d'adoration, qui est en l'homme, réapparaît dans l'adoration vouée au Bouddha lui-même.

Dans l'Église du Nord, moins atteinte par le matérialisme, le culte des Dieux survit et ils sont adorés sous leurs noms hindous. Ici aussi nous voyons la Trimûrti réapparaître des noms bouddhistes : Shiva représenté par sous Amitâbha, la lumière illimitée ; Vishnou devenu Padmapani ou encore Avalokiteshvara ; la troisième personne incarnée en Mandjûsri, « qui représente la sagesse créatrice, correspondant à Brahmâ[53] ».

Cette conception des grandes hiérarchies de Dieux est étroitement liée aux idées du « Ciel » et de « l'Enfer », régions du monde invisible que l'homme traverse après qu'il a dépouillé le corps physique, — régions que le théosophe appelle Devachan et Kâmaloka. Le Bouddha n'ignorait aucunement ces deux conditions ; en fait, nous voyons qu'il les décrit longuement ; divers enfers sont mentionnés par lui avec quelque détail, dans le *Mahâvagya*, à propos de la destinée *post-mortem* d'un de ses Bhikkhus ; de même, dans le *Mahâ-parinib-bâna-sutta*, il déclare, parlant de celui qui agit mal : « Lors de la dissolution du corps après la mort, il renaît pour vivre dans quelque condition de souffrance ou de malheur, » tandis que celui qui agit bien dans les mêmes circonstances, « renaît pour vivre dans quelque condition heureuse au ciel[54] ». Dans les textes sacrés de l'Église du Nord on trouve des documents abondants sur les mondes invisibles. Parmi ceux-ci, il y a le Kâma-Loka, qui comprend la terre et les quatre ciels inférieurs, séjour des Devas, Asras, ou démons, des bêtes et des hommes (plans physique et astral) ; puis vient le séjour de Mâra (astral) et les dix-huit ciels du Rûpa-Loka (Rûpa Devachan ou Svarga) ; et au-delà des précédents, l'Arûpa Loka des quatre ciels, « un état extatique d'existence réelle ; c'est là le séjour des disciples du Bouddha, qui n'ont pas atteint la nature impérissable ». Au delà, on trouve le Nirvâna[55]. Sur ce point, et de même en ce qui concerne quelques autres points relatifs aux vérités plus occultes, les textes sacrés de l'Église du Nord semblent plus complets que ceux de l'Église du Sud ; les traditions des Arhats, auxquels le Bouddha sur ses vieux jours avait communiqué ses doctrines secrètes, passèrent dans le Thibet en Chine lorsque les Bouddhistes abandonnèrent l'Inde, et là ces traditions furent soigneusement conservées.

L'opinion du Bouddha sur le peu de valeur des soi-disant pouvoirs miraculeux est consignée dans le *Surangama Sûtra*[56] ; on y rapporte que le Prophète aurait dit qu'en pratiquant Samâdhi, sans s'appuyer sur Bodhi, — c'est-à-dire en cherchant les Siddhis plutôt que Gnyâna[57] — les hommes acquéreraient le pouvoir de voler à travers l'Espace, de se faire invisibles, etc., et s'élèveraient à des degrés divers d'un merveilleux savoir, mais que, n'atteignant point la sagesse, ils resteraient toujours attachés à la roue de la transmigration.

Une grande controverse s'est élevée à propos de la négation apparente dans l'Église du Sud, d'un Égo se perpétuant d'une vie à une autre. Des orientalistes comme le docteur Rhys Davids insistent sur ce point et la méfiance populaire des Hindous à l'égard des Bouddhistes vient en grande partie de l'opinion généralement répandue qu'ils ne croient pas à l'Égo. Les enseignements du Bouddha sont cependant assez clairs. Interrogé au sujet de la mort de quelques-uns de ses disciples ; où renaîtront-ils et quelle sera leur destinée ? le Bouddha répondit que l'un d'eux avait atteint l'émancipation ; un autre « était devenu Sakadâgâmin et à son prochain retour en ce monde sa peine prendrait fin » ; un autre « n'était plus sujet à renaître dans une condition de souffrance ». Dans tous ces cas, la permanence de l'individualité est manifeste. Un disciple peut dire, parlant de lui-même : « L'enfer est détruit pour moi ; je ne saurais renaître comme un animal ou un fantôme, ou en aucun lieu de douleur. Je suis converti ; je ne suis plus sujet à renaître dans une condition de souffrance et je suis assuré du salut final[58]. » De même, le Bouddha disait que ceux qui meurent pendant que, « pleins de foi, ils accomplissaient ce pèlerinage renaîtront dans l'heureux royaume du ciel, lorsque le corps aura été détruit[59] ». La doctrine du Moi qui se trouve dans le Vinâya, a déjà été citée et nous voyons le Bouddha déclarer comme tout autre Hindou : « Car le Moi est le seigneur du moi ; le Moi est le refuge du moi[60] », phrase qui n'aurait aucun sens s'il n'y avait pas de Moi.

En somme la doctrine tout entière n'a plus de raison d'être et tombe en ruines, si l'on en écarte la théorie fondamentale d'un Égo qui parcourt, de naissance en naissance, le cycle des réincarnations et se fond dans le Moi divin lorsque l'émancipation est atteinte. C'est là la doctrine hindoue et le Bouddha promulgua ses enseignements sachant bien que cette doctrine était universellement acceptée par ses auditeurs. Dans l'Église du Nord se conserva intacte la doctrine du *true man without a position*[61] ; l'école de Lin-Tsi enseignait : « qu'à l'intérieur du corps qui reçoit les sensations, qui acquiert les connaissances, qui pense et agit (comparez l'exposé du Moi dans le Vinâya), il y a l'homme véritable auquel on ne peut pas assigner de siège, Wu-wei-chenjen. Il sait se rendre clairement visible ; il n'est caché par aucune tunique, si mince soit-elle. Pourquoi ne le reconnaissez-vous pas ? L'invisible puissance de l'esprit pénètre tout… C'est Bouddha, le Bouddha qui est au dedans de vous[62] ».

On doit, de plus, considérer sa doctrine du « Sentier » qui repose tout entière sur la continuité de la vie. Le Sentier, dans le Bouddhisme, offre les mêmes étapes que celles indiquées par Shri Shankarâchârya, tant en ce qui concerne le Sentier préliminaire que le Sentier lui-même. Le Bouddha réclame de ses disciples, comme première vertu, cette ouverture d'esprit qui est identique au discernement, ou Viveka, discernement entre le permanent et le transitoire ; le second point est celui qui concerne l'action et enseigne l'indifférence aux résultats de l'action ; il est identique à Vairâgya ; puis suivent les six qualités de l'esprit, les six que j'énumérais il y a deux jours en parlant de la même doctrine du Sentier, professée dans l'Hindouisme ; quatrièmement, la soif ardente de libération identique à Mûmûksha ; et enfin le Gotrabhû, qui est la même chose que l'Adhikari : c'est l'étape où l'homme est prêt pour l'initiation. Après l'initiation vient le Sentier lui-même, décrit dans la citation suivante, qui part de l'étape supérieure et décrit ensuite le chemin en le redescendant : « Le Bouddha dit : le Bahal (Arhal) peut voler à travers les airs, changer de forme, fixer la durée de sa vie, ébranler le ciel et la terre. Les étapes successives qui conduisent à une telle condition d'existence sont : l'Anâgâmin, qui, à l'expiration de sa vie (du nombre d'années qui lui est assigné) s'élève sous une forme spirituelle aux dix-neuf ciels, et dans l'un d'eux achève sa destinée en devenant un Rahat. Puis vient la condition de Sakrâdâgâmin, dans laquelle après une naissance et une mort, un homme devient Rahat. La condition suivante est celle de Srotâpânna, dans laquelle c'est après sept naissances et sept morts, qu'un homme devient Rahat. Ces hommes sont ceux qui, ayant entièrement éloigné d'eux tout désir et toute convoitise, sont pareils aux branches d'un arbre, tranchées et mortes[63] ».

Voilà ce que le Bouddha enseignait à ses disciples, ainsi que les Écritures en témoignent encore, et nous avons le droit de nous servir de ces Écritures contre les fausses conceptions de ceux qui, devenus matérialistes, montrent de l'impatience envers les vérités du monde invisible.

La condition d'Arhat était le dernier degré avant d'atteindre à la complète libération et d'arriver à la conscience du Nirvâna. La doctrine de Bouddha, en ce qui concerne le Nirvâna, est peut-être la plus claire qui nous ait été conservée, car elle est positive au lieu que les autres sont d'ordinaire négatives. Après avoir déclaré que le Bhikkhu doit concentrer en lui-même toutes ses facultés mentales, « comme la tortue ramène son corps à l'intérieur de sa carapace », le Maître, passant au Nirvâna, ajoute : « Bhixus, l'incréé, l'invisible, celui que nul n'a fait ou produit, l'élémentaire existe (aussi bien que le créé, le visible, celui qui a été fait et produit, le concevable, le composé ; et il y a une connexion ininterrompue entre les deux. Bhixus, si l'incréé, l'invisible, ce qui n'a été ni fait ni produit, l'élémentaire était non-être, je ne pourrais pas dire que le résultat de sa relation de cause à effet avec le créé, le visible, ce qui a été fait et produit, le concevable, le composé est l'émancipation finale... Le manque de permanence de ce qui est créé, visible, fait et produit, composé, le grand tourment d'être sujet à la vieillesse, à la mort, à l'ignorance, conséquences dont la cause est l'obligation de se nourrir, (tout cela) passe et l'on n'y trouve aucun plaisir : voilà le trait essentiel de l'émancipation finale. Alors il n'y aura ni doutes ni scrupules ; toutes les sources de la souffrance seront finies et l'on goûtera le bonheur de la paix du Sanskâra... Voilà la principale (béatitude) de ceux qui ont atteint le but, la paix parfaite qui ne peut être surpassée, la destruction de toute caractéristique, la perfection de la parfaite pureté, l'annihilation de la mort[64] ». Telle est sa description d'un état dans lequel il est toujours demeuré, aussi bien pendant sa vie corporelle que délivré de son corps ; cependant il se trouve des gens, qui, au lieu de croire à l'annihilation de la mort, croient à l'annihilation de la vie dans le Nirvâna. Je ne connais pas de texte dans lequel la vérité, au sujet du Nirvâna, soit exposée plus clairement qu'ici. C'est l'existence et non pas le non-être ; c'est la réalité et non l'irréel, c'est la permanence et non le transitoire. Ce qui est impliqué dans le « Nirvâna », dans la « sortie » sous-entendue par le mot lui-même, le Bouddha le déclare, c'est l'affranchissement de toutes ces choses transitoires ; elles disparaissent et l'homme atteint alors l'émancipation finale.

Pendant quarante-cinq ans le Bouddha vécut errant dans l'Inde du Nord, enseignant jusqu'à ce que sa tâche fût achevée ; après quoi, il se dépouilla de son corps. On raconte une étrange histoire au sujet de sa fin, histoire très significative dans l'ancien temps, mais interprétée au sens littéral du mot, par ceux qui, de nos jours, mangent du porc. Chûnda, un ouvrier qui travaillait les métaux, peu après que le Bouddha eût annoncé sa fin prochaine, lui offrit son repas quotidien et lui prépara de la viande de porc fumée, du riz et des gâteaux. Le Maître pria Chûnda de lui servir seulement la viande de porc et il donna le riz et les gâteaux à ses disciples, priant Chûnda d'enterrer ce qui restait de la viande de porc, car, dit-il : « Je ne vois personne sur terre, ni dans le ciel de Mâra, ni dans celui de Brahma, personne parmi les Samanas et les Brahmanes, ni parmi les dieux ou les hommes qui après avoir mangé cette nourriture pourrait l'assimiler, — personne, excepté le Tathâgata[65]. Certes, de telles paroles suffisent à montrer que « la viande du porc » n'était pas une nourriture physique, de celles que les hommes qui vivent de viande assimilent sans difficulté. Après avoir mangé, il enseigna ses disciples, puis la maladie le prit, accompagnée de fortes douleurs ; il les supporta patiemment, et s'étant remis, Il poursuivit son chemin. Ce jour-là, on observa que sa peau brillait d'un éclat inaccoutumé et il dit à Ananda que c'était l'indice qu'il s'en irait la nuit suivante ; il s'étendit et se reposa un instant, puis se leva pour se rendre au bosquet de Sâla des Mallas où il se coucha entre les deux arbres jumeaux de Sâla, la tête regardant le nord. Les arbres répandirent sur lui leurs fleurs et des fleurs du ciel tombèrent, la musique du ciel résonna pour rendre hommage au prophète mourant, mais lui, s'adressant à Ananda, lui dit que si cet hommage lui était dû, il attachait plus de valeur à l'hommage qui lui était rendu par l'homme ou la femme purs et nobles, obéissant à sa loi. Tous les Devas du monde s'assemblèrent et des foules de gens vinrent lui rendre leurs derniers hommages et le Bouddha institua son dernier Arhat, le mendiant Sabhadda ; cinq cent disciples l'entouraient sur sa fin ; c'est alors qu'il prononça ses dernières paroles : « Voyez, mes frères, maintenant je vous exhorte et vous déclare : La déchéance est inhérente à toute chose composée. Travaillez avec diligence à votre salut. » Puis le silence tomba et au milieu de la plus profonde méditation, il passa et ne revint plus.

De ce roi des rois, on se disposa à brûler le corps qu'on plaça sur un bûcher de bois odorant ; il ne se forma pas de cendre, mais les os demeurèrent. On les répartit comme des reliques sacrées, on en fit huit parts qui devaient être placées chacune sur un Thûpa, tandis qu'un neuvième Thûpa était élevé au-dessus de l'urne dans laquelle son corps avait été brûlé et que les Moriyas en élevaient un dixième au-dessus des cendres du bûcher funéraire. Ainsi se termina la plus noble vie qui fût jamais vécue par un membre de l'humanité, la vie du premier qui, sur ce globe, ait atteint l'état de Bouddha. « Prosternez-vous, les mains jointes ! C'est chose difficile, difficile de rencontrer un Bouddha même au cours de centaines de siècles ! »[66].

Nous n'avons pas le temps de retracer les progrès ultérieurs du Bouddhisme, le développement de ces différentes écoles de philosophie, l'apparition de nobles maîtres élevés dans la sagesse bouddhique, le caractère matérialiste que prit la foi par suite de son introduction au milieu de populations moins développées et d'esprit moins métaphysique, ni, en revanche, sa persistance dans son originelle pureté au sein des écoles ésotériques. J'en ai dit assez sur les préceptes de Bouddha lui-même pour établir la thèse que je défends, à savoir l'identité de doctrine et de discipline à la fois dans l'Hindouisme et le Bouddhisme et pour légitimer mon plaidoyer, qui tend à faire régner l'amour et l'amitié entre les deux religions du peuple hindou, lesquelles font la gloire de la race hindoue. La doctrine du Bouddha, du Puissant, de l'Illuminé, qui, le premier d'entre les humains, franchit l'échelon de l'état de Bouddha ; c'est la doctrine antique proclamée à nouveau. Trop souvent la haine et la division règnent entre l'Hindouisme et le Bouddhisme ; le soupçon, le doute, l'antagonisme ont creusé un gouffre entre ces deux grandes religions et les hommes ne veulent point essayer, ni d'un côté ni de l'autre, de le couvrir d'un pont. Cependant, dans les deux religions, les Maîtres sont membres de la même Confrérie ; les disciples, qu'ils appartiennent à l'une ou à l'autre d'entre elles, marchent vers la même Confrérie ; il n'y a pas de différence entre le Maître hindou et le Maître bouddhiste, car tous deux enseignent les mêmes vérités essentielles et ont suivi le sentier commun aux deux religions. Né sur le sol indien, parlant en qualité d'indigène la langue hindoue, répétant les plus nobles préceptes moraux contenus dans les Écritures hindoues, reconnaissant les dieux hindous —, le Bouddha est pourtant rejeté par la nation indienne qui se refuse à le considérer comme un Maître, ce qui n'empêche pas, chose assez illogique, qu'il ne soit adoré comme un Avatâra par nombre d'Hindous orthodoxes. Pourquoi l'hostilité au lieu de la fraternité, pourquoi le soupçon et la haine au lieu de la paix ? Cette grandiose religion, qui façonne des millions d'esprits, cette noble philosophie qui forme des millions d'intelligences, cette vie — la plus parfaite en ses détails dont témoigne l'histoire, au moins pour cette fraction de l'humanité à laquelle appartient notre race, — tout cela, pourquoi l'excluriez-vous de votre sympathie, pourquoi lui refuseriez-vous votre respect et votre amour ? Le Bouddha se présente à vous comme un homme de votre propre race, la gloire de la nation hindoue ; né dans la caste Kshatriya, appartenant à la population aryenne, enseignant les anciennes vérités sous une forme nouvelle et les préparant pour qu'elles servent à l'éducation de multitudes plus vastes. Le Bouddha vous appartient et il appartient en même temps, au monde tout entier ; le plus grand parmi les Maîtres de l'humanité, fleur épanouie sur le sol de l'Inde, ce Maître a parlé la langue hindoue et aimé le peuple indien. Il lui a donné son enseignement, il a travaillé pour lui, il l'a soigné, il l'a instruit ; et puis sa compassion s'est étendue, a débordé les mondes. Nous pouvons donc le vénérer, l'Élu, le Seigneur, le Maître. On l'admet comme un Maître parmi les Dieux ; on peut bien aussi lui rendre hommage comme à un Maître parmi les hommes.

L'Hindouisme et le Bouddhisme, — la mère et la fille, — feraient bien de s'étreindre à nouveau dans un embrassement filial et maternel et d'oublier dans cette étreinte l'histoire de leur discorde, de leur longue séparation. La nation hindoue recouvrerait alors son unité ; un même toit abriterait la mère et la fille et l'Inde serait alors en état d'influencer le monde occidental par une seule bouche, au moyen d'une seule langue, aidant à hâter la rédemption de cette humanité au sein de laquelle le Bouddha naquit et pour laquelle il vécut. Que chacun d'entre vous se fasse l'écho des prosternez-vous, les mains jointes ! Il est rare, il est bien rare, de rencontrer un Bouddha, même au cours de centaines de siècles ! »

1. ↑ *Chinese Buddhism*, par le Rev. G. Edkins, p.43.
2. ↑ Le docteur Rhys Davids nous dit, dans son *Buddhism* : « Les livres, tels que nous les avons, ont reçu leur forme actuelle un siècle ou deux après la mort de Gotama. » On peut dire que le Bouddhisme a été constitué au Concile de Bâjagriha, sous Kâshiapa et Ananda, Concile tenu immédiatement après la mort du Bouddha. Au second Concile, celui de Vaishâti, sous Yashas et Revata, en 317 avant Jésus-Christ, les dissidents rejetèrent l'Abhidhamma, mais les disputes, que ce concile était appelé à faire cesser, portaient uniquement sur certains points de la discipline du Sangha. Le troisième Concile, tenu à Patâlipûtta, en 212 avant Jésus-Christ, sous Ashoka, ne changea rien non plus aux Pitakas, de sorte que nous sommes en droit de les considérer comme représentant exactement la doctrine du grand Prophète.
3. ↑ Dieux ou anges
4. ↑ Le docteur Rhys Davids dit « qu'on peut fixer approximativement cette date à l'an 600 avant Jésus-Christ » (*Buddhism*, p. 20).
5. ↑ Pour plus de détails, lire le beau poème d'Edwin Arnold, *Lumière d'Asie*, trad. L. Sorg. livres II, III et IV. (*Note des éd.*)
6. ↑ Mâra, le démon tentateur.
7. ↑ *Dhammapada*, 153, 154. Livres sacrés de l'Orient, vol. X, trad. Max Müller.

   Voici la traduction de ces belles paroles dans *la lumière d'Asie*, d'éd. Arnold, p. 118.

   « J'ai habité mainte demeure de la vie, cherchant toujours celui qui a bâti ces prisons des sens pleines d'affliction, et mon combat incessant a été pénible.

   « Mais maintenant, toi, constructeur de ce tabernacle toi, je te connais ! Tu ne bâtiras plus ces murs qui contiennent la souffrance, tu ne dresseras plus le faîte de les artifices, et tu ne placeras plus de nouvelles solives sur l'argile, ta maison est détruite et sa poutre maîtresse est brisée ! C'est l'illusion qui l'avait construite !

   « Je vais marcher désormais sans cesse pour atteindre la délivrance. »
8. ↑ *Mahâragga*, I, *i*, I. On peut lire l'histoire de cette période dans les Livres Sacrés de l'Orient, vol. VIII, *Textes Vinâya*, trad. du Pâli par les docteurs Rhys Davids et Oldenberg. Ou bien, en ce qui concerne la doctrine du Bhikkhus, on pourra se reporter au volume XI, *Bouddhist Suttas*, trad. par le docteur Rhys Davids, dans le *Dhamma-Kakkha-Pparattava-Satta*.

9. ↑ *Mahâvagga*, 2.
10. ↑ *Mahâvagga, ii*, 2.
11. ↑ Et cependant il y a des gens qui s'imaginent que le Bouddhisme est un simple système de morale, tout entier fondé sur la raison et susceptible d'être saisi dans son entier par ceux qui sont étrangers au monde spirituel !
12. ↑ *Mahâvagga*, V. 2, 3.
13. ↑ Les légions des Égos réincarnés, retenus comme débiteurs par Karma.
14. ↑ *Mahâvagga*, 140.
15. ↑ Science totale.
16. ↑ Bhikkus (mendiant, bonze), terme qui désigne le brahmane au quatrième et dernier stade de sa vie, alors qu'il a abandonné sa famille et vit d'aumônes. Chez les bouddhistes, le bhikkus est celui qui a fait serment de chasteté et de pauvreté et qui a reçu la consécration. (*Note du traducteur.*)
17. ↑ Attache aux cinq éléments de l'existence qui constituent le moi transitoire, les cinq enveloppes.
18. ↑ L'absurde idée moderne qu'un Bouddha pût nier l'existence des dieux n'avait pas encore été émise ; tous les documents primitifs sont, au contraire, pleins du récit de la coopération et de la joie divine.
19. ↑ *Mahâvagga*, VI. Toute personne ayant étudié la chose reconnaîtra ici les Koshas de la Vedantâ, en remarquant que les Samkhâras représentent la Pranamayakosha, la sensation et la perception, la Manomayakosha ; la cinquième, Anandamayakosha, n'est pas mentionnée parce que ce voile de félicité ne disparaîtra pas, même dans l'état Turiya, état qui permet à celui qui y a atteint de ne plus renaître.

    Voir aussi à ce sujet :

    L'Évangile du Bouddha, de Paul Carus, trad. L. de Milloué, pp. 49 à 55.

20. ↑ Orthographié le plus souvent : Dharma.
21. ↑ *Mahâvagga*, XII, 3, 11.
22. ↑ *Bouddhism*, pp. 108-112.
23. ↑ *Op. cit.*, p. 113.
24. ↑ S'il en est ainsi, comment peut-on nous demander de détourner les termes qu'il emploie de leur sens antérieur ?
25. ↑ *Op. cit.*, pp. 116-117.
26. ↑ Dhammapada, 281.
27. ↑ *Op. cit.* 222, 91.
28. ↑ *Ibid., 380.*

29. ↑ *Ibid.*, I.
30. ↑ *Udânavarya*, XXX, I.
31. ↑ *Évangile du Bouddha*, XXXVIII, p. 115 à 122. Note des Éd.
32. ↑ *The Sûtra of the Forty-two Sections*, traduit du chinois par S. Beat. *Catena of Buddhist Scriptures*, pp. 193-194.
33. ↑ *Maha-pari nibbana-Sutta*, 23. *Sacred Books of the East*, vol. XI.
34. ↑ *Dhammapada*, 223.
35. ↑ *Ibid.*, 21.
36. ↑ *Dhammapada*, I, 2.
37. ↑ *Udanavarga*, XXVIII, 23, 39.
38. ↑ *Udanavarga*, II, 2, 6, 12, 14, 18.
39. ↑ *Ibid.*, XXVIII, I.
40. ↑ En anglais *insight*.
41. ↑ Sabbâsava-Sutta. *Sacred Books of the East*, vol. XI.
42. ↑ Dhammapada, 252-253. *Sacred Books of the East*, vol. X. Trad. fr. par Fernand Hû. E. Leroux, éd.
43. ↑ *Tevijja Sutta*. Livres sacrés de l'Orient, vol. XI. Ici encore nous remarquons que le Bouddha adopte les théories occultes relatives à l'existence des dieux, au lieu de les écarter, comme l'opinion populaire le prétend souvent. Bien entendu, aucune personne instruite ne pourra partager le point de vue matérialiste moderne qu'on prête aujourd'hui au bouddhisme.
44. ↑ Shûdras, Vaishyas et Kshattryas.
45. ↑ *Brahmanadihammikassutta* dans la *Sutta-nipâla* trad. du Pâli par V. Fausbôll. *Sacred Books of the East*. vol. X, p. 11.
46. ↑ Dhammapada, 120-123.
47. ↑ *Ibid.*, 393.
48. ↑ *Ibid.*, 266, 267, 307.
49. ↑ *Op. cit.*, XXXIII. *Trubner's Oriental Series*, trad. du thibétain par W. Rockhill.
50. ↑ V. *ante* la réponse à Vâsettha.
51. ↑ Indra.
52. ↑ *Dhammapada*, 30, 43, 24, 167, 224.
53. ↑ *Sanscrit-Chinese Dictionary*, Eitel, *sub voce.*
54. ↑ *Op. cit.*, I, 23, 24.
55. ↑ *Catena of Buddhist Scriptures*, résumé d'après les Écritures chinoises, pp. 89-91.
56. ↑ *Ibid., pp. 30-31.*
57. ↑ La recherche du pouvoir plutôt que la sagesse.
58. ↑ *Mahâ paribibhâna-sutta*, ii, 6-10.

59. ↑ *Ibid.*, V, 22. Le pèlerinage avait lieu à l'un des quatre endroits suivants : où le Bouddha était né, où il avait trouvé l'illumination, fondé le royaume de la vérité, enfin où il était mort.
60. ↑ *Dhammapada*, 380.
61. ↑ Littéralement : « L'homme véritable qui n'est fixé nulle part. »
62. ↑ *Chinese Buddhism*, pp. 163, 164.
63. ↑ *Sûtra of the Forty-two Sections, Chinese Buddhism*, p. 191.
64. ↑ *Udanavarga*, XXVI, I, 21, 22, 24, 31.
65. ↑ *Mahâ Parinibbâka-sutta*, 19.
66. ↑ C'est par ces paroles que se termine le *Mahâ parinibbâna-sutta*, d'où nous avons extrait le récit de la fin de Bouddha et dont les passages entre guillemets sont des citations textuelles.

CHRISTIANISME[1].

En abordant le Christianisme nous allons rencontrer certaines difficultés spéciales, en face desquelles nous ne nous sommes pas trouvés lorsque nous avons parlé des trois autres religions. Ces difficultés spéciales proviennent de certaines causes distinctes. Premièrement, une certaine obscurité historique entoure l'origine du christianisme, obscurité due aux luttes qu'il a traversées à ses débuts, à une époque où les événements n'étaient pas soigneusement enregistrés et, comme conséquence une énorme masse de documents apocryphes, parus sous des noms augustes, documents qui furent tout d'abord acceptés aveuglément, puis graduellement passés au crible. L'obscurité importerait peu, car elle peut être bien vite dissipée par la lumière de la science occulte ; mais en agissant ainsi, on offense cruellement la plupart des Chrétiens actuels, comme si l'on attaquait l'essence de leur foi. Notre seconde grande difficulté, c'est l'immense différence, — ou plutôt les immenses différences, — qui divisent entre eux les Chrétiens, si bien que, à quelque opinion qu'on se range, on s'expose à ce qu'une partie des Chrétiens déclarent le Christianisme déformé dans la mesure où il n'a pas été expose conformément à leur opinion particulière. Car, en effet, nous avons l'Église grecque et l'Église catholique romaine qui embrassent la vaste majorité de la population chrétienne, puis nous avons un très grand nombre d'Églises et de sectes différentes groupées ensemble sous le nom de « Protestants », terme assez malheureux, car il n'affirme rien et déclare simplement qu'il y a protestation contre les opinions soutenues par les autres Chrétiens. Aussi trouvons-nous dans ces trois divisions, — car pour le moment je les appellerai ainsi, — un grand nombre de contradictions graves, et le savant, désireux de donner un exposé exact et de ne rien dénaturer, se trouve enveloppé dans un tourbillon de faits contradictoires parmi lesquels il ne peut accepter l'un sans se trouver en conflit avec les autres. Il n'y a rien en dehors de la Bible et du symbole des Apôtres, qui soit admis par la totalité des Chrétiens comme l'expression exacte de la doctrine chrétienne, et encore les disputes abondent-elles sur le sens de ces deux documents fondamentaux. L'extraordinaire importance attachée par tous les partis du monde chrétien à la forme de la croyance intellectuelle, engendre une âpreté de controverse inconnue des autres religions, l'exactitude de la croyance étant une condition bien plus rigoureuse pour l'orthodoxie, dans la plupart des Églises, que la soumission à aucune règle de conduite.

Je me propose de procéder ici comme je l'ai fait en traitant des autres religions, — de prendre des Écritures, les textes acceptés par toutes les sectes et de baser sur eux mon exposé ; je me servirai, en outre, des documents de l'Église primitive, des enseignements des « Pères de l'Église », comme on les appelle, ces textes facilitant l'intelligence des Écritures ; enfin, m'aidant de la lumière de l'occultisme, j'essaierai de distinguer l'essentiel du secondaire, de séparer ce qui est réel et vrai des additions qui l'ont recouvert par suite de l'insuffisance des connaissances et, bien souvent, des exigences de la controverse. Une autre grande difficulté subsiste et celle-là concerne le sentiment plutôt que l'intellect. Le Christianisme est la seule des religions du monde qui prétende à être unique ; chacune des autres religions ne prétend qu'à exercer son autorité sur ses propres adhérents, et reste, pour ainsi dire, sur son propre terrain, tout en admettant la valeur des autres religions et gardant vis-à-vis d'elles, en général, une attitude de bienveillante neutralité et non d'opposition active. Mais, en ce qui concerne le Christianisme, ce n'est pas le cas. Il prétend être l'unique révélation, l'unique voix de Dieu se faisant entendre à l'homme. Il n'admet pas de rival sur le même plan que lui ; il n'admet pas de frères à son foyer, il prétend se suffire à lui-même, solitaire, inaccessible, classant les autres religions du monde, toutes ensemble, parmi les erreurs, les qualifiant parfois du terme dédaigneux de paganisme, parfois un peu plus courtoisement, mais toujours avec le même exclusivisme. Ce procédé, naturellement, excite les sentiments d'hostilité aussi bien d'un côté que de l'autre. Le propagandiste chrétien insiste sur la valeur suprême de sa propre croyance et le peu de valeur des autres ; tandis que, de leur côté, les membres des autres religions, blessés par cette prétention à la supériorité, se sentent portés à faire au christianisme une opposition qu'ils ne sont pas tentés de faire aux religions non propagandistes. Surtout dans un pays comme celui-ci, ceux qui n'appartiennent pas à la religion chrétienne peuvent constater ce que je ne peux m'empêcher d'appeler son pire aspect, son aspect d'antagonisme qu'accompagnent malheureusement bien souvent, l'insulte et l'outrage aux religions aînées ; de sorte qu'il m'est très difficile de gagner votre compréhension sympathique à la religion telle qu'elle est réellement, en elle-même — car vous l'avez vue sous son aspect le plus défavorable, sous son aspect militant plutôt que réellement religieux. Je vous demanderai donc aujourd'hui de chasser momentanément de votre pensée tout ce qui a offensé vos sentiments religieux, tout ce qui a pu éveiller en vous des sentiments d'antagonisme et d'envisager cette religion de la même façon dont, plus aisément, vous envisagez les autres, c'est-à-dire comme l'un des modes suivant lesquels l'Être Suprême éduque une grande partie de la famille humaine, comme une religion qui apporte aide et consolation, ainsi que l'enseignement spirituel à des millions d'hommes. Si elle souffre, comme c'est souvent le cas, du manque de sagesse de ses représentants, essayez de l'oublier et d'envisager le Christianisme comme une religion, non comme un agent de prosélytisme.

Après cette introduction, — qui était nécessaire étant donné le pays où nous sommes et si je veux gagner quelque sympathie à une religion qui est l'une des plus grandes de l'Univers, — examinons les autorités et voyons ce qu'il y a lieu de traiter dans l'étude de la religion, dans quelle mesure nous pouvons comprendre le milieu dans lequel elle a peu à peu grandi, car si nous ne connaissons pas ce milieu, nous ne comprendrons jamais la forme dernière des doctrines, nous ne saisirons jamais la manière dont elles se sont développées.

Tout d'abord, nous avons certains « livres canoniques », acceptés à la fois par toutes les divisions de la Chrétienté, à propos desquels aucun débat ne s'élève, ni dans l'Église grecque, ni de la part des Catholiques romains ou des Protestants. Tous également acceptent sans conteste certains livres qui sont groupés ensemble sous les noms d'*Ancien* et *Nouveau Testament,* forment par leur réunion la *Bible* et sont regardés comme contenant la révélation divine, tandis que tout ce qui y est contraire est tenu pour hérétique. L'*Ancien Testament*, le fragment le plus ancien de ces Écritures canoniques, consiste en un grand nombre de livres différents, dont beaucoup sont historiques, transmis par les juifs ou le peuple hébreu. La rédaction de ces livres représente une longue période de temps et la suite en est marquée par un progrès très distinct : au début, un état de choses comparativement barbare, où la religion était étroite, prescrivait des sacrifices d'un caractère particulièrement sanguinaire, puis le progrès va croissant jusqu'à l'époque où le peuple hébreu, ayant pris contact avec d'autres civilisations, en particulier avec celles qui étaient pénétrées de la religion zoroastrienne, introduit dans sa propre croyance une conception plus noble et plus grande de l'Être divin, celle-là même que vous trouvez exposée dans les livres des prophètes ; ces derniers renferment des passages très élevés sur la nature de Dieu et aussi sur la justice que Dieu exige de l'homme. Nous y reviendrons tout à l'heure plus en détail, mais je voudrais terminer d'abord la question des autorités. L'*Ancien Testament* contient encore les *Psaumes*, qui sont des chants à peu près de même nature que ceux que nous avons rencontrés dans les autres religions, comparables à ceux des Védas, et aux Gathas du Zoroastrisme ; quelques-uns portent la marque de l'esprit le plus élevé et le plus noble ; quelques autres appartiennent à la période primitive : leur caractère est, des lors, militant à l'extrême et ils sont bien loin de nous offrir une morale toujours bonne ou élevée.

Nous arrivons maintenant aux documents réunis sous le titre de *Nouveau Testament*. Ils se composent de quatre Évangiles où se trouvent contenus la vie du Fondateur de la religion, quelques renseignements sur l'Église primitive, un certain nombre d'épîtres écrites par les disciples aux diverses sections de l'Église naissante, et un livre de prophéties. Il y a comparativement peu de chose, en fait de doctrine, dans les Évangiles eux-mêmes ; on en peut déduire certains dogmes, mais ils ne s'appuient que sur une faible autorité ; on y trouve plutôt un grand nombre de préceptes moraux, un grand nombre de ceux prêchés par le Christ et dont le caractère est plus éthique que philosophique ; dans les épîtres, en revanche, sont contenues la plupart des affirmations dogmatiques qui constituent l'ébauche de la doctrine chrétienne. En dehors de ce canon, extrait d'une masse de documents, nous avons encore, se rapportant au *Nouveau Testament,* ce qu'on appelle les écrits apocryphes. Ceux des Juifs sont des œuvres tout à fait remarquables, l'un surtout, *le Livre de la Sagesse,* est un document d'une rare beauté et qui témoigne d'une haute spiritualité. Ces livres sont plutôt acceptés des catholiques romains qu'ils ne le sont par les confessions protestantes. Dans la *Bible* des catholiques romains, ils sont généralement intercalés entre l'*Ancien* et le *Nouveau Testament,* tandis qu'ils sont supprimés dans la majorité des *Bibles* protestantes, comme n'étant pas canoniques.

Nous avons encore une masse d'écrits apocryphes relatifs à l'église primitive, les Évangiles de Marie, de Pierre, de Jacques — et ainsi de suite, — des histoires de l'enfance de Jésus, de sa vie ultérieure, de sa descente dans les enfers, de son action dans le monde invisible : toute une masse d'écrits, dont beaucoup sont des plus intéressants en ce qu'ils nous montrent la littérature du Christianisme primitif, intéressants et instructifs aussi pour l'érudit qui doit les étudier s'il veut connaître ce que j'appellerai le milieu intellectuel de l'Église primitive. Ces écrits ne sont jamais compris dans le livre qu'on appelle la *Bible* ; ils forment une masse littéraire importante et fournissent un grand nombre de documents qu'on doit lire pour peu qu'on désire comprendre le Christianisme primitif.

Enfin, nous avons une immense littérature fournie par les Pères, les évêques, les prédicateurs de l'Église naissante et qui s'étend de la seconde moitié du deuxième siècle, à travers les troisième, quatrième et cinquième siècles, — autre masse littéraire volumineuse dont il faut avoir connaissance pour être capable d'émettre une opinion sur la doctrine chrétienne, ou d'enseigner, d'exposer même le Christianisme. Cette littérature est l'œuvre d'hommes des plus instruits, dont un grand nombre ont été canonisés plus tard par l'Église, tels que saint Clément d'Alexandrie, saint Irénée et tant d'autres. Ce sont là des documents d'une valeur énorme et qui renferment la base philosophique et métaphysique du Christianisme.

Quant aux traditions orales, — car c'est en grande partie des traditions orales qu'on trouve dans les quatre évangiles qui contiennent la vie du Fondateur, — le choix en a été fait assez tard, au deuxième siècle, et elles ont été réunies sous les noms de quatre des grands apôtres de l'Église. Qu'un choix ait été fait parmi beaucoup d'autres documents, c'est ce qui ressort clairement de l'introduction du troisième Évangile, où l'auteur commence par dire :

« Plusieurs ayant entrepris de composer un récit des événements qui se sont accomplis parmi nous, suivant ce que nous ont transmis ceux qui ont été des témoins oculaires dès le commencement et sont devenus des ministres de la parole, il m'a aussi semblé bon, après avoir fait des recherches exactes sur toutes ces choses depuis leur origine, de te les exposer par écrit d'une manière suivie[2]… »

Et c'est là un point important qui vous montre de quelle manière ces récits furent rédigés. Tout d'abord, l'histoire court de bouche en bouche. Dans le Christianisme, comme dans les autres religions, il y eut une masse énorme de traditions orales qui passèrent de bouche en bouche et ne furent pas consignées par écrit. La plupart des préceptes sacrés ne furent jamais rédigés, ainsi que nous en trouvons la preuve dans quelques Pères de l'Église ; l'acte de foi qu'on apprenait à réciter à tout chrétien n'était pas écrit, il n'était qu'enseigné verbalement et devait servir de signe, permettant de reconnaître, dans l'Église, la présence d'un certain état de choses. Cette période d'enseignement oral offre une importance considérable, et son existence nous est, en outre, attestée par les citations des paroles de Jésus, qui se trouvent chez les premiers Pères, chez des hommes tels que Justin martyr ; Ignace, dans le « Pasteur » d'Hermas et autres textes qui rapportent, comme les propres paroles du Seigneur, des phrases qui ne se trouvent aucunement dans les évangiles canoniques, mais qu'on rencontre dans les soi-disant écrits apocryphes. Les évangiles canoniques sont extraits d'une tradition plus étendue et ont été réunis à une date ultérieure. Il nous faudra consulter Clément d'Alexandrie, l'un des plus grands parmi les Pères de l'Église, Tertullien, Origène, qui ont laissé de volumineux écrits ; ils nous aideront à connaître en détail la condition de l'Église à leur époque, et nous nous appuierons sur eux pour établir certains points fondamentaux sans lesquels nous ferions injustice au

Christianisme, ainsi que tant de ses propres adhérents le font aujourd'hui.

Le premier de ces points préliminaires, c'est la division de la doctrine chrétienne en deux parties : l'une révélée, l'autre non révélée, la doctrine exotérique et l'ésotérique. Cette division existait chez les Hébreux, qui ont si fort influencé les premières traditions du Christianisme et qui possédaient une doctrine secrète connue sous le nom de Cabale. Je ne me propose pas d'en parler ici, bien que la connaissance en soit nécessaire à celui qui veut étudier sérieusement le Christianisme. Mais je voudrais appeler votre attention sur un certain nombre de déclarations faites par le Christ à ses apôtres, puis répétées par les premiers disciples et qui nous prouveront, sans contestation possible, l'existence d'une doctrine cachée ou ésotérique dont la perte, dans certaines Églises, explique amplement la grossièreté des théories que nous entendons aujourd'hui soutenir sur Dieu et l'âme humaine. Examinons d'abord une ou deux des déclarations que fit le Christ lui-même concernant sa propre manière d'enseigner. Au premier rang se place la déclaration du Christ à ses apôtres : « C'est à vous qu'a été donné le mystère du royaume de Dieu ; mais pour ceux qui sont dehors tout se passe en paraboles[3]. » Origène commente cette déclaration du Christ ainsi qu'il suit : « Je n'ai pas encore parlé de l'observance de tout ce qui est écrit dans les Évangiles, dont chacun comprend une grande part de doctrine difficile à saisir, non seulement pour la multitude mais même pour certains d'entre les plus intelligents ; car une explication très profonde y est contenue des paraboles dont Jésus se servait pour « ceux qui étaient dehors », tandis qu'il réservait l'exposé du sens complet pour ceux qui avaient dépassé le stade de l'enseignement exotérique et qui venaient recevoir un enseignement privé dans sa propre maison. Et lorsqu'on en arrivera à comprendre, on admirera alors pourquoi certains sont dits « être dehors » et d'autres » dans la maison[4] ». Ainsi, Origène pose une distinction entre ceux qui sont dehors, les illettrés, la multitude inculte à qui l'on ne pouvait enseigner les éléments de la vérité qu'au moyen de paraboles, — et ceux « qui sont dans la maison », apôtres et disciples, à qui était révélée dans son intégrité la parole de Dieu, — ces mystères du royaume qui n'étaient pas livrés au monde extérieur.

Nous trouvons encore Jésus adressant à ses disciples des paroles qui ne prêtent à aucune méprise : « Ne donnez pas les choses saintes aux chiens, et ne jetez pas vos perles devant les pourceaux, de peur qu'ils ne les foulent aux pieds[5]. »

Le sens du mot « chiens » nous est révélé non seulement par l'emploi qu'en font les historiens Juifs, mais par les paroles de Jésus lui-même. Le terme était usité pour désigner toutes les nations qui ne descendaient pas d'Abraham. Et nous voyons que la première réponse de Jésus à la femme Syro-phénicienne, venue à lui pour le prier d'exercer son pouvoir merveilleux, fut celle-ci : « Il n'est pas bien de prendre le pain des enfants et de le jeter aux petits chiens. » Elle accepta le mot avec humilité et répondit : « Mais les petits chiens mangent les miettes qui tombent de la table de leurs maîtres[6]. » Si bien qu'on ne saurait disputer sur le sens du mot « chien » ; il désigne ceux qui ne sont pas dans l'enceinte du royaume de Dieu. Et ainsi les Pères en comprirent le sens et s'y conformèrent. Ils pratiquaient exactement la même politique. Clément d'Alexandrie, citant les paroles ci-dessus, ajoute qu'il est difficile d'instruire « des auditeurs incultes et pareils à des pourceaux[7] ». De même, Jésus dit à ses disciples : « J'ai encore beaucoup de choses à vous dire, mais vous ne pouvez pas les porter (comprendre) maintenant[8].» D'après les traditions des Pères de l'Église, il resta onze ans sur terre après sa résurrection enseignant à ses Apôtres les choses secrètes. Saint Clément dit, en parlant de cette science sacrée : « Elle fut révélée dès le commencement à ceux-là seuls qui comprenaient. Maintenant que le Seigneur a instruit ses Apôtres, l'interprétation non écrite des (Écritures) écrites s'est transmise jusqu'à nous[9]. »

D'après les Actes, le Christ ne demeura que quarante jours, mais pendant ces quarante jours il instruisit les Apôtres sur les choses du royaume de Dieu[10] et cet enseignement ne fut pas consigné. On n'en trouve aucune trace dans les Textes canoniques de l'Église. De fait, Origène observe à ce propos que Jésus « conversait avec ses disciples en particulier et principalement dans leurs retraites secrètes, sur l'Évangile de Dieu ; mais les paroles qu'il prononçait n'ont point été conservées[11] ». Nous voyons

Saint Paul parler exactement de même. Il dit à ses convertis de l'Église de Corinthe : « Pour moi, frères, ce n'est pas comme à des hommes spirituels que j'ai pu vous parler, mais comme à des hommes charnels, comme à des enfants en Christ[12]. » Et ailleurs : « Nous prêchons la sagesse de Dieu, mystérieuse et cachée[13] » et encore : « Cependant c'est une sagesse que nous prêchons parmi les parfaits[14], » non pas à la généralité, mais à ceux qui sont parfaits, terme dont le sens technique est bien discerné, — d'après les passages des Pères, — ceux qui ont été initiés aux mystères et sont, par suite, les parfaits de l'Église. Je pourrais citer d'autres textes, mais ceux-ci suffiront et nous allons passer aux pratiques de l'Église, telles que nous les trouvons dans les Pères. Clément d'Alexandrie déclare que, par ses écrits, il se propose simplement de rappeler à ses lecteurs la vérité qui leur a été communiquée plus explicitement dans un exposé oral : « La rédaction de mes memoranda est faible, je le sais bien, auprès de cet Esprit, abondant en grâce, que j'ai eu le privilège d'entendre. Mais ce sera une image qui rappellera l'archétype à ceux qui auront été frappés par le Thyrse[15], » phrase que tout occultiste comprendra : « Il n'est pas à souhaiter », écrit le même auteur, « que toutes choses soient exposées indistinctement à tous, que les avantages de la sagesse soient communiqués à ceux dont l'âme, fût-ce en rêve, n'a pas été purifiée, (car il n'est pas permis de tendre au premier passant venu ce qu'on s'est procuré par d'aussi laborieux efforts), les mystères de la parole ne doivent pas non plus être exposés au profane[16] ». Lorsque Celse attaqua le Christianisme comme étant un système secret, Origène lui répondit : « Parler du Christianisme comme d'une doctrine secrète est parfaitement absurde. Mais qu'il y ait certaines doctrines qu'on ne fasse pas connaître à la multitude et qui ne soient (révélées) qu'après que l'enseignement exotérique a été donné : ce n'est pas là une particularité du Christianisme, mais encore de systèmes philosophiques dans lesquels certaines vérités sont exotériques, d'autres ésotériques[17] ». Afin de suivre l'ordre voulu, les nouveaux convertis au Christianisme étaient conduits successivement à travers différents stades ; ils étaient d'abord auditeurs, puis catéchumènes, après quoi ayant reçu le baptême, ils devenaient dans l'entière acception du mot, membres de l'Église. Au sein de l'Église elle-même, il y avait aussi des degrés : tout d'abord les membres généraux ; parmi ceux-ci, ceux dont la vie était pure passaient au second degré : « Quiconque sera pur, non seulement de toute corruption, mais de ce qu'on regarde encore comme de moindres transgressions, initiez-le hardiment aux mystères de Jésus, qu'il convient de ne révéler qu'aux saints et aux purs…

« Celui qui remplit l'office d'initiateur, selon les préceptes de Jésus, dira à ceux dont le cœur est purifié : Celui dont l'âme est depuis longtemps consciente de n'avoir commis aucun mal, spécialement depuis qu'il s'est abandonné à l'action salutaire de la parole, que celui-là entende les doctrines qui furent dites dans l'intimité, par Jésus à ses disciples[18]. » Ceux-ci étaient les « quelques élus » parmi les nombreux « appelés », et parmi eux on distinguait encore « les choisis d'entre les choisis », possesseurs de la « science parfaite » et qui « vivaient selon une équité parfaite, conformément à l'Évangile[19] ». Terlullien se plaint que les hérétiques n'observent pas cet ordre, et qu'ils traitent tout le monde également : « Pour commencer, on est dans le doute au sujet de savoir qui est catéchumène et qui est croyant, ils ont accès à tout pareillement, ils entendent les mêmes choses, font les mêmes prières, — les païens eux-mêmes, s'il vient à s'en trouver un parmi eux. Ce qui est sacré, ils le donnent aux chiens et leurs perles, bien que sûrement ce ne soient pas de vraies perles, ils les jettent aux pourceaux[20]. »

Cet enseignement, en partie du moins, concernait la signification exacte des Écritures, qui étaient bien loin d'être acceptées alors comme de simples documents historiques et éthiques, ainsi qu'elles le sont aujourd'hui. Origène explique, — et ses déclarations ont une valeur toute spéciale, puisque Socrate reconnaît « qu'il a exposé la tradition mystique de l'Église[21] », — comme quoi les Écritures sont triples dans leur signification : la « chair » pour les hommes ordinaires ; « l'âme » pour les plus instruits ; « l'esprit » pour les parfaits, et il cite les paroles déjà mentionnées de saint Paul relatives à la « sagesse de Dieu mystérieuse et cachée ». Les histoires sont la « chair », elles sont très utiles aux simples et aux ignorants, mais souvent des absurdités y sont introduites afin de montrer qu'il y a un sens caché, et les Évangiles « ne contiennent pas d'un bout à l'autre une histoire authentique des événements, lesquels s'enchaînent, il est vrai, selon la lettre, mais ne se sont pas réellement produits ». — « Les Évangiles eux-mêmes sont pleins de récits du même genre, par exemple le diable conduisant Jésus au sommet d'une haute montagne… et le lecteur attentif pourra noter dans les Évangiles une quantité innombrable de passages comme celui-ci, de sorte qu'il se convaincra que, dans les histoires qui sont rapportées littéralement, se trouvent insérées des circonstances qui ne se sont pas présentées[22]. » Quelques indications nous sont fournies par différents Pères au sujet de leur méthode d'interpréter l'Écriture ; il est évident qu'il existait un système très complet et qu'une des clefs, du moins, était numérique. Mais nous n'avons pas le temps de nous engager dans cet attrayant sentier. C'est assez, pour le but que nous nous proposons, d'avoir montré que le Christianisme, comme les autres grandes religions, avait son enseignement secret, confié à une minorité.

Il a été perdu en grande partie, emporté par le flot d'ignorance qui s'est abattu sur l'Europe après la chute de l'empire romain, et dès lors l'interprétation grossière, la doctrine à l'usage de la multitude ont remplacé les vérités spirituelles révélées à la minorité. Quelques fragments ont survécu, conservés dans les églises grecque et latine, tandis que des symboles et des cérémonies parlent encore de leur existence originelle, mais en tant que doctrine systématique, l'enseignement spirituel a disparu, laissant le christianisme dépouillé de la force qu'il y puisait. Trop souvent, de nos jours, l'enseignement est proscrit par les Protestants — à moins qu'il ne soit tel que les plus ignorants, les plus incultes, les intelligences les plus enfantines puissent le saisir ; et le résultat de cette mesure, dans les pays protestants[23], c'est que, tandis que l'Église continue d'avoir prise sur les ignorants, elle perd son ascendant sur les plus cultivés ; car la conception de Dieu et de la nature qui satisfait l'esprit de l'enfant, ou d'hommes sans aucune culture ni instruction, sera toujours une conception qui répugnera à l'esprit du philosophe dont les facultés plus étendues et la réflexion plus profonde demandent quelque chose de plus que ce qui suffit aux facultés rudimentaires des autres. Et, de la sorte, le christianisme s'est trouvé affaibli, le scepticisme s'est largement développé et nous trouvons des hommes qui écartent le Christianisme tout entier parce que l'exposé qu'on leur en fait est complètement indigne de l'assentiment de la raison et qu'il contredit les faits les plus élémentaires de la science.

Hâtons-nous maintenant de suivre l'évolution religieuse du peuple hébreu afin de pouvoir comprendre la place qu'y vient occuper le Fondateur du Christianisme, la conception de Dieu qui était courante de son temps, ainsi que les changements que cette conception a subis. Dans les premiers livres des Écritures hébraïques, nous trouvons une conception très étroite de Dieu et les idées qui sont exprimées, quelque exactes qu'elles puissent être quant aux dieux inférieurs (d'une individualité comparativement étroite, et limités dans leur puissance comme doivent forcément l'être tous les dieux inférieurs) deviennent absolument révoltantes quand on les applique à l'Être suprême, à la description du Dieu unique, du Logos, de celui qui règne sur l'Univers, qui fait vivre et conserve toutes choses. Je n'ai qu'à vous rappeler un certain nombre de passages, tels que celui où l'on nous montre comment ce représentant mesquin de la Divinité descendit se promener dans le jardin Éden, vint renverser les constructions de la Tour de Babel, pour que vous compreniez tout de suite que vous êtes en présence des entités divines inférieures et non du Logos. Mais hâtons-nous de les laisser avec tous les sacrifices sanglants qui les entouraient, et envisageons la conception plus noble des Prophètes, qui a servi de morale aux vues ultérieures adoptées par l'Église chrétienne. Ici nous trouvons une idée de Dieu dont le caractère est élevé et pur. Ce Dieu est essentiellement saint, c'est le Saint d'Israël ; « car ainsi parle le Très-Haut, dont la demeure est éternelle et dont le nom est saint[24] ; » il est « Dieu, l'Éternel, qui a créé les cieux et les a déployés, qui a produit la terre et ses fruits, qui a donné la respiration à ceux qui la peuplent, et le souffle à ceux qui y marchent[25] ». Il est l'unique, le seul Dieu : « Avant moi il n'a point été formé de Dieu, et après moi il n'y en aura point. C'est moi, moi qui suis l'Éternel, et hors moi il n'y a point de sauveur[26]. » En même temps que nous voyons apparaître cette conception plus noble de Dieu, nous saisissons de nombreuses traces de l'influence de la religion zoroastrienne sur les captifs hébreux.

Leurs idées, avant et après la captivité, sont entièrement différentes. On remarque aussi un souci de droiture, de pureté, un mépris des observances extérieures lorsqu'elles ne s'allient pas à la noblesse intérieure du caractère, mépris exprimé souvent même avec férocité, comme si l'indignation débordait à l'idée que quelqu'un oserait offrir au Dieu saint des cérémonies uniquement extérieures, au lieu d'une vie noble et droite. Prenons, par exemple, ce passage très violent que nous trouvons dans le prophète Amos : « Je hais, je méprise vos fêtes, je ne puis sentir vos assemblées. Quand vous me présentez des holocaustes et des offrandes, je n'y prends aucun plaisir ; et les veaux engraissés que vous sacrifiez en action de grâces, je ne les regarde pus. Éloignez de moi le bruit de vos cantiques ; je n'écoute pas le son de vos luths. Mais que la droiture soit comme un courant d'eau, et la justice comme un torrent qui jamais ne tarit[27]. » Voilà l'esprit qui anime les derniers prophètes. Nous pouvons prendre un autre exemple, tiré d'Ésaïe : le peuple se plaint que, bien qu'il ait jeûné, Dieu n'a pas écouté sa prière, que, s'étant châtié d'âme et de corps, Dieu n'ait pas paru y prendre garde. La réponse tombe alors foudroyante, comme du Sinaï : « Vous ne jeûnez pas comme le veut ce jour, pour que votre voix soit entendue en haut. Est-ce là le jeûne auquel je prends plaisir, un jour où l'homme humilie son âme ? Courber la tête comme un jonc, et se coucher sur le sac et la cendre, est-ce là ce que tu appelleras un jeûne, un jour agréable à l'Éternel ? Voici le jeûne auquel je prends plaisir : Détache les chaînes de la méchanceté, dénoue les liens de la servitude, renvoie libres les opprimés, et que l'on rompe toute espèce de joug : partage ton pain avec celui qui a faim, et fais entrer dans la maison les malheureux sans asile ; si tu vois un homme nu, couvre-le, et ne le détourne pas de ton semblable. Alors la lumière poindra comme l'aurore, et la guérison germera promptement ; la justice marchera, devant toi, et la gloire de l'Éternel t'accompagnera[28]. »

Le côté moral apparaît ici comme il apparaît à mainte et mainte reprise dans les livres de ces Prophètes. Je ne vous citerai plus qu'un seul passage pour vous montrer, pour ainsi dire, l'atmosphère morale dans laquelle Jésus naquit : c'est une parole du prophète Michée qui résume le devoir humain. Le prophète se demande comment il sera agréable à Dieu et ce qu'il doit faire : « Avec quoi comparaîtrai-je devant le Seigneur et m'inclinerai-je devant le Dieu suprême ? Comparaîtrai-je devant lui avec des offrandes brûlées, avec des veaux d'un an ? Le Seigneur sera-t-il satisfait par des milliers de béliers, ou par dix mille rivières d'huile ? Donnerai-je mon premier né en expiation de mes péchés, le fruit de ma chair pour les fautes de mon âme ? On t'a fait connaître, ô homme, ce qui est bien et ce que le Seigneur réclame de toi, c'est que tu pratiques la justice, que tu aimes la miséricorde et que tu marches humblement avec ton Dieu[29] ? » Voilà la forte et saine morale que vous voyez apparaître chez ces prophètes juifs les plus récents, et c'est au sein d'une nation influencée, du moins dans une certaine mesure, par cette doctrine, que Jésus naquit.

Maintenant, envisageons quelques instants cette figure qui n'a cessé de fasciner tant de cœurs, à laquelle se sont attachés l'amour et l'adoration de tant de générations dans le monde occidental ; essayons de nous rendre compte de l'œuvre qu'il avait à accomplir, de la mission qu'il était destiné à remplir. Une civilisation nouvelle allait naître, un point de départ nouveau allait marquer la vie de l'Univers ; de jeunes nations, pleines de vigueur d'énergie, douées d'un sens métaphysique moins développé chez elles que l'esprit pratique, venaient prendre le premier rang et allaient peu à peu saisir les rênes des destinées de l'Univers. Une race vigoureuse et forte, pleine de vitalité, d'énergie, pleine aussi d'intelligence pratique : tel était le type d'où les nations européennes allaient sortir, telle était cette nation, ou plutôt cette race, dont l'éducation religieuse se posait comme un problème devant la grande Confrérie, devant les Gardiens de l'évolution spirituelle de l'homme. Pour cette éducation, une nouvelle proclamation des vérités anciennes devenait nécessaire ; pour façonner cette civilisation naissante les vérités anciennes devaient être redites par quelque messager de la puissante Confrérie. À son tour, la nouvelle venue devait être instruite comme d'autres l'avaient été, et son éducation devait s'accorder avec ses traits caractéristiques. C'est pourquoi dans le Christianisme, on trouve peu de métaphysique subtile dont le Christ soit l'auteur, — beaucoup de morale, une haute moralité, un enseignement spirituel abondant sur les problèmes pratiques — peu de chose, de fait, à peu près rien, — sur la science de l'âme.

C'étaient des points réservés à l'enseignement ésotérique, l'apanage des disciples immédiats.

Ayant cherché, pour ainsi dire, dans le domaine où cette religion devait commencer, l'instrument approprié, le messager qui convenait à la Confrérie, on en choisit un, — un jeune homme qui se signalait déjà par sa merveilleuse pureté et sa profonde dévotion, Jésus, connu plus tard comme le Christ. Sa mission commença au point précis, mentionné dans les Évangiles, de son baptême, alors qu'il avait environ trente ans. À cette époque, ainsi qu'on peut le lire dans les Évangiles, l'esprit de Dieu descendit sur lui et une voix venue du ciel proclama Fils de Dieu celui que les nations devaient écouter[30]. Sur cette appellation de « Fils de Dieu », je reviendrai dans un moment lorsque nous nous occuperons du refus des Juifs de lui accorder ce titre. Il nous suffit de constater que, d'après l'opinion émise dans ses biographies, le ministère de Jésus commença lors de ses trente ans, lorsqu'eut lieu cette manifestation particulière.

Du point de vue occulte, c'est là la forme allégorique sous laquelle est décrite l'élection de ce jeune homme comme messager de l'enseignement divin, et sous laquelle est représenté le don d'illumination qui le fit apte à être, pour les hommes, un divin Maître. Pendant trois ans seulement il mena la vie d'un Maître, une vie belle de pureté, rayonnante d'amour, de compassion, de toutes les tendres qualités du cœur humain. Nous le voyons errer à travers le pays de Palestine, ressuscitant les morts (du moins les appelait-on ainsi), guérissant les malades, rendant la vue aux aveugles : autant de cures que les hommes qualifiaient de miracles. Mais il n'y a rien là de surprenant pour un occultiste, car il est familiarisé avec ces actions et connaît les pouvoirs par lesquels elles s'accomplissent. Car jamais encore n'est apparu sur terre un grand Maître, quelqu'un en qui ait été développée la puissance de l'esprit et qui n'ait pas dominé la nature physique, cette nature étant devenue sa chose et ayant obéi à sa volonté. Ces soi-disant miracles ne sont rien autre que l'usage de certaines forces cachées de la nature, dans le but d'amener certains résultats extérieurs ; ces miracles consistant à guérir, à rendre la vue aux aveugles et ainsi de suite, avaient été accomplis bien avant la naissance du Christ et ont été reproduits depuis, d'année en année, par quantité de personnes ; et le Christ lui-même leur attribuait une importance si légère que parlant d'eux à ses disciples, Il leur dit : « En vérité, Je vous le dis, celui qui croit en moi fera aussi les œuvres que je fais, et il en fera de plus grandes, parce que je m'en vais au Père[31] ». Il léguait comme un signe qui devait distinguer les hommes ayant une foi vraie, une foi vivante en lui, le pouvoir de saisir les serpents et d'avaler impunément les poisons[32]. Ce signe devait appartenir à tous les Initiés résolus à exercer leur puissance, tandis que l'absence de ce signe, du moins dans quelques parties de l'Église, indiquait que les Initiés avaient perdu cette foi vivante dont le pouvoir merveilleux n'était, aux yeux du Maître, que l'expression et le symbole extérieur.

La vie de Jésus, ainsi que je l'ai dit, est une vie admirable. Écoutez son enseignement et vous aurez son véritable esprit, si différent hélas de l'esprit dont font souvent preuve ceux qui portent son nom. Cet enseignement s'accorde exactement avec les préceptes des grands Maîtres spirituels qui précédèrent Jésus ; « Heureux ceux qui ont le cœur pur, car ils verront Dieu[33]. » C'est la grande vérité occulte qu'il proclame à son tour, à savoir que, seule, la pureté peut voir le Pur, que Dieu ne peut être connu que de ceux qui sont purifiés. Voyez comment il fait ressortir cette vérité, qui vous est familière, que la pensée importe plus que l'action, que la pensée consentie est une action pratiquement accomplie.

« Quiconque, dit-il, regarde une femme en la convoitant, a déjà commis, en son cœur, l'adultère avec elle[34]. » Prenons encore ce précepte qui nous est devenu si familier par les doctrines de Manou, de Zoroastre et du Bouddha : « Aimez vos ennemis, bénissez ceux qui vous maudissent, faites du bien à ceux qui vous haïssent et priez pour ceux qui vous traitent d'une façon outrageante et vous persécutent ; afin que vous soyez les enfants de votre Père qui est dans les cieux ; car il fait briller son soleil sur les méchants et sur les bons et il répand sa pluie sur les justes comme sur les injustes[35]. » Écoutez cette déclaration occulte qu'en dehors des occultistes, peu de personnes, probablement, comprendront. « La lampe du corps est l'œil ; si donc ton œil est bon, ton corps tout entier sera rempli de lumière ; mais si ton œil est mauvais, ton corps tout entier sera rempli d'obscurité. Si donc la lumière qui est en toi est ténèbres, combien profondes seront ces ténèbres[36]. »

Écoutez-le proclamer à nouveau l'existence de cet étroit sentier que nous connaissons depuis longtemps, — de ce sentier que vous savez être aussi tranchant que la lame d'un rasoir : « Mais la porte est étroite et le sentier étroit qui mènent à la vie et il y en a peu qui les trouvent[37]. » Écoutez les paroles qu'il adresse à la multitude et qui respirent cette compassion divine, marque originelle de tous les représentants de la grande Confrérie, de la grande Loge blanche : Venez à moi, vous tous qui êtes fatigués et chargés et je vous donnerai du repos. Prenez mon joug sur vous et recevez mes instructions, car je suis doux et humble de cœur ; et vous trouverez du repos pour vos âmes. Car mon joug est doux, et mon fardeau léger[38]. » Voyez-le reprenant ses disciples parce qu'ils veulent repousser les mères qui lui apportent leurs enfants afin qu'il les bénisse : « Accueillez les petits enfants et ne les empêchez pas de venir à moi, car le royaume des cieux est pour ceux qui leur ressemblent[39]. » Une fois même, il prit un petit enfant et le mit au milieu de ses disciples, le leur proposant comme un exemple d'humilité et de soumission. Examinons maintenant cette doctrine plus austère, encore exactement conforme à l'ancien enseignement occulte, qui déclare que l'attachement aux choses de la terre est fatal aux progrès dans la vie de l'esprit. Un jeune homme étant venu à lui et lui ayant demandé comment on peut gagner la vie éternelle,

Jésus lui fit d'abord une réponse exotérique : « Observe les commandements ». Le jeune homme répliqua : « J'ai observé toutes ces choses depuis ma jeunesse, que me manque-t-il encore ? » Alors l'exigence devient plus dure : « Si tu veux être parfait, va et vends ce que tu possèdes donne-le aux pauvres et tu auras un trésor dans les cieux ; puis viens et suis-moi. » Le jeune homme « s'éloigna plein de tristesse car il avait de grands biens ». Le Maître occulte met alors le précepte en relief aux yeux de ses disciples : « L'homme riche entrera à grand'peine dans le royaume des cieux… Il est plus aisé à un chameau de passer par le trou d'une aiguille qu'à un homme riche d'entrer dans le royaume de Dieu[40]. »

Il enseignait ainsi la même ancienne morale, la doctrine qui nous est si familière à tous, celle des anciens fondateurs de toutes les religions. Nous trouvons une autre ressemblance avec ses prédécesseurs dans son enseignement par paraboles ; toujours une parabole était sur ses lèvres lorsqu'il s'adressait à la foule. Et il prononçait ainsi parabole après parabole, chacune contenant quelque joyau de vérité spirituelle. Celle qui a pénétré le plus avant dans le cœur de la chrétienté et à laquelle le cœur des hommes a toujours répondu à cause de sa beauté et de sa tendresse, c'est peut-être celle de la brebis égarée, perdue dans le désert, dont le berger se met en quête et qu'il cherche avec le plus grand soin jusqu'à ce qu'il l'ait trouvée ; « et lorsqu'il la trouve, il la charge sur ses épaules et se réjouit. Et arrivé chez lui, il réunit ses amis et ses voisins, leur disant : Réjouissez-vous avec moi car j'ai retrouvé ma brebis qui était égarée. De même je vous le dis, il y aura plus de joie dans le ciel pour un seul pécheur qui se repent que pour quatre-vingt-dix-neuf justes qui n'ont jamais péché[41] ». Le « Bon Berger » est un des noms favoris que la chrétienté a donnés au Christ et vous pouvez le voir dans les tableaux, dans les vitraux peints des églises et des cathédrales, représenté comme « le Bon Berger » portant sur ses épaules la brebis égarée qu'il a retrouvée et qu'il ramène, tout heureux, au bercail où sont les autres brebis. Sa doctrine du « Royaume de Dieu » a été fort déviée de son sens, mais on la comprenait bien dans l'Église primitive ; c'était un royaume auquel les hommes étaient appelés et dont les degrés étaient clairement marqués. Les hommes devaient être purs avant d'être admis à y entrer ; ils devaient avoir la foi ; c'était chose nécessaire avant d'y pouvoir pénétrer ; à leur foi ils devaient ajouter la science, sans quoi ils ne pouvaient pas atteindre les degrés supérieurs ; la sagesse devait suivre la science, sans quoi ils demeuraient imparfaits ; à tous ceux qui remplissaient ces conditions l'immortalité était promise, — la victoire sur la mort, la certitude de ne plus périr ; car, nous allons le voir tout à l'heure, la religion chrétienne, à ses débuts, enseignait l'ancienne doctrine de la réincarnation ; par conséquent il arrivait un moment où la mort était vaincue et où les hommes ne sortaient plus du temple de Dieu, où ils étaient devenus maîtres dans la connaissance des mystères du royaume céleste. Jésus passa ainsi trois courtes années à enseigner, à guérir et à secourir tous ceux qui étaient dans le besoin. Il « allait faisant le bien », c'est ainsi que saint Pierre résume sa vie[42]. Cette vie fut très courte, pourquoi ?

Pour le bien de ceux à qui Il était venu apporter le message de la Confrérie : s'adressant à des gens féroces, fanatiques, durs et bigots dans leur religion, Il ne pouvait attendre qu'un seul résultat, la mise en action de leur implacable loi de blasphème, sa propre mise à mort par leur méchanceté et leur haine. De nos jours, on se demande parfois pourquoi les grands Maîtres demeurent cachés, pourquoi ils s'abritent derrière le voile et refusent de se montrer dans le repaire des hommes ? C'est parce qu'en attendant que les hommes réapprennent l'ancienne vénération, qui faisait du messager des Dieux une personne sacrée et l'entourait d'amour, de respect et de culte, — les Maîtres de Sagesse ne veulent pas venir exciter la colère des hommes en éveillant la jalousie par Leur pureté, la haine par Leur vie spirituelle. Le Christ fut le dernier de ces grands messagers envoyés au monde et ceux vers qui Il vint l'immolèrent au bout de trois ans de sa vie physique ; les hommes le détestaient à cause d'une pureté qui leur semblait une insulte adressée à leur propre impureté, et à cause d'une grandeur qui était un reproche à leur petitesse.

Nous arrivons aux luttes de l'Église primitive. L'Évangile de l'amour et de la compassion se répandit vite parmi les pauvres, mais plus lentement, et par l'enseignement ésotérique, chez la classe cultivée, et nous constatons de la part de la Confrérie un grand effort soutenu durant les trois premiers siècles après le Christ. Il y eut lutte entre la science et l'ignorance, entre les lumières et la superstition. Elle éclata, forte et violente, ayant pour centre principal Alexandrie ; pour acteurs, d'une part les gnostiques, de l'autre la masse des chrétiens. Si l'on se reporte à l'histoire, on y trouve de grands gnostiques essayant d'introduire sous de nouveaux noms, la sagesse de l'Orient dans cette religion nouvelle, destinée à être contenue dans un cadre moderne. Le grand Valentin écrit alors son apocalypse de la Sagesse, la *Pistis Sophia*, le trésor le plus précieux de l'ancien occultisme chrétien, qui vient d'être révélé au monde anglais par la traduction de M. G.-R.-S. Mead, alors secrétaire de la section européenne de la Société théosophique. M. Mead écrit dans son introduction : « Considérons le mouvement qui se produisit vers l'an 150 après Jésus-Christ. À cette époque, les Logia originelles, l'Évangile primitif du Christianisme avait disparu et les Évangiles synoptiques avaient tous pour cadre la vie du grand Maître de la foi, telle qu'elle était conservée par la tradition. La nouvelle religion, flot de la marée populaire, montait exclusivement de l'océan des traditions juives et précipitait une conception plus universelle du Christianisme dans le même torrent l'intolérance et d'exclusivisme qui avait caractérisé la nation hébraïque à travers toute son histoire antérieure. Cet étonnant phénomène attirait alors l'attention d'hommes qui, non seulement étaient versés dans la philosophie des écoles, mais, en outre, étaient imbus de l'esprit éclectique d'une théosophie universelle et de la science des doctrines intimes des religions anciennes. Ces hommes crurent voir, dans Évangile chrétien, une similitude de doctrine avec l'enseignement ésotérique des anciennes religions et un universalisme de même nature que celui de cet enseignement et ils se mirent à l'œuvre, essayant d'enrayer les tendances étroites et exclusives qu'ils voyaient se développer si rapidement parmi les moins instruits, lesquels incitaient la foi au-dessus de la science, à ce point qu'ils condamnaient ouvertement toute autre forme de religion et raillaient toute philosophie et toute éducation[43]. »

Une lutte se déchaîna entre ces hommes et la masse, dirigée d'ailleurs par quelques personnalités fortes et profondes ; elle se termina par le succès de la masse inculte et par le rejet, hors de l'Église, des gnostiques plus instruits et d'esprit plus philosophique, lesquels sont toujours restés depuis lors au ban de l'Église comme hérétiques. L'Église sortit de cette lutte, conservant assez de vraie religion pour former et élever les cœurs, mais pas assez pour justifier devant la raison la sagesse des siècles passés. Elle rapporta de cette lutte sa dévotion envers la personne du Christ, l'Homme-Dieu qui devint l'objet de son culte le plus fervent et le plus passionné. Dans cette révélation du Divin, il y avait, je le répète, tout ce qui était nécessaire au cœur ; hélas ! il n'y avait pas assez pour subjuguer l'intellect, pour former l'esprit philosophique. Le résultat fut que l'Europe traversa les « siècles de ténèbres », ainsi qu'ils sont très bien et à juste titre désignés dans l'histoire et la science ésotérique de l'Église primitive disparue ; les Pères eux-mêmes furent, pour ainsi dire, oubliés, si ce n'est dans les monastères, où on les étudiait encore et où, de temps à autre, se formaient, pour l'Église catholique romaine, des docteurs et des métaphysiciens.

Nous pouvons observer comment, à cette époque de ténèbres, les doctrines furent contrefaites et défigurées et comment quelques-unes en arrivèrent à être présentées sous une forme aussi révoltante, pour la raison que pour la conscience. Nous arrivons au temps de la Réforme protestante, alors que la terrible doctrine de Calvin et celle, à peine plus libérale, de Luther, régnaient dans le parti réformé. C'est d'elles que sortit le Protestantisme moderne, dont la forme la moins dure est représentée par l'Église anglicane, encore fortement influencée par les doctrines catholiques romaines. Aujourd'hui, au sein de cette Église elle-même, se développe une école plus élevée, plus libérale dans sa façon de penser, plus charitable dans sa manière d'envisager les autres Églises et nous sommes en droit d'espérer qu'elle relèvera le Christianisme moderne et lui rendra sa place légitime parmi les religions du monde.

Il nous faut passer maintenant aux doctrines du Christianisme et les examiner aussi complètement que le temps nous le permet. D'abord la Trinité ; il est curieux de constater combien la *Bible* en parle peu ; dans l'*Ancien Testament* il n'en est pas fait mention du tout, bien que les Juifs aient professé cette doctrine dans leur enseignement secret, la Cabale ; dans le *Nouveau Testament* il en est peu question et la mention la plus précise est récusée, — ou plutôt est omise, — par les plus récents correcteurs de la

Bible. Cette mention est très précise ; « Ils sont trois qui enregistrent toutes choses dans les cieux, — le Père, le Verbe et le Saint-Esprit : et ces trois ne sont qu'Un[44]. » Les rédacteurs ont regardé ce passage comme une glose (interprétation) due à quelque moine et qui se serait glissée dans le livre à une époque ultérieure de l'histoire de l'Église : aussi l'ont-ils supprimé. C'est l'unique texte sur lequel la doctrine s'appuie complètement. Il y a bien à la fin de l'Évangile selon saint Mathieu, une phrase relative au baptême « au nom du Père, et du Fils et du Saint-Esprit », mais la critique l'a récusée aussi, bien que les rédacteurs ne l'aient pas écartée. Il y eut, dans l'Église primitive, une querelle au sujet de la doctrine, compliquée par la divinisation de Jésus dans la seconde personne, mais le dogme qui en sortit finalement laisse reconnaître l'ancien sous une forme nouvelle : le Père, l'existence même, source de toute vie ; le Fils, émané de lui, engendré par lui, double en sa nature, à la fois Dieu et homme, revêtu de ce signe de dualité qui a toujours caractérisé le second Logos ou la seconde personne de la Trinité, — à savoir que par lui, les mondes ont été créés et que sans lui rien ne peut exister dans l'Univers manifesté ; il est plus difficile de définir la troisième personne, — le Saint-Esprit, l'intelligence universelle ou sagesse. Ainsi que je l'ai dit, il y eut une querelle dans l'Église. Quelques-uns contestaient la doctrine de la Trinité ; d'autres la soutenaient, et finalement l'ancienne doctrine sortit triomphante de cette querelle et devint la doctrine orthodoxe de l'Église. Elle fut donc déclarée comme faisant autorité dans le « Credo d'Athanase » et malgré quelques propositions auxquelles on pourrait objecter, ce credo nous offre un des meilleurs exposés métaphysiques de la doctrine contenue dans le Christianisme. Je vais la rappeler, parce qu'il y est fait allusion, d'une façon obscure et vague, à quelque chose qui serait au delà de la Trinité, et qui se trouve indiqué, çà et là, dans quelques passages des Écritures chrétiennes. La substance divine est dite une. Les croyants sont avertis de ne pas plus confondre les personnes de la Trinité, que de diviser la substance, l'Unité qui sert de fondement aux Trois, l'Unité dont les Trois ne sont que les manifestations. Un théologien de l'Église romaine fait remarquer que le mot « personne » vient de *persona*, le « masque », ce qui implique que derrière le masque s'abrite la réalité non-révélée, le Dieu caché qui n'est point connu. Il y a une allusion à cet inconnu dans le vers de Job : « Peux-tu, en le cherchant, découvrir Dieu[45] ? » Plus d'une fois, dans le livre de Job, la question est posée au sujet de cet Inconnaissable, de ce Dieu non révélé aussi bien en sa nature qu'en son essence. Puis, descendant de la Trinité, nous trouvons les sept Esprits devant le trône de Dieu[46]. Ce sont les sept grands dieux des éléments, qui nous sont devenus familiers par l'étude de l'Hindouisme, du moins en ce qui concerne cinq d'entre eux ; les cinq dieux des cinq éléments manifestés ; ici, ils sont mentionnés tous les sept. Puis nous avons, en tant que dieux inférieurs, tous les archanges et anges, ceux que saint Paul désigne comme les Anges, les Archanges et les Puissances[47] ; il y en a neuf classes : les Séraphins, les Chérubins, les Trônes, les Dominations, les Vertus, les Puissances, les Principautés, les Archanges et les Anges. À ce sujet, il est très intéressant de relever la déclaration de saint Ignace, évêque de l'Église apostolique, comme quoi il n'est pas encore « capable de comprendre les choses divines, telles que la place des anges et de leurs divers groupes sous leurs princes respectifs[48] ». Dans l'Église catholique romaine, il y a bien, en effet, un culte des anges, c'est-à-dire un culte des dieux inférieurs qui sont en rapport immédiat avec les hommes et avec toutes les manifestations de la nature.

Nous arrivions ensuite à l'importante question de la nature de l'homme et de ses rapports avec Dieu ; nous la considérons telle qu'elle est exposée dans les Écritures elles-mêmes, car elle n'est malheureusement pas toujours présentée sous la même forme dans les doctrines de l'Église moderne. Saint Paul décrit l'homme comme triple en sa nature, à la fois esprit, âme et corps[49], posant entre l'âme et l'esprit une distinction qui s'est perdue dans l'enseignement populaire où l'esprit et l'âme sont identifiés, si bien que toute l'évolution de l'homme y devient confuse. L'esprit est divin : « Ne savez-vous pas, dit saint Paul, que vous êtes le temple de Dieu et que l'esprit de Dieu demeure en vous ?[50]. » Les termes employés ici sont exactement les mêmes que la littérature hindoue nous a rendus si familiers lorsqu'elle nous a montré le corps humain désigné par les termes de *Vishnoupûra, Brahmapûra*, la ville ou cité de Brahma ou de Vishnou. Ici, saint Paul, qui était lui-même un initié, parle du corps humain comme du temple de Dieu et de l'esprit de Dieu comme demeurant en ce temple. Puis — et c'est le passage que j'avais en vue en vous indiquant que je ferais allusion à la parenté du Christ avec Dieu, proclamée à son baptême, — nous trouvons les Juifs attaquant Jésus parce qu'il revendique le titre de Fils de Dieu. Son plaidoyer est remarquable : Il ne dit pas comme pourrait le dire de lui un chrétien moderne : « Oui, je suis le Fils de Dieu, ce que nul autre homme ne peut être » ; au contraire, il fonde sa prétention à la filiation divine sur la divinité inhérente à la nature de l'homme lui-même. Écoutez ses paroles et remarquez combien elles sont claires et précises. Il renvoie les Juifs à leurs propres Écritures. « N'est-il pas écrit dans votre loi, je vous le dis : vous êtes des dieux ? Si elle a appelé dieux ceux à qui s'adressait la parole divine et si les Écritures sont infaillibles, direz-vous de celui que le Père a sanctifié et envoyé en ce monde, qu'il blasphème, parce que je vous dis que je suis le Fils de Dieu[51] ? » Voici comment le Christ lui-même soutenait être le Fils de Dieu : « Tous les hommes sont des dieux, d'après les Écritures, et les Écritures sont infaillibles ; par suite il n'y a pas de blasphème dans ma revendication et je puis m'appeler aussi le Fils de Dieu. » Examinons aussi sa belle prière, juste avant de marcher au Calvaire. Il adresse cette prière à son Père, pour l'avenir de son Église. Il parle à Dieu de leur unification, de ce qu'il ne fait qu'un avec lui et continue, priant :

Afin que tous soient un, comme toi, Père, tu es en moi, et comme je suis en toi, afin qu'eux aussi soient un en nous,... Moi en eux et toi en moi, afin qu'ils soient parfaitement un[52].

Voilà la déclaration de l'unité entre l'homme et Dieu. Voilà, en outre, la proclamation que fait cette religion de la nature divine de l'homme et de sa réunion future avec le Père, de qui il semble momentanément séparé, tant qu'il habite un corps charnel. Si nous examinons, en outre, la doctrine, telle que nous la trouvons dans les écrits de saint Paul, tout ceci devient de plus en plus clair à mesure que nous avançons ; nous voyons, en effet, l'apôtre employer le terme de « Christ » comme un nom mystique désignant le principe de l'âme développé chez l'homme, le fils du père (esprit) : « Mes chers enfants, pour qui je ressens de nouveau les douleurs de l'enfantement, jusqu'à ce que Christ soit formé en vous[53]. » Le Christ ne doit pas seulement être un homme extérieur à ses disciples. Il doit se former comme l'enfant dans le sein maternel, dans le cœur de chacun de ses disciples. Et ce Christ, qui doit se former dans le disciple, doit grandir, se développer en lui jusqu'à ce que l'homme ait enfin atteint « la mesure de la stature parfaite de Christ[54] ». Ces disciples doivent devenir des dieux manifestés par la chair. Telle est la doctrine du Christianisme apostolique, si regrettablement mutilée, sous sa forme actuelle, par les écrivains modernes. Et l'on enseigne que toutes choses doivent finalement être absorbées en Dieu. Pensez-vous que cette doctrine de l'union avec Brahma, de la fusion en Brahma, soit une doctrine que n'ait point eue le Christianisme ? Passons maintenant au quinzième chapitre de la première *Épître aux Corinthiens* et lisons la description qui y est donnée : « Ensuite viendra la fin, quand il remettra le royaume à celui qui est Dieu et Père… Le dernier ennemi qui sera détruit, c'est la mort… Et quand toutes choses lui auront été soumises, alors le Fils, lui aussi, sera soumis à celui qui lui a soumis toutes choses, afin que Dieu soit tout en tout[55]. » C'est exactement l'ancienne doctrine qui réapparaît, « Dieu tout en tout », comme dernière étape de l'univers, le Fils, le Christ, rassemblant tout en lui comme Ishvara et s'absorbant en Brahma, lorsque Dieu est tout en tout.

Passons maintenant à la réincarnation. Ce verset justement cité, que « le dernier ennemi détruit sera la mort », nous fournit déjà une indication au sujet de la doctrine de l'Église primitive ; car il nous informe que la mort ne sera pas détruite avant « la fin ». Il y a encore une autre indication dans ces mots : « Celui qui vaincra, j'en ferai une colonne dans le temple de mon Dieu ; et il n'en sortira plus[56] », le retour désignant le recommencement d'une vie, l'exil loin des demeures célestes. Mais il y a trois cas qui caractérisent plus fortement encore la doctrine en ce qui concerne le Christ. Il faut se rappeler que la croyance en la réincarnation était couramment admise chez les Juifs de son temps, de sorte que les allusions qu'on y pouvait faire étaient naturellement intelligibles à l'entourage de Jésus. Mais cela ne suffit pas à prouver qu'il admettait la doctrine. Examinons donc les paroles qu'il adresse à quelques disciples envoyés vers lui par saint Jean-Baptiste et qui lui demandent s'il est le Christ. Après qu'il eut donné aux messagers une réponse pour leur maître, Jésus leur parla du caractère du grand prédicateur et déclara : « Si vous voulez le comprendre, c'est lui qui est Élie qui devait venir »[57], déclaration bien nette que le prophète juif s'était réincarné en saint Jean-Baptiste. Et encore, lorsque ses disciples lui demandèrent pourquoi l'on disait qu'Élie viendrait avant le Messie, il leur répondit : « Élie, en vérité, viendra le premier et rétablira toutes choses. Mais je vous le dis, Élie est déjà venu et ils ne l'ont point reconnu… Alors les disciples comprirent qu'il leur parlait de Jean-Baptiste[58]. »

Une autre fois, ses disciples lui demandèrent à propos d'un aveugle : « Qui donc a péché, est-ce cet homme ou ses parents, pour qu'il soit né aveugle ? » Un chrétien de notre temps répondrait : « Comment un homme pourrait-il avoir péché avant d'être né, de façon à avoir attiré sur lui ce châtiment ? » Mais Jésus ne fit pas cette réponse d'ignorant. Il répliqua : « Ce n'est pas que lui ou ses parents aient péché, mais c'est afin que les œuvres de Dieu soient manifestées en lui[59]. » Jésus acceptait la préexistence de l'âme et la possibilité de commettre le péché avant la naissance à la vie présente, mais il donnait de ce cas de cécité une autre raison.

Si nous passons aux Pères de l'Église, nous verrons que Tertullien parle très clairement dans son Apologie ; « Si un chrétien annonce qu'un homme renaît dans un autre homme, Gaïus, par exemple dans le Gaïus actuel, le peuple réclamera à grands cris qu'on le lapide, on ne l'écoutera même pas. S'il y a lieu d'admettre que les âmes humaines aillent et viennent dans divers corps (d'animaux), pourquoi ne retourneraient-elles pas dans la substance même qu'elles ont quittée ? Car c'est là une conception beaucoup plus digne de foi, d'admettre qu'un homme ait été antérieurement homme, telle personne donnée telle autre personne donnée, qui aurait ainsi conservé son caractère humain ; n'est-ce pas plus digne de foi que d'admettre que l'âme, ses qualités n'ayant pas changé, puisse revenir à la même condition antérieure quoique dans un organisme différent ?... Vous demandez : sommes-nous condamnés à toujours mourir pour toujours nous relever de la mort ? Si le Seigneur de toutes choses en avait décidé ainsi, vous n'auriez qu'à vous soumettre. ... [Mais le millénaire viendra apporter une limite et] après cela, il n'y aura ni mort ni résurrection répétées. »

Origène croyait à la préexistence de l'âme et pensait qu'elle naissait dans un corps en harmonie avec ses actions antérieures. Il dit : « N'est-il pas plus conforme à la raison que chaque âme, à cause de certaines raisons mystérieuses, (je parle ici d'après l'opinion de Pythagore, de Platon et d'Empédocle, que Celse nomme fréquemment), soit introduite dans un corps et introduite dans tel ou tel, suivant ses mérites et ses actions antérieures[60] ? » Je pourrais citer beaucoup d'autres passages, qui tous prouveraient cette croyance à la préexistence de l'âme et à sa « descente » pour prendre naissance ici-bas ; et il est hors de doute que cette croyance était très répandue dans l'Église primitive, car, dans un Concile général, elle fut formellement condamnée et frappée d'hérésie, — Concile qui se tint après que la période de ténèbres eût commencée. Cette décision, plus que tout le reste, sépara le Christianisme de toutes les autres religions du monde et conduisit aux plus désastreuses conséquences. Car la doctrine de la Réincarnation va de pair avec celle de Karma, l'une dépendant de l'autre et lorsqu'il n'y a plus de croyance en la Réincarnation, le Karma ne peut plus être enseigné. Il l'était dans les premières épîtres, non sans clarté : « On ne se moque pas de Dieu. Ce qu'un homme aura semé, il le moissonnera aussi[61]. »

Mais lorsque la croyance à la Réincarnation fut morte, ces paroles devinrent inintelligibles et l'on dut alors inventer toutes sortes de raisons, par exemple l'expiation par substitution et je ne sais quoi encore, — afin que les hommes pussent ne pas récolter les suites de leurs propres actions. Mais lorsqu'un chrétien vous présentera une explication de ce genre et vous dira que, par ce moyen, vous pouvez échapper aux conséquences de vos actes, répondez-lui par les paroles de ses propres Écritures : « Ne vous y trompez pas ; on ne se moque pas de Dieu. Ce qu'un homme aura semé, il le moissonnera aussi. »

Une noble doctrine, celle de la loi du sacrifice, sert de fondement à l'idée de l'expiation par substitution, mais elle a été travestie de manière à conduire au plus horrible blasphème. La loi du sacrifice, qui réalise l'union de l'homme avec Dieu, cette loi du sacrifice au nom de laquelle les mondes furent créés et grâce à laquelle ils continuent d'exister, — cette noble doctrine antique est illustrée dans le Christianisme primitif, par le sacrifice complet du Christ à la volonté de Dieu. Mais le Christianisme du moyen-âge en tire une théorie qui met le Fils et le Père, pour ainsi dire, en opposition l'un contre l'autre et qui manque à tout respect, en même temps qu'elle outrage la raison, en ce qu'elle introduit toutes sortes de discussions légales dans les relations entre l'esprit de Dieu et l'homme.

La perte de la croyance à la Réincarnation fit surgir une autre doctrine, que le Christianisme est seul à posséder, la doctrine d'un enfer éternel. Le ciel et l'enfer, éternels tous deux, furent présentés comme les résultats de notre courte vie terrestre. Un homme mis au monde avec un caractère déjà empreint en lui, avec des tendances vertueuses ou vicieuses suivant les cas, mais formées en lui dès le sein maternel et dessinées dès le berceau, — cet homme, vivant vingt, quarante, soixante, cent ans même, devait être l'auteur de sa destinée éternelle tout entière et aller au ciel ou en enfer pour toujours. Combien l'influence de cette doctrine fut terrible, démoralisant les esprits, rendant les hommes égoïstes, je ne citerai qu'un verset pour le montrer, — verset écrit par un des hommes les plus doux, les plus nobles, les plus purs du Christianisme moderne, John Keble, l'auteur de *The Christian Year*. Il avait été si démoralisé par cette doctrine d'un enfer éternel, par cette idée que le ciel et l'enfer devaient subsister ou s'écrouler ensemble, que dans *The Christian Year* il exprime un sentiment qui me semble choquant par son égoïsme et son immoralité ; il plaide en faveur de la doctrine de l'éternelle torture parce que, sans elle, l'idée du paradis éternel perdrait un de ses appuis. Si quelques humains ne sont pas éternellement torturés, il n'y a pas de preuve que d'autres trouveront une place éternelle au ciel. Keble dit (je cite de mémoire, mais je rends exactement le sens) :

> Mais où est donc le soutien des cœurs contrits ?
> Autrefois ils s'appuyaient sur ta parole éternelle,
> Mais avec la crainte du pécheur leur espoir s'envole,
> Fermement attachés à toi comme l'est à toi ton grand nom, ô Seigneur,
> Ainsi nous devrions être éternellement, pour la joie ou la douleur.
> Mais si les trésors de ton courroux pouvaient s'épuiser,
> Tes fidèles devraient perdre le ciel promis. »

Mais s'il était vrai que la vie céleste eût pour condition les tortures d'autres hommes en enfer, je vous demande si tous ceux qui sont animés de l'esprit du Christ n'accepteraient pas d'être annihilés plutôt que d'acheter leur immortalité par les souffrances d'innombrables millions d'hommes, dans un enfer sans fin ? Heureusement, c'est là une doctrine qui appartient presque au passé ; l'un après l'autre, les chrétiens l'abandonnent ; l'un après l'autre, les maîtres proclament la doctrine opposée ; le chanoine Farrar, prêchant dans la chaire de Westminster Abbey, proclame la doctrine de « l'éternel espoir », comme s'opposant à celle de l'éternel enfer et, seuls les esprits étroits et incultes, qui, faute d'imagination, ne peuvent pas se représenter les horreurs de l'enfer, continuent à enseigner cette triste doctrine et à en faire une partie intégrante du Christianisme.

Je dois passer rapidement sur la question de savoir si la science de l'âme est étudiée dans le Christianisme. Dans l'Église catholique romaine on en fait l'objet d'une étude approfondie, mais il n'en va pas ainsi dans l'Église protestante. Je ne peux pas vous parler de l'Église grecque que je ne connais qu'indirectement, de sorte que je dois me borner à constater que dans l'Église catholique romaine l'occultisme s'est conservé en partie et qu'on y trouve encore des traces de la science et des puissances occultes. Par exemple, dans les ordres monastiques, on enseigne avec un soin tout particulier des méthodes de méditation ; chez les moines et les nonnes des ordres contemplatifs, il existe un système de méditation qui conduit l'âme de degré en degré, d'un premier effort d'imagination à l'absorption de la conscience dans la scène décrite ; il y a là un reste de science de l'âme basée sur une connaissance des faits. Il y a d'autres traces occultes dans l'Église catholique romaine : l'emploi des images, — des idoles, comme disent les protestants, — de l'eau bénite, d'une langue morte en laquelle des hommes de science firent jadis leurs prières, l'utilité des prières dépendant, en grande partie, des sons émis. Ces choses révèlent des traces du vieil enseignement basé sur la compréhension du monde invisible. Puis nous trouvons l'usage des reliques, des prières pour les morts, autant de signes de la science occulte, si fragmentaires et incomplets qu'ils soient. Et quel en est le résultat ? C'est qu'ils ont produit des mystiques, des saints, des auteurs de « miracles » en telle quantité que les autres divisions de l'Église n'offrent rien d'approchant et que vous trouverez, parmi les Catholiques romains, des mystiques qui vous parleront de l'union avec Dieu et des méthodes par lesquelles on y peut parvenir, en des termes qui rappellent les Hindous. Ici encore, je ne pourrai pas citer grand'chose, car le temps nous presse et le sujet est long, mais je peux vous renvoyer à l'exquise *Imitation de Jésus-Christ*, de Thomas a Kempis, l'un des plus merveilleux livres qu'ait jamais écrit un chrétien, un livre que tous les hommes à quelque confession qu'ils appartiennent, pourront lire avec fruit. Saint Thomas a Kempis y donne des instructions sur ce qu'un homme doit faire s'il veut trouver le Christ, et souvent la leçon est mise dans la bouche du Christ lui-même. Prenons celle sur le Moi. « Si l'homme veut trouver Dieu, il doit apprendre, ayant laissé là toute autre chose, qu'il faut qu'après avoir tout quitté, il se quitte aussi lui-même, et se dépouille entièrement de l'amour de soi »[62]. L'homme doit « se détacher parfaitement de soi-même »[63]. « Mon fils, quittez-vous et vous me retrouverez... — Seigneur, en quoi dois-je me renoncer, et combien de fois ? [sur quels points] Toujours et à toute heure, dans les petites choses comme dans les grandes. Je n'excepte rien, et j'exige de vous un dépouillement sans réserve. Comment pourrez-vous être à moi, et comment pourrai-je être à vous, si vous n'êtes libre au dedans et au dehors de toute volonté propre ? Que vos efforts, vos prières, vos désirs, n'aient qu'un seul objet : d'être dépouillé de tout intérêt propre, de suivre nu votre Jésus [nu lui aussi][64]. » « Le vrai progrès de l'homme est l'abnégation de soi-même : et l'homme qui ne tient plus à soi est libre et en grande assurance[65]. » Un Védantin pourrait avoir écrit ceci : « Tout ce qui n'est pas Dieu n'est *rien* et ne doit être compté pour *rien*[66]. » Un homme ne doit pas être gouverné par l'émotion, car le grand plaisir trouvé dans la dévotion ne prouve pas le progrès ; il consiste plutôt en ceci : « à vous offrir de tout votre cœur à la volonté divine… de sorte que, regardant du même œil et pesant dans la même balance les biens et les maux, vous m'en rendiez également grâces »[67]. Des paroles empreintes d'une forte sagesse nous rappellent encore la droiture de Bouddha : « Où trouvons-nous un homme qui veuille servir Dieu sans récompense ? »[68] « Ce qu'un homme ne peut corriger en soi ou chez les autres, il doit le supporter patiemment… Appliquez-vous à supporter avec patience les défauts et les infirmités des autres, quelles qu'elles soient ; car il y a aussi bien des choses en vous, que les autres doivent supporter. Si vous ne pouvez vous rendre tels que vous souhaiteriez, comment pourrez-vous faire que les autres soient selon votre gré[69] ? » Je pourrais citer bien d'autres passages, mais je n'en ai pas le temps. J'ai déjà dépassé le délai fixé, entraînée par mon désir de vous faire comprendre un peu cette religion qui, je le sais, est trop souvent travestie dans vos esprits par l'interprétation étroite qu'on en donne constamment.

Et l'appel que je ferai aux Chrétiens, ainsi qu'aux hommes appartenant aux autres religions, sera un appel à l'Unité, afin qu'ils abolissent les divisions ; pourquoi ne viendraient-ils pas se ranger sur la même ligne que les adeptes de toutes les autres grandes religions du monde ? Pourquoi cette jeune religion, qui n'a que dix-huit siècles de vie derrière elle, ne viendrait-elle pas se joindre au Bouddhisme et à ses deux mille quatre cents ans d'existence, au Zoroastrisme et à l'Hindouisme, avec les dix-mille ou vingt-mille ans qu'ils roulent derrière eux dans le passé ? Ne voient-ils pas, ces Chrétiens, qu'ils blasphèment Dieu quand ils déclarent qu'il s'est réservé pour une seule religion entre toutes et cela pour la plus jeune, presque de toutes ? Ne voient-ils pas qu'ils outragent l'Être Suprême, quand ils revendiquent un rang unique, repoussant tout le reste de ses enfants dans les ténèbres où ils ne sont pas reconnus par le Père de tous les esprits ? Car Dieu n'est-il pas appelé le Père de tous les esprits, et non des seuls esprits incarnés dans des corps chrétiens ? Si cette Unité pouvait être conquise, tout prosélytisme cesserait, nul homme n'essaierait d'en convertir un autre à sa foi, mais chacun chercherait plutôt à apprendre ce que l'autre peut avoir à lui enseigner par des conceptions différentes de Dieu. Car nous pouvons tous apprendre les uns des autres : les Hindous des Chrétiens et les Chrétiens des Hindous, les Zoroastriens des Bouddhistes et les Bouddhistes des

Zoroastriens. Chaque religion n'est qu'un rayon de la lumière de Dieu ; chacune a sa couleur propre et l'union de toutes ces religions réalise la vraie lumière blanche. Tant que nous nous séparons les uns des autres, nous ne sommes colorés que par tel rayon particulier. Étudions toutes les religions, aimons-les toutes, nous nous rapprocherons ainsi de la source dans laquelle nous avons tous notre origine et notre fin.

Vous savez assez que je n'appartiens pas à la religion dont je viens de vous retracer les grands traits ; vous savez assez que, bien que née dans cette religion, j'en ai été éloignée par la conception étroite qu'on m'en présentait, sans connaître alors les aspects plus vrais et plus profonds du Christianisme. Mais je vous le répète, toutes les religions proviennent d'une même source. Leurs adeptes doivent vivre en frères et non en ennemis, et nul ne doit essayer de convertir les autres ; tous doivent, d'ailleurs, être traités avec respect. La haine est un mal, en quelque religion qu'on la trouve. Que chacun enseigne sa propre croyance à ceux qui désirent l'embrasser, que chacun exprime librement sa conception de Dieu devant ceux qui sont désireux de l'entendre. Nous ne sommes que les facettes de l'Éternel ; nos pauvres intelligences sont d'étroits canaux dans lesquels se déversent la vie et l'amour de Dieu. Soyons donc des canaux, mais ne nions pas que d'autres soient des canaux au même titre que nous, et que la vie et l'amour divin coulent en eux comme en nous. Alors viendra la paix et la division ne s'élèvera point ; alors régneront l'Unité et l'harmonie qui sont des choses plus grandes que l'identité. Lorsque les enfants de Dieu vivront en bonne harmonie, il leur sera permis d'espérer qu'ils connaîtront l'amour de leur Dieu, car un disciple du Christ a dit avec raison : « Celui qui n'aime point son frère, que cependant il voit, comment peut-il aimer Dieu qu'il ne voit pas[70] ? »

1. ↑ Les citations de la Bible et des Évangiles sont tirées de la version L. Segond.

    N. D. E.
2. ↑ Saint Luc, Introduction, version L. Segond.
3. ↑ S. Marc, IV, II.
4. ↑ *Contra Celsum*, XXI. N'ayant pas les Pères de l'Église sous la main, je me suis servie des citations que fait d'eux Mme A. M. Glass, dans ses excellentes séries d'articles parus dans le *Lucifer* sur « le Christianisme et son enseignement ».
5. ↑ Saint Mathieu, VII, 6.
6. ↑ Saint Mathieu, XV, 26, 27.
7. ↑ Stromates, I, XII.
8. ↑ Saint Jean, XVI, 12.
9. ↑ Stromates, VI, XV.
10. ↑ *Actes*, I, 3.
11. ↑ *Contra Celsum*. VI, VI.
12. ↑ 1re Corinth., III, 1.
13. ↑ *Ibid.*, II, 7.
14. ↑ *Ibid.*, II, 6.
15. ↑ Stromates, I, 1.
16. ↑ Stromates, V, IX.
17. ↑ Contra Celsum, I, VII.
18. ↑ Contra Celsum, III, IX.
19. ↑ Stromates.
20. ↑ *De Præscriptione Hærelicorum,* XII.
21. ↑ *Ecclesiastical History,* III, V.
22. ↑ *De Principis*, VI, I.
23. ↑ D'Angleterre
24. ↑ *Ésaïe*, LVII, 15.
25. ↑ Ésaïe, XLII, 5.
26. ↑ *Ibid.,* XLIII, 10, 11.

27. ↑ Amos, V, 21-24.
28. ↑ Ésaïe, LVIII, 4-8.
29. ↑ Michée, VI, 6-8.
30. ↑ Saint Mathieu, III. 16, 17.
31. ↑ Saint Jean, XIV, 12.
32. ↑ Saint Marc, XVI, 17, 18.
33. ↑ Saint Mathieu, V, 8.
34. ↑ *Ibid.*, 28.
35. ↑ *Ibid.*, 44, 45.
36. ↑ Saint Mathieu, VI, 22, 23.
37. ↑ *Ibid.*, VII, 14.
38. ↑ Saint Mathieu, XI, 28, 30.
39. ↑ *Ibid.*, XIX, 14.
40. ↑ Saint Mathieu, XIX, 16, 24.
41. ↑ Saint Luc, XV, 3, 7.
42. ↑ Actes, XX, 38.
43. ↑ *Pistis Sophia*, p. 23.
44. ↑ Première épître de saint Jean, V, 1, version primitive.
45. ↑ Job, XI, 7.
46. ↑ Apocalypse, IV, 5.
47. ↑ Romains, VIII, 38 (version H. Ottramare).
48. ↑ Tralliens, 5.
49. ↑ Première aux Thessaloniciens, V, 23.
50. ↑ Première aux Corinthiens, III, 16.
51. ↑ Saint Jean, X, 34, 36.
52. ↑ Saint Jean, XVII, 21, 23. Dans la version d'Oltramare, la dernière phrase se termine ainsi : « Afin qu'ils soient parfaits dans l'unité ».
53. ↑ Galates, IV, 19.
54. ↑ Éphésiens, IV, 13.
55. ↑ Première Corinthiens, XV, 24, 28.
56. ↑ Apocalypse, III, 12.
57. ↑ Saint Mathieu, XI, 14.
58. ↑ *Ibid.*, XVII, 10, 13.
59. ↑ Saint Jean, IX, 2, 3.
60. ↑ Contra Celsum, I.
61. ↑ Galates, VI, 7.
62. ↑ *Imitation de Jésus-Christ,* II, XI, d'après la traduction de F. de Lamennais.
63. ↑ *Ibid.,* III, XXXI.
64. ↑ III, XXXVII, 1, 2, 3, 5.
65. ↑ *Imitation,* III, XXXIX, 4.

66. ↑ III, XXXI, 2.
67. ↑ III, XXV, 5.
68. ↑ *Ibid.*, II, XI, 1.
69. ↑ *Imitation,* I, XVI, 1, 2.
70. ↑ Première épître de saint Jean, IV, 20.

ISLAMISME

Parmi les facteurs qui contribuent à façonner une nation, la religion est le plus important, elle est le fondement et le couronnement de la vie nationale. Sans doute, à première vue, c'est un avantage pour une nation de n'avoir qu'une foi, qu'un culte, de n'offrir à ses enfants qu'une seule prière à murmurer qu'ils apprennent tous auprès des mères élevées dans une même croyance, pour penser ensuite conformément à la foi religieuse de leurs ancêtres ; mais il me semble que ce serait un triomphe plus grand encore pour la religion si l'on pouvait voir une population, — dont la foi serait divisée et parmi laquelle le Dieu unique serait adoré sous des formes et des noms différents, — se constituer en une nation unique et puiser dans la diversité des croyances une unité plus profonde, dans la variété des religions l'identité de la seule vraie religion. Si cela pouvait être (bien que cela ne se soit jamais vu dans la longue histoire du monde), il me semble que la religion remporterait son plus noble triomphe et que, dans l'harmonie où les diverses croyances viendraient se fondre, comme divers accords, en un tout harmonieux, la sagesse divine remporterait sa plus belle victoire, tandis que la Confrérie humaine trouverait son plus grandiose et son plus noble modèle. Une pareille possibilité s'offre pour l'Inde, et pour l'Inde seule entre toutes les nations du monde. Les autres ont leurs croyances dont chacune règne d'une frontière à une autre ; mais dans l'Inde, toutes les croyances du monde sont implantées et par suite c'est là, là seulement qu'elles pourront trouver leur unité et leur fusion.

Vous vous rappelez peut-être qu'il y a trois ou quatre ans je vous ai entretenus de quatre grandes religions : l'Hindouisme, le Zoroastrisme, le Bouddhisme et le Christianisme. C'était négliger trois autres religions implantées sur le sol indien : l'Islamisme, le Djaïnisme et le Sikhisme — qui, avec les quatre précédentes, constituent les sept religions de l'Inde et du monde tout entier. À l'heure actuelle, elles éloignent l'Hindou de l'Hindou, les cœurs des cœurs ; elles séparent les hommes attachés à une religion de ceux fidèles à une autre, de sorte que ceux qui adorent un même Dieu s'écartent les uns des autres en son nom. Ô mes frères, s'il se peut qu'en ce pays béni des dieux nous ramenions les religions à l'unité ; s'il se peut qu'avec différentes croyances nous construisions une unique nation ; si le Musulman peut arriver à aimer l'Hindou et l'Hindou le Musulman, si le Chrétien peut arriver à serrer la main du Parsî et le Parsî celle du Chrétien ; si le Djaïniste, le Bouddhiste et le Sikhiste peuvent un jour s'aimer en frères au lieu de se haïr en rivaux : alors, ce sera le triomphe de la religion et alors seulement le nom de Dieu sera un terme de paix.

Nous commencerons à nous occuper des trois religions de l'Inde dont nous n'avons pas encore parlé ; puis, nous consacrerons notre dernier entretien à ce qui fait l'unification et le couronnement de tout, à la divine Sagesse, à la Théosophie, à ce qui est commun à toutes les religions, leur appartient à toutes également — à ce que nulle ne peut réclamer à l'exclusion de sa sœur, mais que chacune peut revendiquer comme la propriété de toute religion. C'est notre tâche, et puisse cette tâche être bénie par les Prophètes de toutes les religions, afin que leurs disciples puissent s'aimer comme Ils s'aiment entr'eux et puissent ne faire qu'un, ainsi qu'Eux ne font qu'un. Alors l'Inde deviendra la nation qu'elle n'a encore jamais été ; alors elle ne sera plus qu'un peuple ; alors le nom de l'Inde sera connu comme celui d'une seule grande nation au sein d'un puissant empire. Ce sera le triomphe de la religion, et c'est à cette œuvre que vous êtes conviés aujourd'hui par votre foi et votre amour.

Il y a quatre points à étudier dans une religion : son Fondateur, dont la vie et le caractère s'impriment sur cette religion ; la religion exotérique, destinée aux masses ; la philosophie, nécessaire aux gens instruits et cultivés ; le mysticisme, expression de l'éternel besoin de l'esprit humain qui aspire à s'unir avec sa source. Étudions ainsi l'Islamisme.

Suivez-moi en Syrie et en Arabie. Au moment où le sixième siècle de l'ère chrétienne s'ouvre pour le monde, suivez-moi et voyons l'état de la belle Arabie, de la Syrie, ce pays que foulèrent les pieds du Christ. La guerre religieuse de tous côtés détruit les foyers et divise les citoyens ; des querelles brutales et sanguinaires, des haines qui se transmettent d'une génération à l'autre isolent les uns des autres les hommes, les clans, les tribus. Regardez l'Arabie, l'Arabie où règne une idolâtrie féroce et cruelle qui va jusqu'à immoler des êtres humains en sacrifice aux idoles, — où les adorateurs de Dieu font des festins avec les corps des morts, — où la luxure a pris la place de l'amour humain et une effrénée licence celle de la vie de famille, — où des guerres sanglantes et implacables éclatent à la moindre occasion, — où le parent tue son parent et le voisin son voisin, — où la vie, en un mot, est trop corrompue pour qu'on la puisse décrire.

Dans ce brûlant enfer de passions, de meurtres, de luxure et de cruauté, un Enfant naquit. Il « ouvrit à la lumière ses yeux innocents » le 29 août 570, à La Mecque, dans le clan Quraish[1]. Son père était mort quelques semaines avant sa naissance ; c'était cet homme qui, dans la force de l'âge, allait être sacrifié, par son propre père et dont la vie avait été sauvée comme par miracle ; la prêtresse du temple ayant demandé de sa propre bouche que le jeune homme fût épargné. La veuve, après quelques semaines, donna naissance à l'enfant, puis, au bout de peu d'années, suivit son mari dans la tombe. L'enfant grandit dans la maison de son grand-père, tranquille, silencieux, nature aimante et douce, patient, aimé de tous. Quelques années passeront après lesquelles le grand-père mourut. Un oncle, Abû Talib, le plus noble caractère parmi les proches de l'enfant, recueillit chez lui l'orphelin — celui qui était doublement, triplement orphelin — et chez son oncle l'enfant grandit, devint jeune homme. Il voyagea alors, faisant des affaires, du commerce en Syrie et observant, d'un regard grave et profond, les scènes qui se passaient autour de lui. Il a déjà vingt-quatre ans et il a voyagé, en Syrie, pour une de ses parentes bien plus âgée que lui, Khadija ; à son retour, elle le trouve si fidèle, si sobre, si pur, si loyal qu'elle l'épouse et ils deviennent mari et femme. — Mahomet n'est pas encore le prophète, Khadija n'est pas encore son premier disciple ; il est jeune et sa femme est plus âgée que lui, mais leur union est si heureuse qu'elle demeure l'une des unions idéales de ce monde — jusqu'au jour où Khadija laisse son mari veuf, âgé de 50 ans, après vingt-six ans de bonheur conjugal.

Vinrent, après le mariage, quinze années de méditation, paisibles quant à la vie extérieure, terribles quant aux luttes intérieures. Quand Mahomet circulait dans les rues de La Mecque, les enfants accouraient et s'accrochaient à ses genoux. Il avait toujours un bon mot pour les enfants, une caresse pour les petits ; jamais il ne manquait à sa parole ; il avait toujours un bon conseil à la disposition du pauvre ou de l'affligé. On l'appelait Al-Amin, le « digne de foi » ; c'est le nom que lui donnaient ses voisins, l'homme digne qu'on se fie à lui, le plus beau titre qu'un homme puisse acquérir. Mais tandis que la vie extérieure est ainsi utile, douce et secourable, quelle est la vie intérieure ? Ah, qui pourra dire quels orages d'angoisse et d'agonie chassent le futur prophète dans le désert environnant où il se débat avec sa propre âme, dans une de ces luttes que seuls connaissent les hommes inspirés des Dieux ! Bien loin dans le désert, il fuit et les mois y suivent les mois, durant ces quinze années ; dans sa caverne, au fond du désert, en pleine solitude, il est là immobile, méditant, priant, avec le doute amer de lui-même, l'interrogation qu'il se pose à lui-même, se demandant le sens du message qu'il entend : « Au nom de ton Dieu, parle. » — Qui est-il donc pour devoir parler ? Et que doit-il proclamer ? Déchiré de doute et d'angoisse, désespérant de ses propres forces, comment lui, illettré, non préparé, se fierait-il à la voix intérieure qui l'appelle ? Ne serait-ce pas son propre orgueil, sa propre suffisance, sa propre soif de domination qui l'appelleraient, et non la voix du Dieu Suprême ordonnant à son prophète de répandre sa parole ? Quinze années s'écoulent de la sorte, années de luttes que peu de gens sauront évaluer — puis une belle nuit, tandis qu'il est étendu par terre, succombant dans son agonie, voici qu'une lumière venue du ciel rayonne autour de lui, tandis que devant lui une apparition glorieuse murmure ces mots : « Lève-toi, tu es le prophète de Dieu ; va par le monde et parle au nom du Seigneur. » — « Que proclamerai-je ? » — « Parle », dit l'ange, et il instruit le prophète relativement à la formation des mondes, à la création de l'homme, lui enseigne l'unité de Dieu, le mystère des anges et lui indique l'œuvre à accomplir. Lui, le plus solitaire des hommes, autour duquel vit tout une nation, il devra aller à elle, se mêler à elle et parler, parler au nom du Seigneur son Dieu.

Il part, court chez lui et tombe sur le seuil de son foyer devant Khadija. « Que dois-je faire ? » lui dit-il, « Qui suis-je ? Que suis-je ? » — « Va, lui répond l'épouse fidèle de sa voix paisible, tu es sincère et fidèle, jamais tu ne manques à ta parole, les hommes connaissent ton caractère ; Dieu ne trompe pas le serviteur fidèle ; suis donc la voix, obéis à l'appel ». Et la voix de l'épouse, du premier disciple, communique le courage à ce cœur humain qui défaille devant la grandeur de sa mission ; il se lève, désormais ce n'est plus le simple Mahomet mais le Prophète de l'Arabie, l'homme qui fera de ce pays un état organisé, une puissance redoutée et dont les successeurs promèneront le flambeau de la science, le rallumeront en Europe où il était éteint, fonderont de puissants empires, et seront animés, à l'égard du Maître, d'un culte tel qu'aucune autre religion n'en a fourni l'exemple. Car, il faut vous souvenir toujours de ceci, vous tous qui n'appartenez pas à la religion du Prophète arabe ; parmi toutes les confessions humaines, il n'en est pas une qui inspire une croyance plus sérieuse, qui soit observée plus passionnément que celle qui est sortie de la bouche du prophète arabe ; et si, comme le dit le philosophe Bain, une croyance se prouve par la conduite, observez les disciples de Mahomet et voyez comment sa parole gouverne encore les actions de ces hommes. Jamais un musulman n'a honte de s'agenouiller pour prier, bien qu'il puisse y avoir autour de lui des railleurs et des gens qui haïssent son Prophète. Voyez comme la foi, chez le disciple, a vaincu toute crainte de la mort. Où trouverez-vous plus d'héroïsme que chez ces derviches africains, qui chargèrent sur l'emplacement balayé par les fusils Gatling et tombèrent, rang après rang, avant d'avoir pu même atteindre leur ennemi, marchant à la mort comme d'autres à leurs fiançailles, par amour pour leur Prophète et pour la foi de l'Islam ?

Une telle foi doit avoir un avenir dans le monde. Une telle foi devrait être élevée plus haut qu'elle ne l'est aujourd'hui.

Revenons à notre Prophète qui n'a encore qu'un disciple, sa femme. Ses disciples suivants furent ses plus proches parents. Cela est très significatif pour le fondateur. Il est aisé de conquérir des disciples dans une foule, foule qui ne vous connaît pas, qui vous voit seulement en chaire, ne vous entend que dans un discours précis ou dans les réponses faites à des questions posées. Mais devenir un prophète pour sa femme, pour sa fille, pour son gendre et ses proches parents. Ah ! voilà ce qui est véritablement être prophète, c'est un triomphe que le Christ lui-même n'a pas pu remporter. Voici donc les première disciples. Abû Tâlib, cependant, qui fut le protecteur de Mahomet sa vie durant, ne voulut point accepter comme Prophète l'homme qui, étant petit garçon, s'était accroché à ses genoux : « Fils de mon frère, lui répondit-il, je ne peux pas abjurer la religion de mes pères, mais par le Dieu Suprême, tant que je vivrai, nul ne se risquera à t'attaquer. » Se tournant alors vers Ali, son fils, le vénérable patriarche lui demanda quelle était sa religion. « Ô père, répondit Ali, je crois en Dieu et en son Prophète et je suivrai celui-ci. » — « Soit, mon fils, dit

Abû-Tâlib, il ne t'invitera à rien faire qui ne soit bien, c'est pourquoi tu es libre de t'attacher à lui[2]. » Pendant trois ans, tranquillement, Mahomet travaille et à la fin de ces trois années trente disciples l'appellent le Prophète du Seigneur. Il fait alors son premier sermon public, dans lequel il parle de l'unité de Dieu, s'élève contre les sacrifices humains, contre la luxure, l'ivrognerie et la corruption de la vie. Quelques nouveaux disciples s'assemblent encore autour de lui, gagnés par le flot des paroles qui sortent de ses lèvres inspirées. Mais à mesure qu'il est plus entouré, une persécution plus cruelle éclate : on inflige à ses disciples des tortures horribles, presque impossibles à supporter pour le corps humain. Les fidèles sont mis en lambeaux, ils sont transpercés à coups de lances ; ils sont étendus sur le sable brûlant, le visage tourné vers le soleil d'Arabie et de lourds blocs de rochers sur la poitrine ; on leur ordonne de renier Dieu et son Prophète et les disciples meurent en murmurant : « Il n'y a qu'un seul Dieu et Mahomet est son Prophète. » Écoutez ! il y eut entr'autres un homme dont on arracha la chair du corps, morceau par morceau et tandis que ses bourreaux le découpaient ainsi, ils riaient et lui dirent : » N'aimeriez-vous pas mieux que Mahomet fût à votre place et vous chez vous ? » — « Dieu m'est témoin, répondit le mourant, que je ne voudrais pas être chez moi, près de ma femme, de mes enfants et de mes biens, si Mahomet devait à ce prix être piqué par une seule épine. » Voilà l'amour qu'il inspirait à ceux qui mouraient pour lui.

À la fin, les disciples se décidèrent à fuir et à chercher un refuge sous une autre loi ; écoutez en quels termes ceux qu'il avait arrachés au mal parlaient de ce Prophète et de ce qu'il avait fait pour eux, — car le témoignage du disciple est le meilleur témoignage quant au Maître, et c'est ici que vous verrez le mieux comment cet homme avait touché le cœur de ses adeptes. « Ô roi », déclara celui qui prenait la parole au nom de l'ambassade venue chercher protection, « nous étions plongés dans les profondeurs de l'ignorance et du barbarisme ; nous adorions les idoles…, nous vivions dans l'impureté ; nous mangions les corps morts et teniions des discours abominables ; nous méprisions tout sentiment d'humanité, ainsi que les devoirs d'hospitalité et de voisinage ; nous ne connaissions d'autre loi que celle du plus fort, — quand Dieu fit surgir parmi nous un homme dont nous connaissions la naissance, la sincérité, l'honnêteté et la pureté ; il nous appela à l'unité de Dieu, nous apprit à ne rien associer à Dieu ; il nous interdit le culte des idoles et nous enjoignit de dire la vérité, d'être fidèle à nos serments, d'être indulgents et de tenir compte des droits de nos voisins ; il nous défendit de mal parler des femmes, ou de manger les biens des orphelins ; il nous ordonna de fuir les vices et de nous abstenir du mal ; de faire des prières, de répandre des aumônes, d'observer le jeûne. Nous avons cru en lui, nous avons accepté son enseignement[3]. »

Tel est le témoignage fourni par les adeptes sur la doctrine du Prophète, telle est la déposition de ceux qui donnèrent leur vie pour lui.

Quelle sorte d'homme était-il lorsque ses disciples s'assemblaient autour de lui ? Un jour, comme il causait avec un homme riche qu'il désirait gagner à sa cause (car gagner les riches et les puissants, c'était assurer la vie de ceux qui le suivaient), un aveugle vint à passer et s'écria : « Ô Prophète de Dieu, enseigne-moi la voie du Salut », mais Mahomet ne l'écouta pas. Il causait avec un individu de haute naissance et de condition aisée, pourquoi ce mendiant aveugle l'interrompait-il ? Cependant le mendiant aveugle, ne le sachant pas engagé dans une conversation, s'écria de nouveau : « Ô Prophète de Dieu, enseigne-moi la voie ». Le Prophète fronça les sourcils et s'éloigna. Le lendemain, un message parvint au prophète qui est resté inséré à jamais dans le Coran « où il le fit paraître afin que tous pussent se rappeler ». « Le Prophète a froncé les sourcils et s'est éloigné parce que l'aveugle s'approchait de lui : mais comment peux-tu savoir s'il sera purifié de ses péchés, ou s'il sera repris et si la réprimande lui profitera ? L'homme riche, tu le reçois respectueusement ; par suite, ce n'est pas toi qu'il faudra accuser s'il n'est pas purifié, mais celui qui vient à toi cherchant sérieusement son salut, et qui craint Dieu, tu le repousses. Sous aucun motif, tu ne devrais agir ainsi[4]. » Toujours, par la suite, lorsque le Prophète rencontrait l'aveugle, il le traitait avec un grand respect, disant ; « Il est le bienvenu, cet homme à l'occasion duquel mon Dieu m'a réprimandé » ; et il le fit deux fois gouverneur de Médine.

Tel était le Prophète de l'Arabie, ce grand homme qui prononçait une parole de blâme contre lui-même aussi bien qu'il grondait ses disciples. Tel était Mahomet le Prophète.

Mais les persécutions deviennent de plus en plus terribles, si bien que, finalement, les disciples fuient dans toutes les directions, jusqu'à ce qu'il n'en reste plus qu'un avec le Prophète qui, lui, ne veut pas fuir — et, son oncle, le noble Abû Talib, qui ne s'est jamais joint à lui. Celui-ci vient trouver le Prophète et lui dit : « Ô fils de mon frère, laisse-là ton œuvre, abandonne cette cause désespérée. » — « Non, mon oncle, dit le Prophète ; quand les ennemis mettraient le soleil dans ma main droite et la lune dans ma main gauche pour me forcer à renoncer à mon œuvre, je ne m'en désisterais quand même pas avant que Dieu ne manifeste sa volonté ou que je ne périsse dans l'entreprise. » Et alors, le cœur humain en lui étant brisé de voir son oncle, son protecteur, celui qu'il aimait se détourner de lui, Mahomet rejeta son manteau sur son visage pour cacher sa souffrance et il s'éloigna. Alors la voix de son oncle le rappela, lui criant : « Arrête, arrête, dis ce que tu voudras ; par le Seigneur, je ne t'abandonnerai jamais, non, jamais[5]. »

Mais voilà l'oncle qui meurt. C'est « l'année de deuil » car, malheur plus grand encore, mille fois plus grand, Khadija meurt aussi, la femme du Prophète, son seul amour, sa bien-aimée. Le voilà seul après vingt-six ans de parfait bonheur conjugal, seul.

Parfois, le Prophète essaie de faire quelques conversions parmi les commerçants qui visitent La Mecque et un engagement pris par six convertis nous est parvenu. Il fut souscrit sur la colline d'Akaba et porte le nom d'« engagement d'Akaba ». « Nous n'associerons rien à Dieu ; nous ne volerons pas, ne commettrons ni adultère, ni fornication ; nous ne tuerons pas nos enfants, nous éviterons la calomnie et le scandale ; nous obéirons au Prophète en tout ce qui est bien et nous lui serons fidèles dans le bonheur et l'adversité[6]. »

Mais à la fin, il ne resta plus avec le Prophète qu'un seul vieillard fidèle, Abû Bakr et Ali. Il se décida à fuir. Ses ennemis l'avaient enfermé dans une petite maison, des assassins essayèrent de l'y atteindre et il dut s'échapper par une fenêtre. Hélas ! c'est l'année 622 après Jésus-Christ, celle qu'on appelle Hijra, l'Hégire, qui marque la fuite de La Mecque, mais aussi le commencement de l'ère musulmane. Les fugitifs sont pourchassés ; la tête du Prophète est mise à prix. « Nous ne sommes que deux », dit le vieil Abû Bakr, tremblant. « Non, répond Mahomet, nous sommes trois ; Dieu est avec nous[7]. »

Il se réfugie à Médine et là il est le bienvenu ; là, les disciples commencent à se grouper en foule autour de lui, il devient le gouverneur du royaume. Mais voilà que de La Mecque, ses ennemis se lancent à sa poursuite, ce sont les bandes de ceux qui ont persécuté et torturé ses disciples. Mais sa propre troupe est toute petite, tandis que les bandes ennemies sont puissantes. On se livre bataille, la bataille de

Badr. Le prophète s'écrie : « Ô Seigneur, si cette petite troupe doit périr, il n'y aura plus personne pour t'offrir un culte pur[8]. » La lutte est furieuse ; des tourbillons terribles de vent et de sable semblent combattre avec les Musulmans. La victoire est à eux, car la force des puissances divines est avec eux et Mahomet doit être reconnu de tous comme le Prophète du Seigneur. C'est la première fois que Mahomet fait couler le sang en repoussant une attaque. Il avait toujours été tendre, compatissant, ses ennemis l'appelaient « l'efféminé » ; mais maintenant ce n'est plus un simple particulier, pardonnant tout le mal qu'on lui a fait ; il est gouverneur d'un royaume, général d'une armée, il a des devoirs envers les disciples qui ont cru en lui. L'heure vient où les crimes qu'il eût pardonnés comme homme, il les doit punir comme souverain et Mahomet le Prophète n'est point un faible sentimental. Après la victoire de Badr, deux hommes seulement furent exécutés et, contrairement à l'usage arabe, les prisonniers furent traités, sur l'ordre du Prophète, avec la plus grande bonté ; les Musulmans leur donnèrent du pain et ne gardèrent pour eux-mêmes que des dattes.

Viennent ensuite des années de luttes, d'agitation, de difficultés ou des querelles s'élèvent parmi ses disciples, où la masse des ennemis grandit autour de lui. Ici se place une scène si belle que je voudrais m'y arrêter un moment. Il y a eu une bataille et une victoire et le butin a été partagé, mais ceux qui ont été le plus longtemps fidèles au Prophète n'ont pas eu leur part du pillage ; il y a de la colère et des plaintes, sur quoi le Prophète prend la parole :

« Je suis informé, Ansâr, des discours que vous tenez entre vous. Lorsque je vins parmi vous, vous erriez dans les ténèbres et le Seigneur vous a indiqué par moi la bonne voie ; vous souffriez et il vous a rendus heureux ; l'inimitié régnait parmi vous et il a rempli vos cœurs d'amour fraternel et de concorde. N'est-ce pas exact, dites-le ? » — « En vérité, tout s'est bien passé comme tu le dis, lui répondit-on, au Seigneur et à son Prophète il faut reconnaître la bienveillance et la grâce ». — « Non, par le Seigneur, reprit Mahomet, mais vous auriez pu me répondre (et la réponse eût été exacte, car j'aurais témoigné moi-même de son exactitude) ; Tu es venu à nous chassé et tel qu'un imposteur et nous avons cru en toi ; tu es venu tel qu'un fugitif sans défense et nous t'avons assisté ; pauvre et proscrit, nous t'avons donné asile ; sans ami dans le chagrin et nous t'avons consolé ! Pourquoi vos cœurs se troublent-ils à cause des choses de ce monde ? N'êtes-vous donc point satisfaits que d'autres obtiennent les troupeaux et les chameaux, tandis qu'avec moi vous regagnez vos foyers ? Au nom de celui qui tient ma vie entre ses mains, je jure de ne jamais vous abandonner. Si toute l'humanité s'engageait sur une route et vous, les Ansâr, sur l'autre, en vérité je suivrais les Ansâr. Le Seigneur leur soit favorable et les bénisse, eux, leurs enfants et les enfants de leurs enfants. » Ils pleurèrent, les rudes guerriers, si bien que « les larmes coulaient sur leur barbe », dit le chroniqueur : « Oui, Prophète de Dieu, nous sommes satisfaits de notre lot[9]. »

Ô mes frères hindous, qui ne savez rien du grand Prophète arabe, ne sentez-vous pas sa fascination — la puissance qu'il avait d'amener les hommes à souffrir la torture, d'affronter la mort par amour pour lui, de faire durer cet amour du Maître à travers les siècles ? Et cependant, il insistait tant sur ses propres imperfections, sur ce « qu'il n'était qu'un homme » que même cet amour qu'il a inspiré ne l'a jamais divinisé.

Les choses continuèrent ainsi pendant dix ans, après quoi la fin arriva. Lorsque les prières furent dites, on le maintint debout dans la mosquée, il était trop faible pour se tenir sur ses jambes, Ali et Fazl le soutenaient chacun d'un côté. Il éleva sa voix affaiblie et s'écria : « Musulmans ! si j'ai fait du tort à l'un quelconque d'entre vous, me voici prêt à réparer ; si je dois quoi que ce soit à quelqu'un, tout ce que je peux posséder vous appartient. » Un des assistants déclare qu'il lui est dû trois dirhems, cet argent lui est payé : c'est la dernière dette que Mahomet doive acquitter sur terre[10]. C'est aussi sa dernière visite à la mosquée, il est rappelé chez lui, sa tâche étant accomplie, il prie, étendu sur sa couche et sa voix s'affaiblit jusqu'à n'être plus qu'un faible murmure ; c'est le 6 juin 632 que le Prophète, abandonnant un corps usé, s'en va veiller, du haut d'un monde plus élevé, sur la religion qu'il a fondée et protégée.

Noble vie que la sienne ; vie merveilleuse, celle vraiment d'un Prophète du Seigneur. Et en même temps si simple, si frugale, si humble ! Cet homme raccommode lui-même ses vêtements usés, met des clous à ses souliers, tandis que des milliers d'hommes s'inclinent devant lui comme devant un Prophète et il traite avec douceur tous ceux qui l'entourent. Pendant dix ans, déclare son serviteur Anas, j'ai été attaché au Prophète, et il ne m'a même pas dit « Uff » une seule fois[11]. »

Deux accusations graves ont été portées contre lui : l'une, c'est que, à un âge déjà avancé, il a épousé neuf femmes. Cela est exact. Mais viendrez-vous, à cause de cela, prétendre que l'homme qui, dans toute l'ardeur d'une vigoureuse jeunesse, à vingt-quatre ans, a épousé une femme de beaucoup son aînée et lui est resté fidèle vingt-six ans ; que cet homme, à cinquante ans, quand les passions s'éteignent, s'est marié par luxure et passion sensuelle ? Ce n'est pas ainsi qu'il faut juger la vie des hommes. Et si vous examinez les diverses femmes qu'il épousa, vous trouverez que par chacune d'elles il réalisait une alliance avec son peuple, ou gagnait quelque chose à ses disciples, ou bien que la femme était dans un besoin pressant de protection.

Mais, dit-on encore, Mahomet a prêché la guerre et l'extermination, le massacre brutal et sanglant des infidèles. Il a toujours été admis et posé par les légistes musulmans que lorsqu'il y a deux commandements, dont l'un est absolu, comme : « Tuez l'infidèle », et l'autre conditionnel, comme : « Tuez l'infidèle lorsqu'il vous attaque et ne veut pas vous laisser pratiquer votre religion », que la condition, la limitation s'applique aussi au commandement absolu, et cette règle trouve sa confirmation, à mainte et mainte reprise, dans le texte du Coran lui-même, aussi bien que dans l'exemple pratique donné par le Prophète. Je ne parlerai pas en mon propre nom, afin que vous ne croyez pas que je prends la parole en avocat. Mais je vous citerai le texte de la doctrine qu'il professait de son vivant. Nous le voyons déclarer en ce qui concerne les infidèles :

« S'ils cessent de te faire de l'opposition, ce qui est du passé doit leur être pardonné, mais s'ils reviennent t'attaquer, le châtiment exemplaire des anciens adversaires des Prophètes devra encore leur être infligé. Par suite, combats-les jusqu'à ce qu'il n'y ait plus d'opposition en faveur de l'idolâtrie et que la religion soit entièrement celle de Dieu. S'ils se désistent, en vérité Dieu voit ce qu'ils font ; mais s'ils se retournent contre vous, sachez que Dieu est votre patron, c'est le meilleur patron et le meilleur auxiliaire[12]. » Je lis ailleurs : « Invitez les hommes, par la sagesse et une douce exhortation, à suivre la voie du Seigneur ; dans vos disputes avec eux, apportez la plus grande condescendance possible, car le Seigneur connaît bien celui qui erre loin de ses sentiers et il connaît bien ceux qui sont dirigés comme il convient. Si vous vous vengez de quelqu'un, que votre vengeance soit proportionnée au tort qui vous a été fait ; mais si vous endurez ce tort avec patience, en vérité, cela vaudra mieux encore pour le patient. C'est pourquoi vous supportez avec patience l'opposition qu'on vous fait ; mais votre patience n'est possible qu'avec l'aide de Dieu. Et ne soyez pas affligés à cause des incroyants ; ne vous inquiétez pas non plus de ce qu'ils trament subtilement, car Dieu est avec ceux qui le craignent et sont droits[13]. » Et encore ; « Qu'il ne soit fait aucune violence en ce qui regarde la religion[14]. » « S'ils embrassent l'Islam, ils sont sûrement dirigés ; mais s'ils ne le veulent pas, en vérité, il ne t'appartient qu'une chose, à savoir de prêcher[15]. » Et le Prophète donne une remarquable définition de l'« infidèle » : « Les infidèles sont des hommes qui agissent injustement[16], » dont les actes sont mauvais, et pas simplement ceux qui sont en dehors de la religion mahométane car, nous le verrons, l'Islam, dans la bouche du Prophète ne se limitait aucunement à ses seuls adeptes. « S'ils s'éloignent de vous et ne combattent point contre vous, mais vous offrent la paix, Dieu ne vous permet pas de vous emparer d'eux ni de les tuer[17]. »

Est-il juste d'oublier ces doctrines, énoncées au sein de la guerre, de la lutte et de l'oppression, tandis qu'on relève exclusivement les phrases prononcées pour donner à une minorité le courage de combattre une majorité, paroles telles qu'on prononcerait tout général marchant à la bataille ? Voilà en quels termes le Prophète a énoncé ses commandements « absolus ».

Et voyons comment sa propre conduite vient illustrer son enseignement. Jamais un tort ne lui fut fait qu'il n'ait pardonné ; jamais un outrage qu'il n'ait absout. Ô mes frères, essayez de ne pas regarder un pareil homme à travers un voile de préjugés. Il y a des fautes dans toute religion, il y a des erreurs dans la conduite pratique de tous les hommes. Des disciples ignorants agissent souvent mal sur des points où le Prophète avait énoncé la vérité. Jugez donc une religion par ses plus nobles, et non par ses pires représentants : nous apprendrons alors à nous aimer les uns les autres comme des frères, et non à nous haïr les uns les autres, en bigots et en fanatiques.

Passons maintenant de la vie du fondateur — car on ne peut ignorer la vie du fondateur dans aucune religion, c'est le cœur et le ressort principal de toute religion — passons maintenant aux doctrines. En premier lieu, naturellement, vient l'unité de Dieu, doctrine qui se retrouve dans toutes les religions ; ce qu'il y a de spécial, peut-être, dans celle du Prophète arabe, c'est qu'il enseignait l'unité de Dieu comme étant le Roi, le Souverain, le Législateur, comme étant celui que nous appelons Ishvara, le Suprême Logos. À mainte et mainte reprise reviennent ces paroles : « Dites que Dieu est un seul Dieu. Il n'engendre pas, ni n'est engendré et nul n'existe qui lui ressemble[18]. » C'est là le cœur de la doctrine ; c'est le message suprême, car chaque religion a une parole spéciale à prononcer et un message spécial à transmettre. Et de même que la grande parole de l'Hindouisme est l'universalité du Moi, du Dieu qui est en tous et en qui sont tous les hommes, — de même la grande parole de l'Islam, c'est l'unité de Dieu en tant que Souverain ; il n'y a personne à côté de lui ; il n'y a pas de second au-dessous de lui. Je pourrais, à titre de preuves, citer une douzaine de passages du Coran. Cela n'est pas nécessaire, cependant j'ajouterai deux citations :

« Dieu ! il n'y a pas d'autre Dieu que lui, le vivant, qui subsiste par lui-même ; ni la somnolence ni le sommeil n'ont de prise sur lui ; à lui appartient tout ce qui existe au ciel et sur la terre. Quel est celui qui peut entrer en rapport avec lui, si ce n'est par son bon plaisir ? Il connaît ce qui est de leur passé et ce qui leur arrivera dans l'avenir, et les hommes ne comprendront rien à son savoir qu'autant qu'il lui plaira. Son trône s'étend par-dessus les cieux et la terre, qu'il maintient dans l'être sans que ce lui soit une charge. Il est le très haut, le très puissant[19]. » Même en dépit des gaucheries de la traduction, la splendeur de ce passage apparaît. « Dieu a témoigné qu'il n'y avait d'autre Dieu que lui ; et les anges et ceux qui sont doués de sagesse proclament la même vérité ; et ceux qui pratiquent l'équité ; il n'y a d'autre Dieu que lui, le Puissant, le Sage[20]. »

Puis vient, par rang d'ordre, la foi dans les Prophètes de Dieu ; non pas dans l'un seulement d'entre eux, mais dans tous les Prophètes. À mainte et mainte reprise, il est déclaré dans le *Coran* que « il n'y a pas de distinction entre les Prophètes ». Tous viennent de la part de Dieu ; chacun d'eux est envoyé à sa propre nation et accomplit sa propre tâche. Et dans tout le livre de notre Prophète, vous constaterez qu'il reconnaissait les autres Prophètes et ne cherchait pas à intervenir dans leur œuvre. « Chacun d'eux croit en Dieu, en ses Anges, en ses Saintes Écritures et en ses Apôtres[21]. » « Dites : nous croyons en Dieu et en ce qui nous a été envoyé, — et en ce qui a été envoyé à Abraham, à Ismaël, à Isaac, à Jacob et aux tribus, — et en ce qui a été révélé à Moïse, à Jésus, et aux prophètes par leur Dieu ; nous ne faisons aucune distinction pour aucun d'entre eux[22]. » « Ceux-là qui ne croient pas en Dieu et en ses Apôtres et voudraient établir une distinction entre Lui et eux, dire : nous croyons en quelques-uns des Prophètes et rejetons les autres, essayant de prendre un chemin intermédiaire — ceux-là sont véritablement les incroyants et nous avons préparé pour les incroyants un châtiment ignominieux. Mais ceux-là qui croient en Dieu et en ses Apôtres et ne font de distinction pour aucun d'entre eux, à ceux-là nous donnerons sûrement leur récompense ; et Dieu est plein de grâce et de miséricorde[23]. »

L'emploi que fait le Prophète du mot Islam s'accorde parfaitement avec cet esprit libéral dont nous venons d'avoir la preuve ; il dit souvent qu'il n'y a qu'une seule religion, l'Islam, mais que veut dire Islam et en quel sens l'emploie-t-il ? Islam signifie s'incliner, se soumettre et, en matière religieuse, se soumettre à la volonté de Dieu. C'est la seule religion, dit le Prophète, et en vérité, il en est ainsi : soumission parfaite à la volonté divine. Mais est-ce une innovation qu'introduit le Prophète d'Arabie ? Certes non, il dit même le contraire : « En vérité, la vraie religion aux yeux de Dieu est l'Islam et ceux qui reçurent les Écritures ne s'en écartèrent qu'après que la doctrine de l'unité de Dieu leur fût parvenue et que l'envie eût éclaté parmi eux[24]. » « Abraham n'était ni juif, ni chrétien, mais il était de la vraie religion, étant soumis à Dieu et n'étant pas du nombre des idolâtres. En vérité, les plus proches parents d'Abraham sont ceux qui suivent sa voie, ce prophète et ceux qui croient en lui ; Dieu est le patron des fidèles[25]. » Quel est celui qui, en matière de religion, fait mieux que l'homme qui se soumet à Dieu, se fait ouvrier d'équité et suit la loi d'Abraham, l'orthodoxe ? puisque Dieu fait d'Abraham son ami[26]. »

C'est en ce sens seulement que l'Islam est la seule religion ; tous les hommes, quelle que soit leur foi, qui se soumettent à Dieu, sont les vrais enfants de l'Islam, au sens où son Prophète employait ce mot. Peu importe que ses adeptes aient rétréci ce sens en ces derniers temps. J'en appelle au Prophète contre ses adeptes, ainsi que souvent j'en ai appelé près du Christ contre les chrétiens et près des Rishis contre les Hindous modernes. « Un certain jour, nous appellerons tous les hommes pour les juger avec leurs chefs respectifs, et tous ceux qui recevront leur livre dans la main droite le liront avec joie et satisfaction[27]. » « Quant aux véritables croyants, et à ceux de Juda, aux Sabiens, aux Chrétiens, aux mages et aux idolâtres : en vérité, Dieu jugera d'eux au jour de la Résurrection[28]. » « Nous ne l'avons pas désigné pour veiller sur eux (les idolâtres) ; et tu n'es pas non plus leur gardien. N'outrage pas les idoles qu'ils invoquent en dehors de Dieu à moins que, criminels, ils n'outragent Dieu dans leur ignorance[29]. » « À chacun de vous nous avons donné une loi et ouvert une voie ; et s'il avait plu à Dieu, il aurait certainement fait de vous un seul peuple. Mais il a jugé bon de vous donner des lois différentes, afin de pouvoir vous éprouver dans ce qu'il vous a donné respectivement. Par suite, efforcez-vous de l'emporter l'un sur l'autre en bonnes œuvres ; tous, vous retournerez à Dieu et il vous déclarera alors ce en quoi vous avez différé[30]. »

De même, il ne faut pas intenter de querelles aux autres religions bien qu'elles soient idolâtres. Toutes comparaîtront, au dernier jour, devant Dieu et il leur expliquera leur désaccord. C'est là la grande parole : nous retournons tous à Dieu. Laissons les disputes jusqu'à ce que la lumière divine nous illumine, nous verrons alors l'entière vérité ; nous n'en voyons à présent qu'un fragment. Laissons les disputes, ainsi que ce livre vous l'ordonne, jusqu'à ce que l'esprit divin illumine tous les hommes et que ceux-ci voient comment les nombreuses croyances n'en font qu'une.

Passons maintenant, à la religion exotérique : nous trouvons la croyance aux anges ; quatre grands Archanges gouvernent immédiatement après Dieu lui-même ; ce sont : Mikail (Michel), l'Ange qui protège ; Jibrail (Gabriel), l'Ange qui transmet les messages de Dieu ; Azrael, l'Ange de la mort, et Israfil, l'Ange de la trompette du jugement. Ce sont les quatre grands Archanges analogues aux Devarâjas des Hindous ; puis viennent les anges rapporteurs, qui notent les actions des hommes, deux d'entre eux étant attachés à chaque personne ; puis les légions d'anges tout autour de nous, qui appliquent les lois divines, exécutent la volonté divine, guident les pas des hommes, les défendent et les protègent dans le danger. Ceux-là sont analogues aux Devas des Hindous. Puis viennent les ordres inférieurs, les Jinns, que nous appellerions, nous théosophes, les élémentaux inférieurs ; il y en a cinq ordres, un pour chacun des éléments, ainsi que l'enseigne toute la science occulte. On professe aussi la doctrine du septuple ciel et du septuple enfer, comme dans toute religion exotérique. Enfin, nous trouvons Iblis (Satan), qui s'est révolté contre le Tout-Puissant ; avec ses légions d'anges rebelles, il est tombé des cieux, il est devenu le prince de l'air et l'ennemi de l'homme.

Arrivons maintenant aux devoirs de l'individu. Le premier et plus important de tous est la droiture ; et il y a là-dessus un passage si beau que je vais vous le lire : « Ce n'est pas de la droiture lorsque, dans vos prières, vous tournez votre visage vers l'est et l'ouest ; mais la droiture est dans le cœur de celui qui croit en Dieu, en un jour de jugement, aux Anges, aux Écritures et aux Prophètes ; qui, pour l'amour de Dieu, donne de l'argent aux siens, aux orphelins, à ceux qui sont dans le besoin, aux étrangers, à ceux qui lui en demandent, et pour le rachat des captifs ; de celui qui est constant dans sa prière et fait l'aumône ; de ceux qui tiennent leurs engagements après s'être engagés ; qui se comportent patiemment dans l'adversité et les épreuves et aux époques de violences ; ce sont ceux-là qui sont sincères, et ce sont ceux-là qui craignent Dieu[31]. » « En vérité, Dieu commande d'être juste, de faire le bien et de donner aux siens ce qui leur est nécessaire ; et il défend la méchanceté, l'iniquité, et l'oppression[32]. » « Ne lui avons-nous pas donné (à l'homme) deux yeux, et une langue et deux lèvres ; et ne lui avons-nous pas montré les deux sentiers du bien et du mal ? Cependant il ne tente pas d'escalader le rocher. Qu'est-ce qui pourra le faire comprendre ce que c'est que ce rocher ? L'escalader, c'est libérer le captif et nourrir, aux jours de famine, l'orphelin, ton parent ou le pauvre qui gît à terre. Ceux qui font cela et qui sont parmi les croyants et se recommandent entre eux la miséricorde : ceux-là seront les compagnons de la main droite[33] ». « La véritable fortune d'un homme, dans l'autre vie, c'est le bien qu'il fait à ses semblables dans celle-ci. Lorsqu'il mourra, les hommes demanderont quels biens il laisse ; mais les anges qui l'interrogeront dans son tombeau lui demanderont de quelles bonnes actions il s'est fait précéder[34]. » En examinant cette doctrine, on fera bien de se rappeler la situation dans laquelle le Prophète avait trouvé son peuple, situation que nous avons décrite au début de cet entretien — et de se souvenir ensuite que *ce même peuple pratiqua ce qui lui avait été enseigné.*

Considérons maintenant la doctrine en ce qui concerne les femmes. Combien le monde s'est mépris sur les théories du Prophète au sujet des femmes ! On dit qu'il enseignait qu'elles n'ont pas d'âme. Pourquoi calomnier le Prophète de Dieu ? Écoutez ce qu'il a réellement enseigné : « Quiconque fait le mal en sera puni et ne trouvera d'autre patron ni d'autre auxiliaire que Dieu ; mais quiconque accomplit de bonnes actions, qu'il soit homme ou femme, s'il est un vrai croyant, sera admis au Paradis et ne sera, en aucune façon, traité injustement[35]. » « En vérité, les Musulmans des deux sexes et les vrais croyants, de quelque sexe qu'ils soient[36], et les hommes dévots et les femmes dévotes, et les hommes véridiques et les femmes véridiques, et les hommes patients et les femmes patientes et les hommes humbles et les femmes humbles et ceux qui, de quelque sexe qu'ils soient, font l'aumône, et les hommes qui jeûnent, et les femmes qui jeûnent, et les hommes chastes et les femmes chastes et ceux qui, de quelque sexe qu'ils soient, pensent souvent à Dieu : pour ceux-là Dieu a réservé son pardon et une grande récompense[37]. »« Je ne souffrirai pas que l'œuvre de celui qui, parmi vous, travaille, soit perdue, qu'il soit homme ou femme ; l'un des deux vient de l'autre[38]. »

En outre, le Prophète s'efforçait d'inculquer un grand respect envers les femmes : « Ô hommes ! craignez votre Dieu qui vous a créés descendants d'un seul homme et qui, de celui-ci, a créé sa femme et par eux deux a multiplié le nombre des hommes et celui des femmes ; craignez Dieu, au nom de qui vous vous implorez l'un l'autre et respectez les femmes, qui vous ont engendrés, car Dieu veille sur vous[39]. » « Les âmes des hommes sont naturellement portées à la convoitise ; mais si vous êtes bons envers les femmes et craignez de leur faire du tort, Dieu sait bien comment vous agissez[40]. »

L'enseignement du Prophète ne se bornait pas, d'ailleurs, à des généralités ; il pose la loi applicable aux femmes en matière d'héritage, loi bien plus juste, bien plus libérale, — quant à l'indépendance qu'elle confère, — que la loi de la chrétienne Angleterre jusqu'à il y a une vingtaine d'années. La loi musulmane concernant les femmes a été un modèle. Elles étaient protégées dans leurs propriétés ; elles ne pouvaient être dépouillées d'une partie de l'héritage de leurs parents, frères, ou maris. Mais, dit-on, et la polygamie ! voilà la tache au sujet de la femme ; c'est vrai ; mais comment vivent ceux qui jugent ainsi ? et songent-ils que cette loi fut donnée à un peuple plongé dans la plus grossière licence et qui se trouva, par elle, restreint à une limite de quatre femmes ? Je lis, dans l'Ancien Testament que l'Ami de Dieu, l'homme selon le cœur de Dieu, était polygame ; bien plus, le Nouveau Testament ne défend pas la polygamie, si ce n'est pour l'évêque ou le diacre, de qui seul il est dit que cet homme doit être le mari d'une seule femme. De même je trouve la polygamie dans les vieux livres hindous. Il est si aisé de relever les trous dans la croyance des autres ! Mais comment les Occidentaux osent-ils s'élever contre la polygamie limitée des Orientaux, tant qu'ils ont chez eux la prostitution ? Il n'y a pas, jusqu'ici, de monogamie dans l'Univers, si ce n'est çà et là, parmi les hommes purs. Il n'y a pas monogamie où il y a une femme légitime et des maîtresses inavouées. En parlant ainsi, je ne prétends rien attaquer, je souhaite seulement que les hommes se rendent les uns aux autres justice. Un seul homme et une seule femme, voilà le vrai mariage ; tout le reste est mal. Mais la plupart des hommes ne sont pas encore assez purs pour cela et, dans les balances de la Justice, il se peut que la polygamie orientale qui garde, protège, nourrit et vêt les épouses, pèse d'un poids plus lourd que la prostitution de l'Occident qui prend une femme pour le plaisir des sens et la jette à la rue lorsque ce plaisir est satisfait. Déclarez que les deux choses sont mauvaises, mais ne permettez pas au Chrétien de blâmer son frère à cause d'un péché qu'ils commettent tous les deux. La polygamie est chose mauvaise, mes frères musulmans ; et souvenez-vous que votre propre Prophète vous a dit que vous ne deviez jamais prendre une seconde femme à moins de pouvoir l'aimer autant que la première et la traiter avec une égalité, une justice absolues ; or, quel homme peut aimer deux femmes avec le même amour et la même justice ? Si ce n'est pas réalisé, le Prophète ne permet pas alors plus d'une femme — et je crois qu'il s'est exprimé ainsi afin que la monogamie prît graduellement la place de la polygamie et que cette honte fût supprimée de sa religion.

On inculque aux enfants la tendresse envers les parents, une citation suffira : « Ton Seigneur t'a commandé de n'adorer personne en dehors de lui et de témoigner de l'affection à tes parents soit que l'un d'eux ou tous les deux atteignent avec toi un âge avancé. C'est pourquoi ne leur dis jamais fi de vous ! ne leur fais pas non plus de reproches, mais parle-leur respectueusement et résigne-toi à te montrer humble envers eux par tendresse d'affection et dis : Ô

Seigneur sois miséricordieux envers eux deux, car ils m'ont nourri lorsque j'étais petit[41]. »

Et quelle justice, quelle libéralité dans le traitement prescrit envers les esclaves : « Pour ceux de vos esclaves qui désirent un document écrit, leur permettant de se racheter en payant une certaine somme, rédigez-en un, si vous savez en eux des qualités : et donnez-leur des richesses de Dieu qu'Il vous a données[42]. »

Arrivons maintenant aux devoirs personnels qu'il faut accomplir. La récitation quotidienne du Kalimah ou Credo : « Il n'y a d'autre Dieu que Dieu et Mahomet est son prophète. » Le Zakât, don des aumônes, qu'il faut pratiquer envers les étrangers, les pauvres, les orphelins et les captifs ; l'aumône doit consister en grains, en fruits, en marchandises, en bétail et en argent. « L'aumône ne doit être faite qu'aux pauvres et à ceux qui sont dans le besoin, et à ceux qui sont employés à recueillir et distribuer ces aumônes, et à ceux dont le cœur est apaisé, et à ceux qui sont endettés et insolvables — puis pour le rachat des captifs et le progrès de la religion de Dieu — enfin au voyageur[43] », « Et quelqu'aumône que vous fassiez, quelque vœu que vous prononciez, en vérité, Dieu les connaît ; mais les impies n'auront personne pour les secourir. Si vous faites l'aumône pour paraître, c'est bien ; mais si vous vous cachez et donnez directement aux pauvres, cela vaudra mieux pour vous et rachètera vos péchés ; et Dieu est bien informé de ce que vous faites. La direction des aumônes ne vous regarde pas, mais Dieu dirige quiconque il lui plaît. Le bien que vous ferez en aumônes rejaillira sur vous ; mais vous ne donnerez pas dans un sentiment autre que le désir de voir la face de Dieu[44]. » Et quelle beauté dans le passage suivant, extrait d'un sermon du prophète : il vient de dire qu'un homme bon qui fait l'aumône et s'en cache est plus grand que n'importe quel objet de la création et il continue ainsi : « Tout acte bon est une charité. Sourire au visage de votre frère est charité. Une exhortation à vos semblables pour leur faire commettre des actions vertueuses équivaut à une aumône. Remettre dans le bon chemin un voyageur qui s'égare, c'est faire la charité ; aider un aveugle est charité ; écarter du chemin les pierres, les ronces et les autres obstructions est charité ; donner à boire à celui qui a soif est charité[45]. » Le Salât, les cinq différentes heures fixées pour la prière — prières très belles et très nobles ; le Roza, le jeûne de trente jours du Ramazân ; Hajjitha, le pèlerinage de la Mecque, si l'homme qui l'accomplit laisse des ressources suffisantes à ceux qui restent derrière lui ; voilà les cinq devoirs qui incombent à tous. Le vin est strictement interdit.

Nous sommes forcés de passer outre. Nous n'avons pas le temps, — et cela importe peu — de parler de la grande division en Sunnis et Shiahs, non plus que de la question des Imâns, sujets intéressants, sans doute mais que je dois passer sous silence, le temps pressant.

Après l'aspect exotérique d'une religion vient sa philosophie. Or, actuellement, dans l'Islam moderne, il y a bien des choses à négliger ; mais il n'y a pas de mots trop forts pour exprimer ce qu'était l'Islam aux jours de puissance de sa pensée. « Acquérez la science, » dit le prophète dans un de ses sermons, « car celui qui l'acquiert dans la voie du Seigneur accomplit un acte de piété ; celui qui en parle loue le Seigneur ; celui qui la cherche adore Dieu ; celui qui en répand la connaissance fait l'aumône et celui qui la confère à ceux qui y conviennent accomplit un acte de dévotion envers Dieu. La science met son possesseur à même de distinguer ce qui est défendu de ce qui ne l'est pas ; elle éclaire le chemin du ciel ; elle est notre amie dans le désert, notre société dans la solitude, notre compagne quand nos amis nous sont enlevés ; elle nous guide vers le bonheur, nous soutient dans le malheur ; c'est notre ornement dans la compagnie de nos amis ; elle nous sert d'armure contre nos ennemis. Par la science le serviteur de Dieu s'élève à la hauteur du bien et à une noble position, il s'associe aux souverains dans ce monde et atteint à la perfection du bonheur dans l'autre[46]. » Et il est une parole du prophète qui me paraît si frappante, si inattendue que je vais la citer ici : « L'encre de l'érudit a plus de valeur que le sang du martyre. Déclaration inattendue chez un prophète pour lequel tant d'hommes ont subi le martyre. Et pourtant, comme elle est profondément vraie ! C'est d'Ali, le bien aimé, le beau-fils du Prophète qu'est venue toute la doctrine de l'Islam et le merveilleux jaillissement de son érudition. Il enseignait au milieu des luttes et des combats. Il se levait pour professer, pour ordonner aux jeunes gens d'étudier, d'apprendre et de se rendre maîtres des sciences avant toute autre chose. Et on nous donne une définition de la science qui vaut d'être citée : « La lumière du cœur est son essence ; la vérité est son principal objet ; l'inspiration est son guide ; la raison est là qui accepte ; Dieu est son inspirateur ; et les paroles de l'homme son instrument[47]. » Peu de définitions de la science plus grandioses que celles-ci sont sorties des lèvres humaines. Pendant cent ans, les disciples d'Ali étudièrent tandis que l'autre moitié du monde musulman était aux combats et aux conquêtes ; cent années d'études paisibles, après quoi l'œuvre commença et quelle œuvre ! Du huitième siècle au quatorzième, c'est la main de l'enfant de l'Islam qui serre le flambeau de la science. Partout où ils vont, ils transportent avec eux leur savoir ; ils conquièrent, mais où ils conquièrent ils fondent des écoles, des universités. Celles du Caire, de Bhagdad, de Cordoue, bien loin dans l'Espagne occidentale, s'élèvent à l'ombre du Prophète. L'Europe chrétienne afflue vers l'Andalousie pour y apprendre des maîtres musulmans les éléments d'une science oubliée ; ils enseignent l'astronomie, traduisent le Siddhânta des Hindous et d'autres livres encore ; ils écrivent des traités d'astronomie, de chimie, de mathématiques. Le pape Sylvestre II, qui occupa plus tard le siège pontifical, avait, dans sa jeunesse, été étudiant à l'Université de Cordoue où il avait étudié les mathématiques, ce qui le fit ensuite accuser d'hérésie et d'être le fils du diable. Les Musulmans inventent, que n'inventent-ils pas ? Ils reprennent l'étude des mathématiques aux Hindous et aux Grecs, ils découvrent les équations du second degré, puis le quadratique, puis le théorème du binôme ; ils appliquent, en trigonométrie, le sinus et le cosinus ; ils découvrent ou inventent la trigonométrie sphérique ; ils fabriquent le premier télescope, ils étudient les étoiles ; ils calculent les dimensions de la terre, à un ou deux degrés près, à l'aide de mesures prises sur les bords de la mer Rouge. Que sont donc ces hommes qui grandissent dans l'Islam ? Ils fondent une nouvelle architecture, découvrent une nouvelle musique, enseignent l'agriculture scientifique, portent l'industrie à son plus haut point d'excellence ; mais est-ce tout ? Non. En philosophie, ils sont plus grands encore ; là ils plongent dans l'essence même de l'Être suprême ; ils proclament l'Un absolu et les relations des hommes à l'Être Unique ; ils énoncent l'identité de l'esprit humain avec le divin ; ils traitent de l'espace et du temps et le subtil cerveau métaphysique des Arabes découvre les plus merveilleuses vérités philosophiques, la pure Védânta, mes frères hindous, car toute science y aboutit. Les noms d'Ibû Sina et Ibû Rûshd priment ici tous les autres.

Telle fut, pendant six siècles, l'explosion de science que le Prophète souleva sous ses pas. Oh ! si aujourd'hui mes frères de l'Islam voulaient reprendre ces grandes œuvres de leurs grands hommes et les traduire en langues modernes ; s'ils voulaient en apprendre le contenu (car ils ne le font pas) à leurs fils ; s'ils voulaient les élever (car ils ne le font pas) dans la connaissance de leur propre philosophie : ils porteraient alors bien haut le nom de l'Islam entre toutes les philosophies du monde. Parmi les enfants de l'Islam, tout homme instruit devrait connaître cette doctrine comme un Hindou connaît son Védânta et il devrait être à même de justifier son Prophète aux yeux de l'univers intellectuel.

Toute religion, ai-je dit, a sa part de mysticisme, l'Islam doit avoir son aspect mystique, Ali fut cette fois le précurseur et ses disciples, les dispensateurs de ce mouvement mystique. Dans l'année qui suivit la fuite de la Mecque, quarante-cinq pauvres hommes s'unirent pour suivre Dieu et son prophète, vivre en communauté et observer des pratiques ascétiques. C'est le germe du Sufisme, l'aspect mystique de l'Islam. Ils enseignent que « tout vient de Dieu[48] ». Ils enseignent qu'il n'y a rien en dehors de Dieu et que tout l'Univers n'est qu'un miroir qui le reflète. Ils enseignent qu'il existe une beauté parfaite et que tout ce qui est beau ici-bas n'est qu'un rayon de celle-ci. Ils enseignent qu'il n'y a qu'un amour, l'amour de Dieu et que tous les autres ne sont de l'amour que parce qu'ils font partie de cet amour unique. Ils enseignent que Lui seul est l'Être véritable, que tout le reste est le non-être et que l'homme, qui est Dieu lui-même, peut, par l'illumination, s'élever du non-être à l'Être et retourner d'où il vient. Oh ! écoutez comment ils ont chanté l'amour de Dieu, écoutez quel souffle de dévotion pénètre la poésie de la Perse :

> Tu es l'être absolu ; toute autre chose n'est que fantôme,
> Car, dans ton univers, tous les êtres n'en font qu'un.
> Ta beauté qui captive le monde, afin de dévoiler ses perfections,
> Apparaît dans des milliers de miroirs, mais n'est qu'une.

Quoique la beauté accompagne tout ce qui est beau
À la vérité, l'unique et incomparable Enchaîneur de cœurs est unique[49].
Le Non-Être est le miroir de l'Être absolu.
Et là apparaît la réflexion de la splendeur de Dieu.
Lorsque le Non-Être se fut opposé à l'Être
Une réflexion de ce dualisme se produisit aussitôt.
L'unité de l'un se manifesta à travers la pluralité de l'autre ;
L'un, quand vous l'énumérez, devient plusieurs.
La numération, quoiqu'elle ait l'Un pour base,
N'a, cependant, jamais de fin.
Le Non-Être, à partir de ce moment, devint clair,
Et, par là, le trésor caché devint manifeste.
Répétez ce que dit la tradition : « J'étais un trésor caché,
Afin que tu puisses clairement contempler le mystère caché.

Et encore :

Le Non-Être est le miroir, l'univers est la réflexion et l'homme
Est la personnalité cachée là-dedans comme l'œil dans la réflexion.
Tu es l'œil de la réflexion, tandis qu'Il (Dieu) est la lumière de l'œil.
Au moyen de cet œil, l'œil de Dieu se contemple lui-même.
Le monde est un homme, et l'homme est un monde.
Nulle explication plus claire que cela n'est possible.
Si tu regardes bien à la racine des choses
Il est à la fois le Voyant, et l'œil de la Vision[50].

Écoutez maintenant comment, au treizième siècle, le Sufisme enseignait le dogme de l'évolution que Darwin enseigna au christianisme du dix-neuvième siècle.

Je mourus dans un minéral et devins une plante.
Je mourus dans la plante et réapparus dans un animal.

Je mourus dans l'animal et devins un homme.
Pourquoi, dès lors, craindrais-je rien ? Suis-je jamais devenu moindre en mourant ?
La prochaine fois, je mourrai dans l'homme,
Afin que puissent pousser les ailes de l'ange.
De la condition de l'ange, je chercherai encore à m'élever,
« toutes choses périront sauf la face du Seigneur[51].

Une fois encore je prendrai mon vol au-dessus des anges ;
Je deviendrai ce que l'imagination ne peut concevoir.
Laissez-moi alors devenir rien, rien ; car la corde de la harpe
Crie vers moi : « En vérité, nous retournerons à lui[52].

Le Sufisme enseigne, d'après le *Awârifu-d-ma' â rif*[53] comment il faut marcher dans le sentier. Le livre est divisé en trois parties ; Shari'at, la loi ; Tarikat, le chemin ; Hâkikât, la vérité. Elles sont caractérisées ainsi : un homme ayant demandé à un Shaikh, — un maître spirituel, — ce qu'étaient les trois étapes, celui-ci répondit : « Va frapper chacun des trois individus que tu vois là assis. » L'homme alla frapper le premier qui d'un bond fut sur ses pieds et rendit le coup à son agresseur. L'homme frappa le second des individus : le rouge monta au visage de l'offensé ; il fit un mouvement pour se lever, serra les poings, mais se retint. L'homme frappa alors le troisième personnage qui n'y fit pas attention. « Le premier, déclara le Shaikh, est dans la Loi ; le second, dans le Chemin, le troisième, dans la Vérité. »

Le prophète Mahomet est, naturellement, regardé comme l'autorité suprême, mais pour franchir le Sentier un Shaikh est nécessaire et le Murid, son disciple, doit lui témoigner la soumission et le dévouement les plus absolus ; le Murid doit obéir au Shaikh en toute chose, sans réserve ni hésitation : « Si l'on t'ordonne de plonger dans le vin ton tapis de prière, fais-le ; car le Shaikh sait tout ce que tu sais et plus encore ». Une méditation prolongée est exigée, qui s'élève avec les divers stades, jusqu'à Wajd — Samâdhi — l'extase. Kâbi'a une femme mentionnée par Ibn Khallikân (1211-1282 ap. J.-C.), montait la nuit sur le toit de sa maison et disait : « Ô Dieu ! le bruit du jour a fait place au silence ; l'amant est près de celle qu'il aime. Mais je t'ai pour amant et seule avec toi, je suis dans la joie. » Dieu seul contente le Sufi. Les derviches déclarent : « Nous ne craignons pas l'enfer, pas plus que nous ne désirons le ciel. » L'ascétisme le plus sévère est exigé, on ordonne des jeûnes de plusieurs jours et autres austérités. Mais ce sont les plus libéraux des hommes : « Les chemins qui conduisent à Dieu sont en nombre aussi grand que les souffles des fils des hommes. » Mais je n'ai pas le temps de m'attarder davantage sur ce sujet fascinant.

Tel est le mysticisme de l'Islam et puisse l'Islam le faire rentrer dans son sein ! car ce mysticisme n'existe plus aujourd'hui. Lorsque l'Islam se sera ainsi reconstitué, il sera prêt à se rattacher par un amour fraternel aux autres religions. Car l'union bénie entre les diverses croyances qui se partagent le monde, ne repose pas sur leur aspect exotérique où les formes sont différentes et les cérémonies variées, où chaque religion est d'accord avec les idiosyncrasies de son peuple respectif et parle sa propre langue en s'adressant à Dieu. L'union des religions repose sur la vérité spirituelle, sur les idées philosophiques et par-dessus tout sur le mysticisme, par où l'homme apprend à se connaître comme Dieu et s'efforce de retourner vers celui dont il vient.

Mes frères, la plupart d'entre ceux qui m'écoutent ici sont Hindous ; vous n'appartenez point à l'Islam ; cela importe peu. Vous dites So-ham; twam-assi, les Sufis disent : An-at-haq, Haq-tu-i, je suis Dieu, tu es Dieu. Comment donc êtes-vous différents, si Dieu est un ? Essayez de comprendre cette vérité et elle vous inspirera de l'amour ; essayez de découvrir tout ce qu'il y a de noble en elle, et vous serrerez les mains de 70 millions de Musulmans dans l'Inde ; ils font partie de la nation indienne ; sans eux, nous ne pouvons pas constituer un peuple ; apprenons donc à aimer et non à haïr, apprenons à comprendre et non à critiquer ; aimons notre propre religion par-dessus tout, mais respectons la foi de nos voisins. Mahomet, le Christ, Zoroastre, Moïse, les Rishis et les Bodhisattvas font partie de la même grandiose Loge, ce sont les gardiens de l'humanité et des nations ; ils ne font pas, entre eux, de différence. Quant à nous, les plus humbles de leurs disciples, leurs enfants, puissions-nous saisir un rayon de leur amour qui embrasse tout. C'est par l'amour seulement qu'ils peuvent venir à nous ; Mahomet ne peut pas venir vers les siens, comme il aspire à le faire, avant qu'ils n'aient rejeté leur bigoterie, leur étroitesse de vues et n'aiment tous les hommes comme lui les aime tous.

Il est vôtre, ô Mahométans, mais il est nôtre pareillement ; nous réclamons tous les Prophètes que Dieu a donnés aux hommes ; nous les aimons tous, nous les révérons tous ; nous nous inclinons devant tous avec le plus profond respect. Puisse le Dieu de toutes les nations accorder que nous, ses enfants, cessions de nous disputer en son nom, que nous l'appelions Mahâdeva, Vishnou, Allah, Ahûramazda, Jehovah ou Père. Quelque nom que murmurent nos lèvres d'enfant, il n'y a qu'un Dieu, il n'y a rien en dehors de Lui, et nous L'adorons tous.

1. ↑ L'illustre tribu des Coreïshites.
2. ↑ Syed Ameer Ali, M. A ; C. I. E. *The Spirit of Islam*, pp. 87, 88.
3. ↑ *The Spirit of Islam*, pp. 100-101.
4. ↑ Le Coran, chap. LXXX. « Il fronça les sourcils. » Le Coran de Sale ne donne pas ces vers, ce qui est regrettable.
5. ↑ *Spirit of Islam*, pp. 111.
6. ↑ *Spirit of Islam*, pp. 119, 120.
7. ↑ *Spirit of Islam*, p. 126.
8. ↑ *Spirit of Islam*, p. 145.
9. ↑ *Spirit of Islam*, p. 197, 198.
10. ↑ *Spirit of Islam*, p. 218.
11. ↑ *Spirit of Islam*, p. 221.
12. ↑ Le Coran, chap. VIII, 39, 40, 41.
13. ↑ Le Coran, chap. XVII.
14. ↑ *Ibid.*, chap. II.
15. ↑ *Ibid.*, chap. II.
16. ↑ *Ibid.*, chap. II.
17. ↑ Le Coran, chap. IV.
18. ↑ Le Coran, chap. CXII.
19. ↑ Le Coran, chap. II.
20. ↑ *Ibid.*, chap. III.
21. ↑ Le Coran, chap. II.
22. ↑ *Ibid.*, chap. III.
23. ↑ Le Coran, chap. IV.
24. ↑ *Ibid.*, chap. III.
25. ↑ Le Coran, chap. IV.

26. ↑ *Ibid.*, chap. VI.
27. ↑ *Ibid.*, chap. XVII.
28. ↑ *Ibid.*, chap. XXII.
29. ↑ Le Coran, chap. VI.
30. ↑ *Ibid.*, chap. V.
31. ↑ Le Coran, chap. II.
32. ↑ Le Coran, chap. XVI.
33. ↑ *Ibid.*, chap. XC.
34. ↑ *Spirit of Islam*, p. 135, d'après un sermon du Prophète.
35. ↑ Le Coran, chap. IV.
36. ↑ *Ibid.*, chap. XXIII.
37. ↑ Le Coran, chap. XXXIII.
38. ↑ *Ibid.*, chap. III.
39. ↑ *Ibid.*, chap. IV.
40. ↑ Le Coran, chap. IV.
41. ↑ Le Coran, chap. XVII.
42. ↑ Le Coran, chap. XXIV.
43. ↑ *Ibid.*, chap. IV.
44. ↑ Le Coran, chap. II.
45. ↑ *Spirit of Islam*, p. 135.
46. ↑ *Spirit of Islam*, pp. 531-532.
47. ↑ *Spirit of Islam*, pp. 537.
48. ↑ Le Coran, chap. IV.
49. ↑ Jâmi.
50. ↑ Gushan-i-Raz.
51. ↑ Le Coran, chap. XXVIII.
52. ↑ Le Mesnavi, compilation des sentences du derwiche Jelâl.
53. ↑ Ce livre fut écrit au treizième siècle par le shaikh Shahâbn-d-Dîn, compagnon du Sufisme du Divan-i-Khwaja Hâfiz. Traduit par le lieutenant-colonel H. Wilberforce Clarke.

DJAÏNISME

Nous allons nous trouver aujourd'hui dans une atmosphère très différente de celle qui nous enveloppait hier et de celle dans laquelle nous serons demain. Nous n'allons pas ici être entourés de cette atmosphère de roman et de chevalerie, que nous trouvons à la fois dans la religion de l'Islam et dans celle des Sikhs. Au contraire, l'atmosphère sera calme, philosophique et tranquille. Nous serons amenés à considérer les problèmes de l'existence humaine avec l'œil du philosophe, du métaphysicien et, en outre, la question de la conduite pratique revendiquera une large part de notre réflexion ; comment l'homme devrait-il vivre ; que devraient être ses rapports avec les êtres inférieurs qui l'entourent ; comment devrait-il diriger sa vie et ses actions pour ne nuire à aucun être, ni n'en détruire aucun ? On peut presque résumer l'atmosphère du Djaïnisme par une phrase, qui se trouve dans le *Sutrâ Kritânga*[1], à savoir que l'homme qui ne fait de tort à aucune créature vivante atteint le Nirvâna qui est la paix. Cette phrase semble contenir la pensée tout entière du Djaïnisme : la paix — la paix entre l'homme et ses semblables, la paix entre l'homme et l'animal, la paix partout et en toutes choses, la parfaite fraternité de tout ce qui vit. Tel est l'idéal du Djaïnisme, telle est la pensée qu'il essaie de réaliser sur terre.

Mais les Djaïns[2] forment un groupe relativement peu nombreux ; ils ne comptent qu'un à deux millions d'hommes ; c'est une communauté puissante, non par le nombre mais par la pureté de vie qu'on y observe et aussi, d'ailleurs, par la richesse de ses membres — marchands et commerçants pour la plupart. Les quatre castes des Hindous sont admises par les Djaïns bien qu'on ne trouve plus, aujourd'hui, beaucoup de Brahmanes parmi eux ; on n'y rencontre pas non plus beaucoup de Kshattriyas, cette caste semblant tout à fait incompatible avec les idées actuelles des Djaïns, bien que leurs Djinas soient tous Kshattriyas. La grande majorité est constituée par les Vaishyas — négociants, marchands et manufacturiers — et nous les trouvons, pour la plupart, groupés dans les provinces de Râjaputâna, de Guzerât, de Kâthiawar ; ils sont dispersés aussi dans d'autres régions mais on peut dire que les grandes communautés djaïnistes sont renfermées dans ces parties de l'Inde. À vrai dire, il n'en était pas ainsi dans le passé, car nous verrons tout à l'heure qu'à l'époque de l'ère chrétienne, aussi bien qu'avant et après cette date, les Djaïns étaient répandus à travers toute l'Inde méridionale ; mais si nous les observons tels qu'ils sont aujourd'hui, on peut dire qu'en fait, les provinces mentionnées renferment la grande masse des Djaïns.

Il y a, au sujet des castes, un point qui les sépare des Hindous. Le Sannyâsi des Djaïnistes peut sortir de n'importe quelle caste. Il n'est pas forcément de celle des Brahmanes, comme dans l'hindouisme ordinaire et orthodoxe. Le Yati peut venir de n'importe quelle caste et, naturellement, il sort en général de celle des Vaishyas, qui l'emporte énormément en nombre sur les autres castes djaïnistes.

Et maintenant, occupons-nous un instant de leur manière d'envisager le monde — après quoi nous considérerons le grand Être, dont il est parlé dans l'orientalisme occidental, mais non par les Djaïns eux-mêmes, comme du Fondateur de cette religion.

Ils ont les mêmes énormes cycles de temps que l'Hindouisme nous a rendus familiers ; et il faut se rappeler que Djaïns et Bouddhistes, sont, au fond, des rejetons de l'ancien Hindouisme — et d'ailleurs il eût mieux valu que les hommes fussent moins enclins à diviser, à attacher de l'importance aux divergences plutôt qu'aux similitudes : ces deux grandes branches seraient demeurées comme les Dârshanas de l'Hindouisme, au lieu de s'en séparer pour former des religions différentes et, pour ainsi dire, rivales. Pendant longtemps le Djaïnisme fut considéré parmi les érudits occidentaux, comme dérivé du Bouddhisme. On admet actuellement que c'est là une erreur et que tous deux proviennent au même titre de l'Hindouisme, plus ancien ; et, de fait, il y a de grandes différences entre le Djaïn et le Bouddhiste, bien qu'il y ait aussi des similitudes, une analogie de doctrine. Il n'y a pourtant pas de doute, s'il m'est permis de parler nettement, que le Djaïnisme ne soit beaucoup plus ancien dans l'Inde que le Bouddhisme. Le dernier de ses grands prophètes était contemporain de

Shâkya Mouni, le Bouddha ; mais c'était le dernier d'une longue série et il ne fit que donner au Djaïnisme sa forme la plus récente. Je vous ai dit qu'on admettait de grands cycles de temps dans le Djaïnisme comme dans l'Hindouisme ; nous constatons que dans tout vaste cycle — qui rappelle le jour et la nuit de Brahmâ — vingt-quatre grands prophètes viennent au monde, qui participent un peu, quoique incomplètement, de la nature des Avatâras. Ils partent toujours de l'humanité pour s'élever au-dessus ; et si, dans quelques cas, l'Hindou répugne à admettre qu'un Avatâra soit un homme devenu parfait, le Djaïn n'a pas le moindre doute sur ce point. Ses vingt-quatre grands Maîtres, les Tîrthamkaras, ainsi qu'on les appelle, sont des hommes devenus parfaits. Le Djaïn leur donne ces nombreux noms que vous trouverez employés dans le Bouddhisme, avec des acceptions un peu différentes. Il en parle en les appelant Arhats, Bouddhas, Tathâgatas, et ainsi de suite, mais surtout Djinas ; le Djina est le conquérant, l'homme devenu parfait, qui a vaincu sa nature inférieure, a atteint la divinité, chez lequel le Jiva[3] fait paraître son pouvoir suprême et achevé : c'est l'Isvhara du Djaïn.

Vingt-quatre de ces Djinas apparaissent dans chaque grand cycle et si vous prenez le *Kalpa Sûtra* des Djaïns, vous y trouverez retracée la vie de ces héros, seule de ces existences qui y soit relatée dans toute son ampleur est celle du vingt-quatrième et dernier grand Maître, de celui qu'on appelait Mahâvira, le puissant héros. Il figure, pour les Djaïns, le dernier représentant des Maîtres venus pour enseigner le monde ; ainsi que je l'ai dit, il fut contemporain de Shâkya Mouni, et quelques-uns veulent qu'il ait été son parent. Sa vie fut simple, avec peu d'incidents apparents, mais abondante en grands enseignements. Descendant de régions plus subtiles, au moment de sa dernière incarnation, celle dans laquelle il devait obtenir l'illumination, il avait d'abord décidé de passer sa vie dans une famille de brahmanes où il semble, d'après le récit, qu'il avait l'intention de naître ; mais Indra, le roi des Devas, voyant la venue du Djina, déclara qu'il ne devait pas naître parmi les Brahmanes, car le Djina avait toujours été un Kshattriya, et qu'une maison royale devait lui donner naissance. Et Indra envoya un de ses Devas pour veiller ce que la naissance du Djina eût lieu dans la famille du roi Siddhârtha, où elle se produisit finalement. Cette naissance fut accompagnée des signes de joie et de réjouissance qui saluent toujours la venue d'un des plus grands prophètes de la race, —chansons des Devas, musique des Gandharvas, fleurs tombées du ciel : ce sont les signes qui accompagnent toujours la naissance d'un des Sauveurs du monde. Voilà l'enfant né au milieu de ces réjouissances, et comme, depuis le moment où il avait été conçu, la famille avait prospéré en fortune, en puissance, en bien-être, — on l'appela Vardhamâna, l'amplificateur de la prospérité de sa famille. Il grandit, enfant puis adolescent, affectueux et respectueux envers ses parents ; mais son cœur gardait toujours le vœu qu'il avait fait, bien des vies auparavant, de renoncer à tout, d'atteindre à l'illumination, de devenir un des Rédempteurs du monde. Il attendit que son père et sa mère fussent morts, afin de ne point contrister leur cœur en les abandonnant ; puis, ayant sollicité la permission de son frère aîné et des conseillers royaux, il partit escorté d'une foule nombreuse pour inaugurer sa vie d'ascète. Il atteint la jungle ; il retire ses vêtements, vêtements et ornements royaux ; il arrache ses cheveux ; il revêt les vêtements de l'ascète, il congédie la suite royale qui l'a accompagné et s'enfonce seul dans la jungle. Là, pendant douze ans, il pratique de grandes austérités, s'efforçant de se comprendre lui-même et de comprendre le néant de toutes choses hors le Moi ; au cours de la treizième année, l'illumination jaillit, la lumière du Moi rayonne en lui et la science du Suprême lui appartient. Il secoue les chaînes d'Avidyâ et devient l'omniscient ; il se présente alors au monde comme un Maître, et consacre à l'enseignement quarante-deux ans d'une vie parfaite.

Au sujet des doctrines, il ne nous est pratiquement rien dit ici ; on nous donne les noms de quelques disciples, mais la biographie, les divers incidents, tout cela est omis. On dirait que le sentiment que tout cela est illusion, que tout n'est rien, que tout est néant, — a passé dans la relation du Maître, de manière à y réduire la doctrine extérieure à rien, le Maître lui-même à rien. Il meurt enfin après quarante-deux ans de travail, à Pâpâ, 526 ans avant la naissance du Christ. Il n'y a pas beaucoup à dire, vous le voyez, sur le Seigneur Mahâvira ; mais sa vie et ses œuvres sont mises au jour dans la philosophie qu'il a laissée, dans celle qu'il a donnée au monde, bien que sa personnalité soit réellement ignorée.

Avant lui, 1200 ans plus tôt, nous dit-on, avait vécu le vingt-troisième des Tirthamkaras, puis 84.000 ans avant celui-ci le vingt-deuxième et ainsi de suite, en remontant toujours le long rouleau du temps, jusqu'à ce que nous arrivions enfin au premier héros, Rishabhadeva, le père du roi Bharata qui a donné son nom à l'Inde. À ce point, les deux religions, le Djaïnisme et l'Hindouisme, se rejoignent, Hindous et Djaïns révèrent ensemble le grand Un qui, donnant naissance à une lignée de rois, devint le Rishi et le Maître.

Si nous examinons la doctrine par son côté extérieur (je passerai tout à l'heure à son point de vue intérieur) — nous trouvons certaines Écritures canoniques, comme on les appelle, au nombre de 45 et analogues aux Pitakas des Bouddhistes ; ce sont les *Siddhanta*, rassemblées par Bhadrabâka et fixées par l'écriture, entre les troisième et quatrième siècles avant Jésus-Christ. Avant cette date, ainsi qu'il est d'un usage fréquent dans l'Inde, elles passaient de bouche en bouche, et se transmettaient avec cette merveilleuse exactitude de mémoire qui a toujours caractérisé la transmission des Écritures hindoues. Trois ou quatre cents ans avant l'époque présumée de la naissance du Christ, elles furent écrites, ramenées, dirait le monde occidental, à une forme fixe. Mais cette forme n'était pas plus fixe, nous le savons assez, que dans la mémoire fidèle des disciples qui recevaient les traditions du Maître ; et même aujourd'hui, nous dit Max Müller, si tous les Vedas venaient à se perdre, ils pourraient être textuellement reproduits par ceux qui apprennent à les réciter. Voilà donc les Écritures, les *Siddhânta* écrites, rassemblées par Bhadrabâka, à l'époque que j'ai dite avant le Christ. En l'an 54 après Jésus-Christ, un Concile se tint, le Concile de Valabhi, où l'on examina ces Écritures, cela sous Devarddigamin, le Bouddhaghosha, des Djaïns. On compte, comme je l'ai dit, 45 livres : 11 Angas, 12 Upângas, 10 Pakinnakas, 6 Chedas, 4 Mula-Sutras et 2 autres Sutras. Voilà ce qui constitue le canon de la religion Djaïn, les textes qui font autorité pour la foi. Il semble avoir existé des œuvres plus anciennes que celles-ci, qui sont entièrement perdues ; on en parle sous le nom de Purvas, mais en ajoutant que rien n'en est connu. Je ne crois pas que cela soit nécessairement vrai. Les Djaïns sont particulièrement mystérieux sur leurs livres sacrés et il y a des chefs-d'œuvre littéraires, dans la secte des Digambaras, qui sont absolument soustraits à la publication ; et je ne serais pas surprise si, au cours des prochaines années, beaucoup de ces livres, qu'on suppose entièrement perdus, étaient ramenés au jour, après qu'on aurait appris aux Digambaras que, sauf dans des cas spéciaux, il est bon de répandre au loin la vérité, afin que les hommes puissent la posséder. Le mystère peut être poussé si loin qu'il devienne une faute, s'il va au delà des bornes de la raison, au delà des bornes de la sagesse.

En dehors des Écritures canoniques, il y a une énorme littérature de Purânas et d'Ititâsas, qui ressemblent beaucoup aux Purânas et Itihâsas des Hindous. On dit, je ne sais si c'est exact ou non, qu'ils sont plus systématisés que les versions hindoues ; ce qui est clair, c'est que dans beaucoup de récits il y a des variations et ce serait un travail intéressant de comparer les deux textes, de relever les variations et de réussir à trouver les raisons qui les ont amenées.

En voilà assez sur ce que nous pourrions appeler la littérature spéciale ; mais après l'avoir parcourue, nous nous trouvons encore en face d'une grande masse de livres qui, bien que provenant de la communauté djaïniste, sont devenus la propriété de toute l'Inde : grammaires, dictionnaires, ouvrages de rhétorique et de médecine — on les trouve en nombre immense et ils ont été adoptés en gros par l'Inde. Le livre bien connu, *Amarakosha*, par exemple, est une œuvre Djaïn, que tout étudiant en sanscrit apprend d'un bout à l'autre.

J'ai dit que les Djaïns étaient venus dans l'Inde méridionale, descendant en traversant toute la partie Sud de la péninsule ; nous les trouvons donnant des rois à Madoura, à Trichinipoly et à bien d'autres villes dans le sud de l'Inde. Nous constatons ainsi, non seulement qu'ils nous donnent des maîtres, mais qu'ils sont les fondateurs de la littérature tamoule. La grammaire tamoule, qu'on dit être la plus scientifique qui existe, est une œuvre djaïne. La grammaire populaire, Namâl, de Pavanandi, est djaïne, tout comme *Nalâdiyar*. Le *Kural*, du fameux poète Tiruvalluvar, que tous les méridionaux, je suppose, connaissent, est une œuvre qu'on suppose djaïniste, pour cette raison que les expressions employées par le poète sont des expressions djaïnistes. Il parle des Arhats ; il se sert des termes techniques de la religion djaïn, de sorte qu'il est considéré comme appartenant à cette religion.

Il en est de même de la littérature du *Canara* ; et l'on dit que du premier au douzième siècle de l'ère chrétienne, toute la littérature du *Canara* est imprégnée par les Djaïns. Ils étaient donc très grands à cette époque.

Il se produisit alors un grand mouvement à travers l'Inde méridionale, qui amena les disciples de Mahâdeva, les Shivas, à prêcher et chanter par tout le pays, faisant appel à cette émotion profonde du cœur humain, au bhakti, que les Djaïns avaient trop ignorée. Ils allaient, chantant des stotras à Mahâdeva, célébrant ses louanges et surtout guérissant les malades en son nom ; et devant ces guérisons merveilleuses et grâce au souffle de dévotion soulevé par les chants et la prédication, beaucoup d'entre les Djaïns eux-mêmes se convertirent ; le reste fut dispersé, de sorte que dans l'Inde méridionale on put les tenir pour disparus. Telle est leur histoire dans le Sud, telle est la façon dont ils s'éteignirent.

Cependant, dans la province de Râjaputâna, ils subsistèrent et ils étaient si profondément respectés que Akbar, le magnanime empereur musulman, rendit un édit défendant qu'aucun animal fût tué au voisinage des temples djaïnistes.

Ajoutons que les Djaïns sont divisés en deux grandes sectes : les Digambaras, connus dès le quatrième siècle avant Jésus-Christ et mentionnés dans l'un des édits d'Ashoka ; les Svetambaras qui semblent plus modernes. Ceux-ci sont aujourd'hui de beaucoup les plus nombreux, mais on dit que les Digambaras possèdent de bien plus vastes bibliothèques et les documents d'une littérature beaucoup plus ancienne, que la secte rivale.

Laissons là la question historique et examinons maintenant leur doctrine philosophique. Ils posent deux existences fondamentales, racine, origine de tout ce qui est — de Samsâra, — existences incréées et éternelles. L'une est Jiva, ou A'tmâ, pure conscience, connaissance, Celui qui connaît ; quand Jiva a dépassé Avidyâ, l'ignorance, il prend alors conscience d'être, par sa nature, la pure science et se manifeste comme celui qui connaît tout ce qui est. D'autre part, nous avons Dravya, la substance, ce qui est connaissable ; le connaissant et le connaissable opposés l'un à l'autre, Jiva et Dravya. Mais il faut concevoir Dravya comme toujours unie à Gouna, la qualité. Toutes ces idées, sans doute, vous sont déjà familières, mais il nous faut les suivre une à une. À Dravya se joint non seulement Gouna, la qualité, mais Paryâya les modes.

« La substance est le substratum des qualités ; les qualités sont inhérentes à une substance ; mais la caractéristique du développement des choses, c'est que les qualités ne soient inhérentes à aucune substance.

« Dharma, Adharma, l'espace, le temps, la matière et les âmes (sont les six sortes de substances) ; ensemble, elles constituent ce monde, ainsi que l'ont enseigné les Djinas, possesseurs de la meilleure science[4]. »

Vous avez là la base de tout le Samsâra : le connaissant et le connaissable, Jiva et Dravya, avec leurs qualités et leurs modes. Cela constitue tout. Ces principes fournissent de nombreuses déductions, dans le détail desquelles nous n'avons pas le temps d'entrer ; je peux, peut-être vous en indiquer une, tirée d'une Gâthâ de Kundâchâryâ et qui vous fera voir un mode de pensée assez familier aux Hindous. De toute chose, disent-ils, on peut déclarer qu'elle est, qu'elle n'est pas, qu'elle est et n'est pas. Je prends leur propre exemple, la cruche familière. Si vous pensez à la cruche en tant que pariyâya (modification), en ce cas, avant que cette cruche ne soit faite, vous direz : « Syân nâsti », elle n'est pas. Mais si vous la concevez en tant que substance, Dravya, en ce cas elle existe toujours et vous direz : « Syâd âsti », elle est. Mais vous pouvez déclarer de la cruche, la concevant à la fois comme Dravya et Paryâya, qu'elle n'est pas et qu'elle est et résumer cela dans une seule phrase, Syâd asti nâsti, elle est et elle n'est pas[5]. Cette forme de raisonnement nous est assez familière. Nous trouverons des douzaines, des vingtaines, des centaines d'exemples de cette manière d'envisager l'univers — c'est fatigant, peut-être, pour l'homme ordinaire, mais c'est instructif et nécessaire pour le métaphysicien et le philosophe.

Nous arrivons au développement, ou plutôt au développement du Jiva. Le Jiva évolue, nous est-il dit, par la réincarnation et le karma ; nous sommes encore, vous le voyez, sur un terrain très familier. « L'univers est peuplé de créatures diverses, qui sont dans le Samsâra, nées dans des familles et des castes différentes pour avoir commis des actions diverses. Parfois elles vont dans le monde des dieux, quelquefois aux enfers, parfois elles deviennent Asuras, suivant leurs actions. Ainsi des êtres vivants, coupables de mauvaises actions, qui sans cesse naissent et renaissent par des naissances toujours répétées, ne sont pas dégoûtés du Samsâra[6]. » Et l'on enseigne, exactement comme vous l'avez lu dans la *Bhagavad Gîta*, que la créature humaine descend par les mauvaises actions ; par un mélange de bien et de mal, elle renaît comme créature humaine ; purifiée, elle devient un Deva. Ce sont exactement les mêmes principes que le djaïniste professe. C'est par de nombreuses naissances, par d'innombrables expériences que le Jiva commence à se libérer des liens de l'action. On nous dit qu'il y a trois joyaux — pareils aux trois ratnas dont nous parlent si souvent les Bouddhistes ; ce sont : la vraie science, la vraie foi, la vraie conduite, auxquels on en ajoute un quatrième pour les ascètes. « Apprenez à connaître le vrai chemin qui conduit à la délivrance finale, et que les Djinas ont révélé ; elle est subordonnée à quatre causes et caractérisée par la vraie science et la vraie foi : 1º la vraie science ; 2º la foi ; 3º la conduite ; 4º les austérités. Voilà le chemin indiqué par les Djinas, possesseurs de la meilleure science[7]. » C'est par la vraie science, par la vraie foi et la vraie conduite que le Jiva évolue et aux dernières étapes s'ajoutent les austérités, par lesquelles il se libère finalement du joug des naissances successives. La vraie science est définie comme étant ce que je viens de vous dire au sujet du Samsâra ; il faut y ajouter la différence entre Jiva et Dravya et les six sortes de substances (dharma, adharma, l'espace, le temps, la matière, l'âme) ; il faut aussi connaître les neuf vérités : Jiva, l'âme ; iajîva, les choses inanimées ; bandha, l'enchaînement de l'âme par karma ; punya, le mérite ; pâpa, le démérite ; âsrava, ce qui amène l'âme à être affectée par le péché ; samvara, la possibilité de détourner âsrava par la vigilance ; l'annihilation du karma ; la délivrance finale : voilà les neuf vérités[8].

Nous trouvons ensuite une définition de la vraie conduite. Celle-ci, Saraga, jointe au désir, mène à Svarga — ou elle mène à devenir Deva, ou bien à la souveraineté des Devas, des Asuras et des hommes, mais non pas à la libération. Mais la vraie conduite, quand elle est Vîtarâga, libérée de tout désir, c'est cela et cela seul qui conduit à la libération finale. Si nous poursuivons la carrière du Jiva, nous le trouvons rejetant Moha, l'illusion ; Râga, le désir ; Dvesha, la haine — et naturellement leurs opposés, car on ne peut pas rejeter les unes sans les autres ; enfin le Jiva devient parfait et complet, purifié de tout mal, omniscient, omnipotent et omniprésent, l'univers entier se réfléchit en lui comme dans un miroir, il est pure conscience, avec le pouvoir des sens, quoique sans les sens » ; il est pure conscience, le Connaissant, le Suprême.

Voici, très résumé, l'abrégé des conceptions philosophiques des Djaïns, acceptables certainement pour tout Hindou, car sur presque chacun des points on trouve la même idée, de fait, quoique exprimée parfois sous une forme un peu différente.

Examinons de plus près la vraie conduite, car sur ce point la pratique djaïniste devient particulièrement intéressante ; beaucoup de ses règles sont très sages, spécialement en ce qui concerne la vie des laïques. Les Djaïns sont divisés en deux grands corps ; les laïques qu'on appelle Shrâvakas, et les ascètes, les Yati. Ils ont des règles de conduite différentes en ce sens seulement que les Yati poussent jusqu'à la perfection l'état auquel les laïques ne font que se préparer pour des existences à venir. Les cinq vœux des Yati dont je vais parler dans un instant, enchaînent aussi le laïque jusqu'à un certain point. Prenons un simple exemple : le vœu de Brahmacharya, qui impose naturellement au Yati le célibat absolu, n'engage le laïque qu'à la tempérance et à la chasteté conforme à la vie d'un Grihastha. De la sorte, nous pouvons dire que les vœux marchent l'un à côté de l'autre : Ahimsa, l'innocence, Sûnriti, la sincérité, Astaya, qui nous retient de prendre ce qui n'est pas à nous, la droiture, l'honnêteté, Brahmacharya et finalement Aparigraha, par quoi nous ne nous attachons à rien, l'absence de convoitise ; — dans le cas du laïque, il faut entendre que celui-ci ne doit point être envieux, ou plein de désir ; dans le cas du Yati, il faut entendre, naturellement, que celui-ci renonce à tout et ne regarde rien comme « sien », « à lui ». Ces cinq vœux dirigent la vie du Djaïn qui traduit d'une manière très énergique le mot Ahimsa, l'innocence, « tu ne tueras pas ». Il pousse cela, dans sa vie, si loin, jusqu'à un tel extrême, que cela dépasse presque les bornes de la vertu ; cela atteint, pourrait dire un critique sévère, à l'absurdité ; mais ce n'est pas ce que j'entends dire, je vois plutôt là une protestation contre notre insouciance à l'égard des animaux et de leurs souffrances, insouciance qui n'est que trop fréquente chez les hommes ; cette protestation, je l'avoue, est poussée à l'excès ; tout sentiment des proportions est détruit, la vie d'un insecte, d'un moucheron, est souvent traitée comme si elle valait plus que celle d'un être humain. Mais peut-être cela encore peut-il être pardonné aux Djaïnistes, si nous songeons aux excès de cruauté que tant d'autres se permettent. Nous pouvons parfois sourire en lisant qu'il ne faut respirer qu'à travers un linge, comme font les Yati, qui respirent toujours avec quelque chose d'appliqué contre leurs lèvres, afin que rien de vivant n'entre dans leurs poumons ; qui filtrent l'eau et, très illogiquement, la font bouillir — ce qui, en réalité, tue les organismes qui demeureraient vivants si l'eau n'était pas bouillie —, mais notre sourire sera plein d'amour, car cette tendresse est jolie. Écoutez un instant les paroles d'un Djina et plût à Dieu que tous les hommes les prissent pour règle de vie : « L'Un vénérable a déclaré… Telle est ma douleur lorsque je suis frappé, ou battu avec un bâton, un arc, une motte de terre, le poing, ou un tesson de vase — ou malmené, battu, brûlé, torturé, ou même tué ; et telle que j'éprouve la douleur et l'agonie depuis la mort jusqu'à l'arrachage d'un cheveu : de même, soyez-en sûrs, tous les êtres ressentent la même peine et la même agonie, etc., que moi, lorsqu'ils sont traités, vivants, de la même façon que moi. Pour cette raison, les êtres vivants de toutes espèces ne devraient pas être battus, ni traités avec violence, ni malmenés, ni torturés, ni tués. Et je le dis, les Arhats et les Bhagavats du passé, du présent et du futur parlent tous ainsi, déclarent la même chose, s'expriment ainsi : les êtres vivants de toutes espèces ne devraient pas être tués, ni traités avec violence, ni malmenés, ni torturés, ni chassés. Cette loi constante, permanente, éternelle et vraie a été enseignée par des hommes sages qui comprennent toutes choses[9]. »

Si cette règle était adoptée par chacun, combien l'Inde serait différente ! aucun animal battu ni maltraité ; aucune créature luttant ou souffrant ; pour ma part, je vois avec sympathie l'exagération même des Djaïnistes, dont la base est une telle noblesse, une telle compassion ; et je voudrais que ce sentiment d'amour, sans son exagération, puisse régner aujourd'hui dans tous les cœurs hindous, quelque religion qu'on considère.

Nous trouvons, en outre, la règle stricte qui interdit de toucher à aucune boisson ou drogue intoxicante, à rien de tel que l'alcool, l'opium ou le bhang ; naturellement, rien de cela n'est permis, même le miel et le beurre sont atteints par cette loi de proscription, parce qu'en récoltant le miel la vie des abeilles est trop souvent sacrifiée, — et ainsi de suite.

Puis, nous trouvons, dans la vie quotidienne des Djaïnistes des règles posées pour le laïque et concernant la manière dont il doit commencer et terminer chaque journée :

« Il doit se lever extrêmement tôt le matin, puis répéter en silence ses mantras, comptant sur ses doigts en répétant ; après quoi il doit se demander à lui même : « que suis-je, quel est mon Ishtadeva, quel est mon Gouroudeva, quelle est ma religion, que dois-je faire, que ne dois-je pas faire ? » Voilà le commencement de chaque journée, la récapitulation de la vie, pour ainsi dire ; un soigneux et conscient examen de la vie. Il faut alors que le laïque pense aux Tirthamkaras, après quoi il doit faire certains vœux. Ces vœux, autant que je sache, sont particuliers aux Djaïns et ils ont un objet digne de louange et fort utile. Un homme fait, à son choix, un vœu insignifiant concernant un objet absolument sans importance. Il dira, par exemple, le matin : « Aujourd'hui — (je prends un cas extrême qui m'est fourni par un Djaïn) — aujourd'hui je ne m'assoirai pas plus d'un certain nombre de fois ; » ou bien il dira : « Pendant une semaine je ne mangerai pas de tel ou tel légume ; » — ou encore : « Pendant une semaine, dix jours, ou un mois, je garderai le silence une heure dans la journée. » Vous pourriez demander : Dans quel but ? Afin que l'homme garde toujours la conscience de soi-même et ne perde jamais son contrôle sur le corps. C'est la raison qui m'a été donnée par un ami djaïniste et je l'ai trouvée extrêmement sensée. Depuis son enfance, on apprend au petit garçon à prendre de tels engagements et le résultat en est que la légèreté est réprimée, cela réfrène l'étourderie, réfrène cette continuelle insouciance qui est un des grands fléaux de la vie humaine. Un enfant élevé ainsi n'est pas insouciant. Il pense toujours avant de parler ou d'agir ; son corps est exercé à suivre son esprit et non à le devancer, comme cela arrive trop souvent. Que de fois les gens disent : « Si j'avais pensé, je n'aurais pas fait cela ; si j'avais réfléchi, je n'aurais jamais agi ainsi ; si j'avais réfléchi un instant, cette sotte parole n'aurait pas été prononcée, ces mots durs n'auraient jamais été dits, cette vilaine action n'aurait pas été faite. » Si vous vous habituez dès l'enfance à ne jamais parler sans penser, à ne jamais agir non plus sans penser, remarquez comme, inconsciemment, le corps apprendra à suivre l'esprit et comme, sans lutte ni effort, la légèreté sera vaincue. Bien entendu, l'ascète fait des vœux beaucoup plus sérieux que ceux-là, concernant son jeûne strict et sévère, dont tous les détails sont soigneusement consignés dans les règles, dans les livres. Mais je vous ai signalé un point que vous n'auriez pas, que je sache, trouvé dans les livres ci qui m'a paru caractéristique et utile. Laissez-moi ajouter que, lorsque vous rencontrerez des djaïnistes, vous les trouverez, en général, tels que cette éducation permet de les supposer : tranquilles, maîtres d'eux, dignes, assez silencieux et assez réservés[10].

Passons du laïque à l'ascète, le Yati. Les règles de ceux-ci sont très strictes. Beaucoup de jeûnes, dans des proportions extraordinaires, tout à fait comme chez les grands ascètes de l'Inde. Il y a des femmes aussi bien que des hommes ascètes, dans la secte connue sous le nom de Svetâmbaras ; les Digambaras n'ont pas de femmes ascètes et leur conception de la femme n'est peut-être pas, en somme, très flatteuse. Cependant, chez les Svetâmbaras, il y a des femmes ascètes au même titre que les hommes, soumises aux mêmes règles strictes, à mendier, renoncer à leurs biens ; mais une règle très sage défend à l'ascète de renoncer aux choses sans lesquelles le progrès ne peut pas se réaliser. Par suite, on ne peut renoncer au corps, il faut mendier assez de nourriture pour l'entretenir, car ce n'est que dans le corps humain qu'on peut arriver à la libération. On ne peut pas non plus renoncer au Gourou, parce que sans l'enseignement du Gourou on ne peut pas franchir le sentier étroit comme le tranchant d'un rasoir ; ni à la discipline, car si l'on y renonçait, le progrès serait impossible ; ni à l'étude des Sûtras, car elle est nécessaire aussi à l'évolution de l'homme ; mais, en dehors de ces quatre choses (le corps, le Gourou, la discipline, l'étude) — il ne doit rien y avoir dont l'ascète puisse dire : « C'est à moi. » Un maître déclare : « Il ne doit pas parler sans être interrogé, et interrogé, il ne doit pas dire de mensonge ; il ne doit pas donner libre cours à sa colère et doit supporter avec indifférence les événements agréables ou désagréables. Subjuguez votre moi, car le moi est difficile à subjuguer ; si votre moi est subjugué, vous serez heureux dans ce monde et dans le prochain[11]. »

Les femmes ascètes, qui vivent soumises à la même règle stricte de conduite, ont un devoir qui me semble une mesure des plus sages ; elles doivent visiter tous les intérieurs djaïnistes et veiller à ce que les femmes, épouses et filles, soient élevées et instruites convenablement. On attache une grande importance à l'éducation des femmes et une des principales tâches de la femme ascète consiste à répandre l'éducation, à veiller à ce qu'elle soit donnée. C'est là un point que les Hindous, à ce qu'il me semble, pourraient bien emprunter aux Djaïns, afin que les femmes hindoues soient instruite sans risquer de perdre la foi de leurs ancêtres, ou sans être forcées de subir l'intrusion d'autrui dans leur propre religion ; elles devraient être instruite par des ascètes de leur propre confession. Certes, nulle vocation n'est plus noble, cela constituerait un avantage pour l'Hindouisme.

Et maintenant, comment l'ascète devra-t-il mourir ? En se laissant mourir de faim. Il ne doit pas attendre que la mort le touche, mais lorsqu'il a atteint le point où, dans son corps actuel, il ne peut plus faire de progrès, lorsqu'il est parvenu à cette limite du corps, il doit le mettre de côté et sortir du monde par la mort, en se laissant volontairement mourir de faim.

Voici brièvement et très impartialement résumée une noble et grande religion qui, en fait, est d'accord sur presque tous les points avec l'Hindouisme ; et cela est si bien le cas que dans l'Inde septentrionale les Vaishyas

Djaïns et Hindous mangent ensemble et se marient entre eux. Ils ne se considèrent pas comme appartenant à des religions différentes et nous trouvons, dans les Collèges Hindous, des étudiants Djaïns, des pensionnaires Djaïns, qui vivent avec leurs frères hindous et contribuent ainsi, depuis l'enfance, à rapprocher de plus en plus les frontières de l'amour et de la fraternité.

Je vous ai parlé hier de nations à constituer et je vous ai rappelé qu'ici, dans l'Inde, nous devons constituer notre propre nation à l'aide d'hommes de diverses religions. Avec les Djaïns, aucune difficulté ne peut s'élever, si ce n'est avec les bigots que nous trouvons partout parmi les adeptes les moins instruits de chaque religion et dont il appartient aux plus sages, aux plus sagaces, aux plus religieux de diminuer graduellement le nombre. Que tout homme, dans sa propre foi, enseigne aux ignorants à aimer, non à haïr. Qu'il insiste sur les points qui nous unissent tous et non sur ceux qui nous séparent. Que nul, dans sa vie quotidienne, ne prononce un mot dur contre aucune religion, mais qu'il ait des paroles d'amour pour toutes. Car, en agissant ainsi, nous ne servons pas seulement Dieu, nous servons aussi l'homme ; nous ne servons pas seulement la religion, nous servons aussi l'Inde, la mère-patrie commune à tous ; car tous sont Indiens, tous sont enfants de l'Inde, tous doivent avoir place dans la nation indienne de l'avenir. Efforçons-nous donc, mes frères, de contribuer pour notre part à la construction de l'édifice, ne fût-ce qu'en apportant une petite brique d'amour au puissant monument de la fraternité. Et que nul de ceux qui revendiquent le nom de Théosophes, de fervents de la Sagesse Divine, ne prononce jamais une parole dure à l'égard d'une religion que Dieu a donnée aux hommes — car toutes viennent de lui, elles retournent toutes à lui et pourquoi irions-nous nous quereller le long du chemin ?

1. ↑ III, 20.
2. ↑ On dit aussi Djaïnas, ou Niggahthas (c'est-à-dire déliés).
3. ↑ Le Jiva (V. plus loin) est un des deux principes éternels, la science, Celui qui sait.
4. ↑ *Uttarâdhyayana, XXVIII, 6, 7. Trad. du Prakrit par Herm. Jacobi.*
5. ↑ *Report on the search for sanscrit M SS.*, par le docteur Bhandarkar, p. 93.
6. ↑ *Uttarâdhyayana*, III, 2, 3, 5.
7. ↑ *Uttarâdhyayana*, XXVIII, 1, 2.
8. ↑ *Uttarâdhyayana*, 14.
9. ↑ *Uttarâdhyanya*, liv. II, i, 48-49.
10. ↑ Les détails donnés ici sont tirés pour la plupart du *Jaina tattvâdarsha*, de Muni Almârâmji, et ont été traduits pour moi du Prâkrit par mon ami Govinda Dâsa.
11. ↑ *Uttarâdhyayana*, II, 14-15.

LE SIKHISME

En abordant le Sikhisme, nous nous trouvons en face de ce qu'on pourrait appeler un double mouvement. Essentiellement religieuse à son début, cette secte fut forcée, sous la pression des circonstances, d'adopter une organisation militaire. En songeant aux Sikhs, la plupart d'entre nous, évoquent de courageux guerriers, de splendides combattants. Mais nous nous tromperions gravement si nous les envisagions, nous qui étudions les religions, comme uniquement, ou même principalement des guerriers. Cela s'est réalisé sous la pression des circonstances, de l'entourage ; mais le mouvement lui-même, en son caractère durable, est essentiellement un mouvement religieux. Il a surgi au milieu de l'Hindouisme ; l'idée du grand fondateur, le Gourou Nânak, étant de réunir les Hindous et les Musulmans dans une ligue d'amour envers Dieu et de serviabilité envers les hommes. La pensée de Gourou Nânak, telle qu'elle est exprimée non seulement par ses paroles, mais surtout par sa vie, c'était de faire converger ces éléments hostiles du peuple hindou, vers un centre que tous pussent accepter.

Ce centre, c'est avant tout l'amour de Dieu, Bhakti, la dévotion — Bhakti envers Dieu et aussi envers le Gourou, le Maître, car le mot même de Sikh vient du mot Shishya, disciple, et cette idée de l'amour de Dieu et du Maître est la base même, la vraie racine du Sikhisme. C'est donc, originairement, un mouvement de dévotion. La philosophie est la même que celle des Hindous, mais le mouvement est réformateur dans sa nature, en lutte contre le formalisme du temps, contre le cérémonial, afin de trouver la vie cachée sous les formes, l'essence de la vérité qui a inspiré les cérémonies.

À l'époque de Gourou Nânak, ainsi que cela se présente trop souvent dans l'histoire du monde, une grande religion était devenue de plus en plus formaliste et les hommes dépérissaient en mangeant l'enveloppe du grain au lieu de se nourrir du grain lui-même. Le Gourou Nânak s'efforça de trouver le grain et, en agissant ainsi, il rejeta, en grande partie, l'enveloppe ; il s'efforça d'amener les hommes à voir la réalité de la religion, la vie, l'essence de cette religion, et à trouver cette vie et cette essence dans l'amour de Dieu et du Gourou, dans l'amour des hommes considérés comme les enfants d'un même Dieu. Vous pouvez presque résumer dans cette phrase l'essence même du Sikhisme. Nous verrons tout à l'heure dans la vie du fondateur, comment il essaya de réunir les éléments hostiles autour de lui. Nous verrons que cette vie ne fut qu'un chant de louanges et d'amour à Dieu ; nous verrons que le Gourou Nânak chercha sans cesse l'Être Suprême et, l'ayant trouvé, s'efforça d'apprendre à ses disciples comment, eux aussi, par la dévotion, pourraient arriver à la même science. Je voudrais que vous ayez cette pensée présente à l'esprit dans l'étude du Sikhisme, et je vais vous montrer, dans un instant, comment elle est développée par les doctrines qu'enseignent les Écritures sikhes.

Mais auparavant, et avant de parler de la vie du grand Saint, je dois rapidement tracer devant vous l'ébauche, en quelque sorte, de l'établissement historique du Sikhisme, afin que vous puissiez comprendre un mouvement, dont l'essence était Bhakti, arrivât à s'identifier avec le plus chevaleresque esprit militaire. Je ne peux pas, bien entendu, vous donner tous les détails que vous pourrez lire vous-mêmes. Mais la difficulté est toujours que la plupart des esprits attachent, dans leur étude, trop d'importance aux détails et perdent de vue les grandes lignes qui, seules, rendent le tout intelligible.

Le professeur Huxley se plaignait toujours que les étudiants qui faisaient de la science, perdaient de vue la forêt en étudiant les arbres et cela est continuellement vrai. Les hommes se perdent dans un labyrinthe de détails et ne réussissent pas à saisir les principes unificateurs de l'histoire, à découvrir la principale direction, le courant, la portée des événements. Tout ce que je désire faire, pour l'histoire du Sikhisme, c'est de vous en retracer les grandes lignes, qui vous feront comprendre comment il en vint à être ce qu'il fut. Dix Gourous se succèdent l'un à l'autre (dans une série ininterrompue), dont le Gourou Nânak est le premier, le plus pur, le plus saint et le plus noble de tous : il est la vie, le cœur et l'âme de ses successeurs. Nous examinerons tout à l'heure sa vie (1469-1539 après Jésus-

Christ) ; pour le moment, je ne fais que le nommer. Après lui vient le Gourou Angad (1539-1552), de qui il y a peu de chose à dire, si ce n'est qu'il rassembla bon nombre des chants et préceptes de son devancier et commença ainsi la compilation des écritures Sikhes, *l'A'di Grantha Saheb*. Puis vient le troisième, le Gourou Amar Dâs (1552-1574), au sujet duquel un fait est à noter, à savoir qu'il rencontra l'empereur musulman, Akbar, dans une conférence sur des questions religieuses ; ce qui nous montre l'influence exercée par la pensée dit Gourou Nânak et qu'un essai avait été tenté, en vue d'établir la paix entre les grandes religions rivales de l'Hindouisme et de l'Islam. Le Gourou suivant, le quatrième, est le Gourou Ram Dâs qu'on trouve encore en relations amicales avec le libéral et magnanime Akbar, lequel donne au Gourou un morceau de territoire situé à Amritsar, où Ram Dâs fait creuser le fameux réservoir. Nous arrivons au cinquième, le Gourou Arjunmal (1581-1606), le constructeur du fameux temple d'Or, qui fait époque dans l'histoire des Sikhs ; car ce monument leur donne un centre, un foyer, un lieu de réunion. Le temple est d'abord dédié à Hari, Hari Mandir comme on l'appelle, le Gourou Nânak ayant toujours enseigné que le nom de Hari renfermait le salut. Plus tard, ce temple devînt le Darbâr Saheb. Les Sikhs ont désormais leur propre résidence. Ils commencent à s'assembler autour du temple ; ils commencent à former une communauté définie. Arjunmal, le maître en religion, se met à la tête de la communauté, organisée alors d'une façon précise, assemblée en un lieu déterminé : ce sont les débuts de l'État sikh. La grande œuvre du Maître, c'est, en outre, de rassembler les doctrines de ses prédécesseurs et c'est lui qui compile définitivement et publie *l'A'di Grantha Saheb*, composée en partie des chants et des préceptes des Gourous précédents, en partie, aussi, des chants des saints Sikhs, etc.

Surgit alors le premier symptôme qui annonce la lutte future. C'est Jehangir qui occupe le trône d'Akbar, il est moins libéral et moins magnanime que son prédécesseur. Son fils se révolte contre lui. Le Gourou Arjunmal, sans aucune raison apparente, ou pour une raison qui, en réalité n'en était pas une, est accusé de sympathiser avec le fils rebelle. Je dis « sans aucune raison », car la racine de l'accusation semble avoir été la colère et la jalousie du puissant ministre à qui Arjunmal avait refusé de donner son enfant en mariage ; ce ministre, excitant les soupçons de Jehangir contre le Gourou, pousse l'empereur à s'emparer de lui et à l'emprisonner. Arjunmal meurt des rigueurs de la captivité.

C'est à cette heure que la communauté, jusque-là purement religieuse et pacifique, est amenée, par suite de cette agression sur la personne de son maître et chef, dans la voie qui fera d'elle un grand corps militaire. Jehangir a pour successeur Aurangzib et les choses empirent sous ce maître fanatique. Le Gourou suivant, le sixième, le Gourou Har Govind (1606-1645), commence définitivement à organiser les Sikhs pour la défense ; il les concentre en un corps, séparé à la fois des Musulmans et des Hindous, destiné non plus à se réunir aux deux autres, mais à exister en tant que corps séparé des deux autres. L'État sikh commence à grandir ; et désormais éclatent la lutte et la guerre : escarmouches isolées, combats isolés, participation aux combats livrés autour d'eux, tout cela soudant les Sikhs plus étroitement entre eux pour en faire un corps guerrier. Le septième Gourou, le Gourou Har Rai (1645-1661), dont il est peu parlé, est pacifique et tranquille, mais autour de lui il y a plus de luttes que jamais, la guerre redouble, les violences redoublent, l'esprit militaire redouble, si bien que l'aspect religieux passe pour ainsi dire à l'arrière-plan si ce n'est par l'inspiration et la force de cohésion qu'il donne. Vient alors le Gourou Har Rishan (1606-1664), qui n'est qu'un enfant de six ans et meurt à neuf ans, suivi du neuvième Gourou, Tegh Bahâdur (1664-1675). La vie de celui-ci est très troublée : il meurt cruellement assassiné par Aurangzib et son fils lui succède, dixième et dernier Gourou, le Gourou Govind (1675-1708). Il donne aux Sikhs leur grande organisation militaire et en fait le corps qui élèvera, sous Ranjit Singh, l'empire Sikh du Pendjab.

Sur ce dixième Gourou, nous devons nous arrêter un instant. Encore petit garçon, il fuit pour sauver ses jours ; après l'assassinat de son père et pendant vingt ans, il vit retiré, méditant sur sa mission. Naturellement il nourrit des sentiments amers contre les ennemis de son père ; la haine des Musulmans semble presque devenir un devoir pour le fils, pour le Gourou et par suite pour les Sikhs. La vieille amitié s'est évanouie, le sang d'un père coule entre le Gourou et l'empereur musulman. Pendant près de vingt ans, comme je l'ai dit, il vit retiré, méditant sur la tâche qu'il a devant lui, méditant sur cette tâche comme un maître en religion mais, plus encore, comme un organisateur militaire. Et finalement il sort de sa retraite, prêt à accomplir une œuvre puissante, mûr pour la mission de sa vie. Il est résolu à séparer définitivement les Sikhs des hommes appartenant à toute autre foi et à éviter toute possibilité de confusion. Il appelle à lui cinq disciples dévoués et il institue, au milieu de ces cinq hommes, la cérémonie de Pâhul, initiation simple, bien dans le caractère guerrier. Il prend de l'eau ; sa femme venant à passer avec cinq sortes de plats doux, il prend un peu de chacun des plats et jette tout dans l'eau. Il agite l'eau avec un couteau à deux tranchants, il en fait sauter quelques gouttes sur les cinq hommes qui l'entourent et les fait tous boire ; eux, à leur tour, l'aspergent de quelques gouttes et lui donnent à boire ; il les proclame alors Khâlsâ, purs, et leur ordonne d'ajouter à leur nom l'épithète de Singh, le lion. Ce sont les premiers disciples initiés, ils se distinguent de tous les autres par des signes spéciaux que chaque Sikh doit porter avec lui. C'est la longue chevelure, qui le distingue de l'Hindou presque toujours rasé ; le peigne ; le poignard ou couteau à deux tranchants ; la bangle d'acier[1] ; les culottes courtes venant aux genoux. Ce sont les cinq signes, les cinq K's, comme on les appelle, parce que le nom de chacun d'eux commence par un K dans la langue du pays, par lesquels le Gourou distingue tout Sikh de son entourage, et que les vrais Sikhs portent aujourd'hui encore. Telle est la cérémonie, instituée comme cérémonie d'initiation, et partout, a déclaré le Gourou, où cinq Sikhs seront réunis, son esprit sera présent et avec lui le pouvoir que confère l'initiation. Mais ce sera le dernier des Gourous ; après lui, aucun maître ne viendra, le pouvoir passera entre les mains des Khâlsa et sera exercé par le conseil de leurs chefs, les Gourous Mâtâ. L'autorité, pour les Sikhs, réside dans le livre sacré que, plus tard, Gourou Govind complétera.

À présent, il est le chef des guerriers et les Sikhs s'assemblent autour de son étendard. Il lutte, il combat, il organise une grande armée ; ses hommes sont connus par leur courage merveilleux, par la façon dont ils affrontent, dans les batailles, les parties très inégales. La même ardeur que nous avons vu animer les musulmans, après la mort de leur grand Prophète, dans leur carrière de conquérants, s'observe également chez les guerriers Sikhs et ils meurent aussi joyeusement que d'autres vivent. Rien d'étonnant à ce qu'au début ils aient tout entraîné devant eux ; cependant, après des luttes nombreuses, n'étant en somme qu'un petit nombre parmi des myriades d'hommes, nous les trouvons battus dans ce combat, entrepris par eux avec tant d'héroïsme contre la force écrasante du nombre : en effet, ce petit groupe s'était attaqué au puissant empire musulman du Nord. Ils ne sont qu'une poignée contre des myriades, mais ils ne sont jamais découragés, jamais terrifiés ; jamais ils ne perdent l'espoir ; leur Gourou est avec eux partout où ils vont et tant qu'il est là ils ont confiance : il est battu, encore battu, toujours battu, jusqu'à ce qu'enfin, dans un splendide effort, il se retourne et disperse les troupes ennemies : la poursuite cesse alors.

L'endroit où cette bataille libératrice avait été livrée fut appelé la Fontaine du Salut.

C'est à la suite de cela que, pour encourager ses disciples, le Gourou publia le dernier texte sacré des Sikhs, le *Livre du dixième roi,* ou Gourou Dashwen Pâdshâhi, le complément de l'*A'di Grantha Saheb.*

Nous arrivons à la fin. Il est attaqué par un Pathân, qui se dispute avec lui sur une question commerciale, une bêtise, mais l'homme menace sa vice et le guerrier le frappe. L'homme tombe mort. Les fils de cet homme arrivent ; il leur parle avec bonté et bienveillance ; se souvenant de l'assassinat de son propre père, il plaint les fils qu'il a fait orphelins ; il les prend à son service, leur accorde sa confiance et lorsqu'il sait son temps venu, une étrange scène se produit. Il parle à l'un des fils du devoir de vengeance, de l'obligation de tuer le meurtrier d'un parent jusqu'à ce qu'il excite le jeune homme à lui asséner le coup mortel. Pour sauver l'assassin de la colère de ses disciples, le Gourou déclare que l'étranger n'a fait que venger son père et qu'il doit s'en aller librement. Puis il ordonne aux siens de suivre les Écritures, leur recommande d'être fidèles aux Khâlsâ, et meurt.

Après qu'il a disparu, il n'y a plus de maître ; mais, comme je l'ai dit, ce qui fait autorité c'est l'*A'di Grantha Saheb*, avec le conseil des chefs, et les Khâlsâ, la communauté tout entière des Sikhs dans laquelle ne doit exister aucune différence de caste, aucune différence entre un homme et un autre, dans laquelle tous doivent être frères et égaux.

Suit alors une brillante histoire de luttes et de succès militaires couronnée finalement par les splendides victoires de Ranjit Singh, le Lion du Pendjab (1797), qui fait du Pendjab, en réalité, l'Empire Sikh. Il meurt en 1839. Alors, ah ! alors, c'est la plus triste histoire de tromperie, de trahison qu'on puisse imaginer ; des hommes généreux, de braves guerriers trompés et vendus, luttant désespérément contre tous. C'est la plus triste histoire du monde, — c'est pourtant, sans cesse et à nouveau, celle de l'Inde — l'"histoire du frère qui vend son frère, de l'ami qui vend son ami, de l'Indien qui trahit l'Indien ; voilà ce qui se répète dans cette histoire de la chute de l'Empire Sikh. Rien de plus héroïque, rien de plus pathétique que l'histoire de ces braves luttant contre une force écrasante, si bien que même leur héroïsme ne peut les sauver, jusqu'à ce que l'Empire s'écroule entièrement et que le Pendjab passe aux troupes anglaises, en 1849. Telle est l'histoire du Sikhisme.

Passons de cela à l'examen de ce qu'étaient la foi, la vie qui donnaient au Sikhisme sa force attachante, son merveilleux héroïsme, sa splendide vigueur. C'est la vie et la doctrine de Gourou Nânak, la plus douce des natures et le plus saint des hommes.

Depuis l'enfance, le petit garçon présentait des signes distincts, comme en présentent tous les prophètes de Dieu, qui le différenciaient de ses compagnons. L'histoire de son enfance n'est pas marquée par des événements nombreux mais elle est très pathétique et très bizarre, bizarre en ce sens qu'il était né dans une famille de braves gens, des plus communs, comme un aigle dans un nid de moineaux ; mais les moineaux ne comprenaient pas l'aigle et ne pouvaient démêler quelle sorte de créature c'était. Tranquille, réservé, silencieux, s'écartant pour méditer tandis que les autres petits garçons jouaient ; étrange enfant, qui n'apprend pas comme d'autres apprennent, ne joue pas comme d'autres jouent, qui, lorsqu'il va chez son maître, veut savoir le sens mystique des lettres et irrite le Pandit en lui posant des questions auxquelles celui-ci, le brave homme, ne peut pas répondre. L'enfant est toujours en lutte avec son entourage parce qu'il veut absolument savoir ce qui est dans les choses ; il ne peut se contenter de leur aspect extérieur. Et il n'y a rien de plus ennuyeux pour un être ordinaire, homme ou femme, que d'être pressé de questions quant à la réalité des choses, alors qu'il se trouve tout à fait à l'aise sur l'oreiller rassurant des formules ; ainsi Nânak, dans son enfance, met son père à une rude épreuve. Sûrement, il doit être fou ; il reste assis pendant des heures, méditant, sans prendre aucune nourriture ; il doit avoir la fièvre. On amène un docteur pour l'examiner, Nânak demande à celui-ci s'il pourrait guérir les maladies de son âme. Quelle espèce de malade est-ce, qui accueille son médecin de cette manière ? Observez encore Nânak au moment où va s'accomplir la cérémonie du cordon sacré. L'histoire est si caractéristique que je vais vous la raconter — et je dois déclarer ici que je me sers, pour toutes les citations que je fais, des traductions que mes amis Sikhs ont eu la bonté de me donner et qu'ils ont extraites de leurs propres livres, afin que j'aie un terrain sûr, sur lequel je puisse m'avancer.

« Lorsque tout fut prêt et que le Purohit (le prêtre de la famille) fut sur le point de le lui conférer, Nânak se retourna et demanda ; « Dis-moi, Pandit-ji, quelle est l'utilité de ce cordon ? Quels devoirs impose-t-il à l'homme qui le porte ? Pourquoi est-il nécessaire de le mettre ?

« — Nul ne peut accomplir les cérémonies du sacrifice sans le porter sur lui, répondit le Purohit, qui n'était qu'un Pandit de village et ignorait la signification secrète du cordon sacré ; ce fil purifie celui qui le porte, le met en état d'assister à toutes les cérémonies et même de les accomplir.

— Si un homme qui porte ce cordon sacré, reprit Nânak, ne change pas de conduite et mène une vie impure, est-ce que ce cordon le purifiera et l'aidera en aucune façon à atteindre le but ? Cet homme ne récoltera-t-il pas le fruit de ses actes ?

« — Je ne sais pas, répliqua le Purohit, mais c'est ordonné dans les Shâstras et nous devons suivre l'exemple de nos ancêtres.

« — Avec le coton de la compassion, tissez le cordon de l'amour ; que l'abstinence et la vérité forment les nœuds ; que votre esprit revête ce cordon, qu'il ne soit ni cassé, ni souillé, ni brûlé, ni perdu. Louanges à ceux qui ont revêtu ce cordon, dit Nânak.

« — Vous avez bien parlé, dit le Purohit, mais songez aux frais et dérangements qu'a eus votre père. Voyez vos parents et amis ; tous seront désappointés si vous ne voulez pas le porter.

« — Je suis sincèrement désolé de ne pouvoir vous obliger, dit Nânak ; je ne peux pas mettre sur moi ce cordon et je vous conseillerai, à votre tour, de vous préoccuper davantage de l'essence des choses que de leur forme. C'est seulement par une conviction sincère qu'on obtient le respect — et c'est en louant Dieu et en vivant selon la vérité que l'homme atteint à la perfection. »

À la fin, sa mère le supplia pour son salut de ne pas lui causer cette déception. Nânak alors répondit simplement : « Mère, j'obéis », il prit le cordon et le mit[2].

Voici une histoire très caractéristique de ce jeune homme, qui présente tous les signes d'un prophète, et cherche sans cesse la vérité intérieure à travers les apparences extérieures.

Il grandit et ce fils ne donne aucune satisfaction au brave père un peu borné, car il ne veut pas embrasser la vie agricole, il ne veut pas d'une boutique et il ne veut pas voyager pour faire du commerce. Son occupation consiste à donner de l'argent, ou plutôt des vivres aux Sannyâsis ; le père trouve que ce n'est pas une bonne affaire et il est peu satisfait, bien que Nânak trouve que c'est la meilleure affaire qu'on puisse réaliser. À quoi emploiera-t-on un jeune homme pareil ? Le père l'envoie chez sa sœur et son beau-frère qui l'aiment beaucoup. Il prend du service sous un Nawab, il sert fidèlement et bien ; mais il dépense sans cesse en charités et à la fin, lassé du monde, il décide de quitter le service, de quitter la vie d'intérieur dans laquelle il est entré, d'errer à la recherche de Dieu et des occasions de réaliser son amour de Dieu. Ici se place une autre scène caractéristique avec le Nawab, après que Nânak eût quitté son service. Le Nawab envoie chercher le jeune homme qui, au bout d'un certain temps arrive. Le Nawab est fâché qu'il ne soit pas venu de suite.

— Je ne suis plus actuellement votre serviteur, Nawab Sahib, répond Nânak. Je suis actuellement le serviteur de Dieu.

— Croyez-vous en un seul Dieu, ou en plusieurs Dieux ? s'informe le Nawab.

— En un seul Dieu, indivisible, existant par lui-même, incompréhensible, pénétrant tout et adorable, répond Nânak.

— Eh bien, puisque vous croyez en un seul Dieu et moi aussi, votre Dieu doit être le même que le mien ; donc, si vous êtes un fervent croyant, venez avec moi à la mosquée et offrez des prières avec nous.

— Je suis prêt, dit Nânak.

Son beau-frère en demeura muet d'étonnement et il quitta aussitôt la cour, croyant que Nânak avait embrassé l'Islam. C'était un vendredi et comme l'heure de la prière approchait, le Nawab se leva et, accompagné de Nânak, se dirigea vers la mosquée. Lorsque le Kâzi commença à réciter la prière, le Nawab et son groupe commencèrent, selon l'usage, la cérémonie de la prosternation, tandis que Nânak, silencieux, se tenait immobile. Lorsque la prière fut terminée le Nawab se tourna vers lui et lui demanda avec indignation : « Pourquoi n'avez-vous pas fait les cérémonies d'usage ? Vous êtes un menteur et vos prétentions sont fausses. Vous n'êtes pas venu ici pour y rester comme une bûche. »

— Vous vous prosterniez le visage contre terre, fit observer Nânak, tandis que votre pensée courait, échevelée, dans les nuages ; vous songiez à faire venir des chevaux de Kandahâr, et non à offrir des prières ; quant à votre prêtre, seigneur, tandis qu'il accomplissait automatiquement la cérémonie de la prosternation, il pensait à sauver la jument qui a mis bas l'autre jour. Comment pourrais-je offrir des prières avec des gens qui font les génuflexions d'usage et répètent des paroles comme un perroquet ? »

Le Nawab convint qu'il songeait, en effet, à faire venir des chevaux et que, tout le temps de sa prière, cette pensée l'avait obsédé ; mais le Kâzi fut extrêmement mécontent et se tournant vers Nânak fit pleuvoir sur lui une grêle de questions[3].

Nous retrouvons dans cette anecdote, l'esprit du chercheur obstiné de la réalité. Il commence ses pérégrinations. Il va, errant, chantant avec le musicien et un ami qui le suit, Mardânâ et Bâlâ, et il arrive à un village où il a besoin de se restaurer. Il y trouve un pauvre homme nommé Lâlu, un charpentier qui mène une vie pure, et cet homme souhaite la bienvenue au Sannyâsi errant, lui donne son propre lit, lui apporte des aliments chauds : Nânak mange. Le jour suivant, un riche banquier de la ville donne une grande fête aux Brâhmanes et invite Nânak à se joindre à eux. Nânak y va, mais il refuse de prendre de la nourriture ; l'hôte lui demande : « Pourquoi ne touchez-vous pas à mes vivres ? »

— Parce qu'ils ne sont pas purs, dit Nânak, attendu que vous avez fait préparer ces aliments pour votre propre glorification ; c'est un don tâmasique et par conséquent impur.

— Vous appelez ma nourriture impure, tandis que celle de ce Lâlu de caste inférieure est pure ? Comment cela se fait-il ? » demanda Rai Bhag avec mépris.

— Vous traitez vos hôtes avec irrévérence et mépris, dit Nânak, cela montre votre but tâmasique. J'ai mangé de la nourriture préparée par Lâlu, car elle était préparée avec amour et m'était servie avec respect, sans désir d'être remercié et gratifié en retour. Vous avez une leçon à prendre de l'humble Lâlu. Votre nourriture est pleine de sang.

— Quelle preuve avez-vous que ma nourriture soit impure ? demanda Rai Bhag, courroucé.

« Nânak prit, dans une main, la nourriture de Rai Bhag, dans l'autre celle préparée par Lâlu et les pressa toutes deux : des aliments de Rai Bhag des gouttes de sang s'écoulèrent, tandis que ceux de Lâlu laissaient filtrer le lait[4]. »

Voilà de quelle manière le Gourou Nânak enseignait, sa leçon portant toujours sur la réalité et mettant à nu l'apparence. Était-il Hindou ? était-il Musulman ? On se dispute pour savoir ce qu'il était, car il était au-dessus des distinctions de croyance extérieure, il aimait tous les hommes et ne se donnait aucun titre. Lorsqu'il mourut, après soixante-dix ans d'une noble vie et d'un enseignement sans prix, ses disciples se disputèrent sur la question de savoir à quelle religion il appartenait réellement ; fallait-il le brûler comme un Hindou, ou l'enterrer comme un Musulman ? Tandis qu'ils se disputaient, quelqu'un souleva le linceul qui recouvrait le cadavre ; le corps avait disparu, il ne fut donc ni brûlé, ni enterré.

Tel était l'esprit du grand Maître, tel il ressort de sa vie, de sa conduite, et des préceptes qu'il a laissés derrière lui ; tout cela nous montre l'esprit qui animait Nânak, cette profonde dévotion envers l'Être Suprême, cet amour de Dieu que les hommes adonnés au monde appellent folie, cette passion et cette ferveur que les saints de tout âge et de toute religion ont éprouvée. Philosophiquement, Nânak était hindou ; ce qui le caractérise c'est cette profonde Bhakti et la haine qu'il avait de l'apparence.

Examinons sa doctrine et celle de ses successeurs, car ici on ne peut faire aucune différence ; voyons comment ils enseignaient et quel était l'esprit de l'enseignement. J'ai devant moi un grand nombre d'extraits de l'*A'di Grantha Saheb*, classés d'après certaines rubriques, que j'avais demandés spécialement au point de vue de la doctrine sikhe, afin de pouvoir vous donner, d'après les autorités, une esquisse de cette doctrine ; je choisirai des passages de ces traductions sikhes pour vous montrer exactement la nature de cet enseignement[5].

Tout d'abord, sur l'Être Suprême :

« Tu es moi, je suis toi. De quelle sorte est la différence ? « Dans tout, l'Un est à demeure, l'Un est contenu. » « Lui-même est un et lui-même est plusieurs. Il ne meurt ni ne périt. Il ne vient, ni ne s'en va. Nânak dit qu'il est toujours contenu dans tout. »

Vous pouvez saisir ici l'écho des Upanishads, répété dans un langage plus populaire,

la pensée profonde de la philosophie hindoue, adaptée à la forme de l'usage populaire.

Un Omkâra, nom véritable, auteur, esprit, sans crainte, incapable de vouloir le mal, formé hors du temps. N'étant sorti d'aucun sein, existant par lui-même, bénédiction suprême (ou qui se réalise par une faveur du Gourou). Vrai dès avant, vrai dès avant les temps (Yugas), vrai dans le présent et vrai dans l'avenir, ô Nânak.

(Japa I).

Sans signe, nul ne peut le contrarier, inaccessible (ou inconnaissable), il n'est point objet (pour les sens) ; inaltéré par le temps ou l'action ; d'essence sans commencement ; n'étant sorti d'aucun sein, existant par lui-même, inconditionné, sans défaillance, puissé-je être sacrifié à cette Pure Vérité. Il n'a ni forme, ni couleur, ni contour ; il doit être désigné par la parole de Vérité. Il n'a ni mère, ni père, ni fils, ni parent, ni désir, ni femme, ni clan ; il n'est pas imprégné (de Maya) ; il n'est pas dépassé, il est plus haut que le plus haut, Lumière de tout, Brahm caché dans tous les vaisseaux (cœurs), sa lumière est tout entière dans chaque véhicule (cœur). Par l'enseignement du Gourou, le portail de diamant s'est entr'ouvert, sans crainte, fixe et ferme, le regard s'y est fixé. Ayant créé les êtres, il plaça au-dessus d'eux le temps (la mort) et prit toute organisation sous son contrôle. En servant le Gourou ils trouvent la véritable fortune ; en agissant selon (sa) parole (ils) gagnent la véritable liberté. Dans un réceptacle pur (le cœur), la vérité seule peut vivre ; ils sont rares ceux dont la conduite est pure. Toute essence se fond dans l'essence suprême. Nânak en toi puissé-je trouver un refuge.

(Sorath, I).

Je m'incline devant (ou glorifie) l'Être premier, Omkâra ;
Qui a créé cette eau, cette terre et ce ciel ;
Esprit premier, non manifesté, impérissable ;
Dont ta lumière illumine les quatorze lokas ;
Qui habite au même titre dans la fourmi et dans l'éléphant ;
Qui tient pour égaux le maître et le pauvre ;
Dualité de la forme, Esprit sans signe
Qui connaît immédiatement ; contrôleur interne de tout réceptacle (cœur).

(Gourou).

Lui, le sans-forme (et) la Forme ; celui qui est sans qualité et qui a les qualités ; c'est d'Un seul qu'il est parlé, ô Nânak. Cet Un est toujours plusieurs.

(Gourou V, Bavanakhhri).

Le Parabrahman, le Seigneur Suprême, ne s'incarne point dans un sein.
Avec la parole, tu as créé la création et après l'avoir faite tu la pénètres.
Ta forme ne peut pas être entrevue, comment méditerai-je sur toi ?
Tu fonctionnes en tout, ton pouvoir le montre ;
Ton amour remplit des trésors inépuisables ;
Ces joyaux (la paix, etc,) sont sans prix,

(Gourou V, Var-Maru).

D'innombrables Avâtaras de Vishnou ont été accomplis par toi.
D'innombrables Brahmândas sont le séjour de ta loi ;
D'innombrables Maheshvaras sont créés et absorbés ;
D'innombrables Brahmâs ont été par toi employés à façonner les mondes ;
Telle est ainsi la richesse de mon Seigneur,
Dont je ne peux dire en détail les grandes qualités,
Qu'entourent d'innombrables Mâyâs.

(Les cœurs d')êtres innombrables sont le lieu où il demeure ;
Innombrables sont (les dévots) qui embrassent les membres (personnifiés pour le culte).
Innombrables les dévots qui demeurent avec Hari.
Innombrables les rois (littér. Seigneurs de parasols) qui te rendent hommage,
Innombrables les Indras qui se tiennent devant tes portiques ;
Innombrables les Cieux dans ton regard ;
Innombrables (tes) noms sans prix,
Dont les résonances innombrables retentissent au loin.
Innombrables les tournois d'actions merveilleuses ;
Innombrables les Shaktis et les Shivas qui obéissent à la volonté ;
Innombrables les êtres que tu nourris,
Dont les pieds renferment d'innombrables Tirthas (endroits sacrés),
D'innombrables purs répètent ton précieux nom,
D'innombrables adorateurs te rendent hommage ;
Ton expansion est infinie ; il n'y a pas un second Être
Dont les titres glorieux, purs et sans tache, soient innombrables,
Dont les louanges soient chantées par d'innombrables Brahma-Rishis ;
De qui, en un clin d'œil, les créations et absorptions soient innombrables ;
Innombrables les qualités qu'on ne peut énumérer.

D'innombrables sages confessent ta science ;
D'innombrables méditatifs méditent sur ta nature ;
D'innombrables ascètes accomplissent des austérités,
D'innombrables Munis demeurent assis en silence ;
Seigneur non manifesté, Maître non perceptible
Qui remplis tous les cœurs et les contrôles du dedans,
Partout où je regarde tu demeures ;
Gourou (ou le grand Un) Nânak illuminé possesseur de cette science),
        (Gourou V, BHARON).

Qui n'a ni disque, ni marque, ni classe, ni caste, ni sous-caste
De qui nul ne peut dire « Il a forme, couleur, contour ou vêtement ».
Forme immuable brillant à travers Anubhâva (perception directe de la conscience spirituelle la plus intérieure)
Que nous pouvons appeler l'Indra (Seigneur) d'innombrables Indras et le roi des rois.
Trois mondes, les seigneurs de la terre, des dieux, des hommes, des démons et de l'herbe des forêts répètent « Neti, neti » (pas cela, pas cela).
Qui peut énumérer tous les noms ? les sages confessent (seulement) les noms de tes fonctions.
        (Gourou X, JAPA).

De toutes les façons que je vous ai dites, il n'y en a pas d'autre (dieu) que lui, ô mes amis,
Il demeure dans tous les continents et toutes les îles (dvipas).
Il remplit tous les lokas.
    (Gourou V, DEVAGANDHARI).

Sa grandeur, le Veda ne la connaît pas ;
Brahmâ ne sait pas son mystère ;
Les Avatâras ne connaissent pas ses limites ;
Le Seigneur suprême, Parabrahma, est infini.
    (Gourou V, RAMKALI).

Tous sont créés sujets à l'erreur, le Créateur seul ne commet pas d'erreur.
    (Gourou I, SHRI RAG).

Puis pour le culte, tout Hindou sait les A'rati et la façon dont la lumière d'abord, puis une chose après l'autre est offerte, à l'image du Dieu adoré. Gourou Nânak s'élève contre l'usage des images dans le culte et, dans ses propres A'rati, il offre l'Univers tout entier en hommage à Brahma, le Dieu suprême.

    L'espace lui-même (est ton) plateau ; le soleil et la lune (tes) lampes :
L'armée des étoiles les perles, ô père.

La brise odorante des munis Malaya est (ton) encens ;
Le vent agite (som chawri (sur toi) ;
Toute la végétation de la forêt (littér. le royaume végétal) te fournit de fleurs, ô Lumière !
Quel sujet de réjouissance (A'vati ou hymne de louange), Ô destructeur de la crainte (ou samsarâ) ; l'Anatat Shabdha (sans son, ou son qui n'a pas été frappé) résonne comme (les) timbales.
Tes yeux sont milliers, mais non ! non ! tu n'en as pas,
Tes formes sont milliers ; mais non ! non ! tu n'en as pas,
Tes pieds sacrés sont milliers ; mais non ! non ! tu n'en as pas,
Tu es sans narines (littér. dénué du sens de l'odorat) et cependant tu as mille narines ;
Cette œuvre merveilleuse qui est la tienne (nous) transporte.
En toutes choses, Ô gloire ! est la Lumière.
En chacun, la lumière de cette (Lumière) rayonne.
En présence du Gourou (ou grâce à l'enseignement du Gourou) rayonne cette lumière ;
C'est un (A'rati) réjouissant, qui lui est agréable.

Telle est la doctrine. Elle respire le plus pur esprit de dévotion, qui, au delà de toutes les formes, atteint l'Un sans forme ; de loin en loin, on rencontre un cœur qui éprouve une plus grande passion de dévotion envers l'idéal de l'Un et qui ne peut s'arrêter à aucune des formes sous lesquelles l'Un se manifeste. Le Gourou Nânak ne renie pas toutes ces formes sous lesquelles apparaît l'Être suprême, mais il partage la conception des Upanishads, selon lesquels il n'y a qu'un Brahmâ, suprême en toutes choses, de qui tous les Dieux ne sont que les manifestations partielles, de qui les formes les plus élevées ne sont que le reflet de la Beauté.

Si l'on nous demande ce qu'il enseigne touchant la création, nous trouvons la pure doctrine du Veda, à savoir que la création n'est que Mâyâ et que toutes choses se produisent par la puissance d'Ishvara et de Mâyâ.

Par la volonté (littér. par un ordre) les formes se produisent.

Gourou I, JAPA).2

Une mère (mâya) unie à Dieu donna naissance à trois enfants acceptables (disciples) ;
L'un d'eux engendre Samsâra, l'autre produit et le troisième, ordinairement, dissout.
Selon qu'il lui plaît (il) les dirige, suivant (sa) volonté.
Il observe, mais n'est pas vu ; grande est la merveille, Gloire, gloire à Lui !
Au primordial, sans souillure, sans commencement,
à l'indestructible (qui revêt), en tous les temps, le même vêtement.

(*Gourou, I*, JAPA).

Lorsque le Créateur exhale un souffle (ou expansion),
Alors la création revêt une infinité de corps ;
À chacune de tes inspirations
Tout ce qui est incarné rentre, au contraire, en Toi.
    (Gourou, X, Chaupat*).*

On compte par centaines de mille les A'kâshas et les Pâtâlas.
    (Gourou, I Japa*).*

Les limites de Sa création ne peuvent être connues
    (Gourou, I, Japa*).*

Ce monde est la demeure du Véridique, le Véridique y habite.
    (Gourou, II, Asavar*).*

Ce monde est le temple de Hari, mais il n'est que ténèbres effrayantes sans le Gourou.
Ceux qui sont guidés par l'esprit (litt. qui regardent l'esprit
Ces aveugles grossiers l'adorent en tant que distinct (littér. autre).
    (Gourou, III, Prabhati*).*

Voici la question d'un Siddha :
Comment le monde a-t-il été produit, ô homme (et) comment la douleur peut-elle être détruite ?
Réponse du Gourou Nânak :
Dans l'égoïsme le monde a sa naissance, en oubliant le nom (nous) souffrons.

(Gourou, I, Sadhgosht*).*

Sur la question du Jiva, il enseigne que le Jiva se confond en essence avec l'Être suprême, que par la réincarnation et le Karma le Jiva peut se libérer et comprendre qu'il n'y a pas de différence entre l'Être suprême et lui. Il parle de naissances à l'infini et il répète cette phrase, que nous avons rencontrée dans le Djaïnisme et dans l'Hindouisme « que la naissance humaine est difficile à conquérir et que par la naissance humaine se peut réaliser la libération. »

Ce Jiva n'est point sujet à la mort.

(Gourou, V, Gauri*).*

Dans le corps est l'esprit, dans l'esprit est le véridique ;
Ce véridique se fondant dans (s'unissant au) le véridique est absorbé.

(Gourou, I, Rag Dhanasari*).*

C'est la même chose qui est dans le corps et dans le Brahmânda ;
Qui cherche la trouve.
> (*Pippa Bhakta Dhanasari*).

On ne demande ni caste ni naissance ; informez-vous à la demeure du Vrai. D'après les actions d'un homme, se déterminent sa caste et sa naissance.
> (*Gourou, I*, Prahbati).

L'homme qui accomplit de bonnes actions
Est appelé Deva (dans ce) monde ;
Celui qui commet de mauvaises actions en ce monde,
Les hommes l'appellent un Asûra (démon).
> (*Gourou, X*, Vichitra Natak).

Sur le Karma, la doctrine est très claire :

Sème toi-même, mange toi-même.
> (*Gourou I*, Japaji).

Dans le champ du Karma, on récolte ce qu'on sème.

(Gourou V, Baramah Majh).

Ne blâmons personne.
Quoique nous fassions, dont nous jouissions (et souffrions).
Les actions (Karmas) sont nôtres, l'esclavage est nôtre aussi.
Toujours allant et venant se déploie l'activité (les affaires) de Mâyâ.

(Gourou, V).

Par beaucoup de naissances (nous) sommes devenus insectes et phalènes,
Par beaucoup de naissances (nous) sommes devenus éléphants, poissons et daims.
Par beaucoup de naissances (nous) sommes devenu oiseaux et serpents ;
Par beaucoup de naissances (nous) avons été mis sous le joug, comme des coursiers et des bœufs ;
Cherchons le Seigneur ! C'est la plus sûre (occasion) de chercher ; après de longues périodes, ce corps (humain) a été atteint.
Durant bien des vies (nous avons) erré sur les montagnes.
Durant bien des vies (nous avons) été détournés du sein qui nous a enfantés,
Durant bien des vies (nous avons) existé en tant

qu'herbage.
Il nous a fallu errer à travers quatre-vingt-quatre centaines de mille de seins,
L'association du bien nous a permis d'atteindre (cette) naissance.
Sers Le, dit dévotement Hari. Tel est l'enseignement du Gourou.
S'il rejette la vanité, la fausseté et l'orgueil
Et s'il meurt vivant, il sera accepté dans (cette) cour (litt. présence).
(Gourou, V, GURI RAG).

De même que le fer placé sur une enclume est battu jusqu'à ce qu'il prenne forme,
De même l'âme abusée (ou ignorante) est jetée dans divers seins et condamnée à errer, afin qu'elle puisse plier (ou être détournée vers le Sentier juste).
(Gourou, I, SUHI RAG KAFI 4).

Voici une belle description du Jivan Mukta :

> Celui qui sait, en son esprit, que la volonté du Seigneur a tout fait pour le mieux,
> Celui-là est véritablement appelé Jivan Mukta.
> Pour lui la joie est la même chose que la tristesse,
> Il est toujours bienheureux, pour lui il n'y a pas de séparation,

L'or, pour lui, est la même chose que l'argile,
Le nectar, pour lui, est la même chose que le poison amer.
L'honneur et le déshonneur sont pour lui la même chose,
Le pauvre et le roi sont égaux devant lui,
Quoi qu'il survienne (par la volonté du Seigneur), il regarde cela comme convenable et bien.
Ô Nânak, un tel homme est appelé un Jivan Mukta.
(Gourou, V, Sukhmani).

Et voici un joli poème sur le Brahmajâni :

I. Brahmajñâni demeure toujours intact, ainsi que le lotus qui n'est point mouillé par l'eau,
Brahmajñâni demeure toujours exempt de faute (ou de mal), ainsi que le soleil qui sèche toutes choses.
Brahmajñâni envisage tous les hommes également, ainsi que le vent qui effleure également le roi et le pauvre,
Brahmajñâni souffre et endure tout également, ainsi que la terre, qui est bêchée par les uns et couverte de santal par les autres.
Telle est la qualité inhérente au Brahmajnâni comme le pouvoir (de brûler) est inné au feu.
Brahmajñâni est plus pur que le pur, car l'impureté ne touche pas l'eau,
Dans l'esprit du Brahmajñâni la lumière luit, comme le ciel au-dessus de la terre.
Pour le Brahmajñâni, ami et ennemi sont égaux, le

Brahmajñâni n'a pas d'orgueil.
Brahmajñâni est plus haut que le plus haut, mais il se croit plus bas que n'importe qui.
Ceux qui deviennent Brahmajñâni, Ô Nânak, sont les hommes que le Seigneur lui-même a faits (tels).

II. Brahmajñâni est la poussière (des pieds) de chacun ; Brahmajñâni a recueilli (ou connu) l'essence d'At'mâ.
Bramajñâni est compatissant envers tous ; aucun mal ne vient du Brahmajñâni.
Brahmajñâni envisage tous les êtres également, sur tout ce qu'il regarde il verse le nectar.
Brahmajñâni est exempt d'esclavage, la yoga du Brahmajñâni est pure.
La nourriture du Brahmajñâni est la sagesse ; Ô Nânak, la méditation de Brahmajñâni est Brahma.
Brahmajñâni (fixe son) espoir sur l'Un, Bramajñâni ne périt jamais.
Brahmajñâni est pénétré d'humilité. Brahmajñani se réjouit en faisant du bien à autrui,
Brahmajñâni est exempt d'activité (celle des trois Gunas) Brahmajñani rend (son propre esprit) prisonnier.
Quoi qu'il arrive à un Brahmajñâni (il considère) que c'est bien, les qualités divines fructifient un Brahmajñâni.
Toute chose s'élève avec un Brahmajñâni, Ô Nânak, le monde entier répète (le nom de) Brahmajñâni.

III. Brahmajñâni n'a qu'une couleur (état d'esprit, c'est-à-dire amour). Le Seigneur habite avec le Brahmajñâni.
Brahmajñâni est soutenu par la Parole ; pour le Brahmajñâni la Parole est tout en tout.
Brahmajñâni est toujours en éveil dans le Réel, il rejette l'égoïsme.
Dans le cœur du Brahmajñâni règne la plus haute félicité ;
Dans la demeure du Bramajñâni règne toujours la paix.
Brahmajñâni vit dans le bonheur ; Ô Nânak, il n'y a pas de destruction pour le Brahmajñâni.
Brahmajñâni est celui qui connaît Brahma ; Brahmajñâni est toujours uni d'amour avec l'Un.
Brahmajñâni est exempt d'anxiété, sa croyance est pure.
 Celui-là est Brahmajñâni que le Seigneur lui-même fait (tel) ; la gloire du Brahmajñâni est grande.
Une personne très favorisée peut voir (rencontrer) un Brahmajñâni,
Nous devrions nous offrir nous-mêmes en sacrifice pour Brahmajñâni.
Maheshvara (Shiva, le grand Dieu) cherche un Brahmajñâni, ô Nânak !
Le Brahmajñâni est le Seigneur Suprême lui-même,
Le Brahmajñâni est un trésor sans prix.

Toute chose est dans le cœur du Brahmajñâni pour celui qui sait le secret du Brahmajñâni.
Proclamons toujours le Brahmajñâni ; nous ne pourrions pas prononcer la moitié d'une lettre du nom de Brahmajñâni.
Brahmajñâni est le Seigneur de toutes choses, qui peut avec des paroles mesurer le Brahmajñâni ?
Un Brahmajñâni seul connaît le but du Brahmajñâni.
Quand il s'agit du Brahmajñâni, il n'y a ni limite ni autre rive,
Ô Nânak, nous proclamons toujours le Brahmajñâni.
Brahmajñâni est l'auteur de toute la création. C'est le dispensateur du mukti[6], de la yoga et de la vie.
Brahmajñâni est l'esprit dans sa totalité (Purusha) et l'ordonnateur.
Brahmajñâni est le protecteur de celui qui est sans protection, il veille sur chacun.
Tout cela est la forme du Brahmajñâni, Brahmajñâni est le Sans Forme (le Moi suprême) lui-même.
La splendeur (ou grâce) du Brahmajñâni ne sied qu'au seul Brahmajñâni, Brahmajñâni est le Trésor de tout.

(Gourou V, Sukhmani).

Celui qui ne cause aucune crainte aux autres et ne craint personne
Dis, Nânak ! écoule, ô esprit, il faut l'appeler Jnâni Sage.

(Gourou, IV).

Voici maintenant quelques slokas sur la dévotion au Gouroudeva :

Ô Nânak ! reconnais celui-là pour le vrai Gourou, qui t'unit au tout, bien aimé.
(Gourou, I, SHRI RAG*)*.

Chaque jour, une centaine de fois (je) voudrais me sacrifier à mon Gourou ;
À lui qui m'a transformé en Dieu et il ne lui a pas failli longtemps pour faire cela.
(Gourou, I, VARA ASA*)*.

Si une centaine de lunes et un millier de soleils venaient à se lever,
Et que tout cela éclairât, sans Gourou régnerait (quand même) une obscurité terrible.
(Gourou, I, A'SAVARA*)*.

Béni soit mon véritable Gourou, qui connaît Hari
Qui nous a montré l'ami et l'ennemi égaux à nos yeux.
(Gourou, IV, VARA VADHANS*)*.

Gouroudeva est mère, Gouroudeva est père, Gouroudeva est le Seigneur Suprême,
Gouroudeva est l'ami, le destructeur de l'ignorance, Gouroudeva est le parent et le vrai frère ;
Gouroudeva est celui qui a donné et enseigné le nom d'Hari ;
Gouroudeva a réalisé la mantra ;
Gouroudeva est l'incarnation de la paix, de la vérité et de la lumière ; le contact de Gouroudeva dépasse celui de la pierre des philosophes.
Gouroudeva est le Tirtha (lieu du pèlerinage) le réservoir de nectar (immortalité), il n'y a rien
au-dessus de l'immersion dans la science du Gourou.
Gouroudeva le créateur, est le destructeur de tout mal.
Gouroudeva est le purificateur de tous les déchus.
Gouroudeva est primordial avant les âges, à tout âge, en répétant son Hari Mantra (nous) serons sauvés (littér. retirés de l'océan de Samsâra).
Ô Seigneur, favorise-nous de la compagnie de Gouroudeva, afin qu'attachés à lui, nous puissions pécheurs égarés, faire la traversée à la nage.
Gouroudeva, le vrai Gourou, est Parabrahma, Seigneur suprême ; Nânak s'incline devant Gouroudeva Hari.

(Gourou, V, BAVANAKHARI*)*.

> Ô mère, je me réjouis, car j'ai trouvé le vrai Gourou !
> *(Gourou, III,* Ramkali*).*

> Qu'il fixe la parole du Gourou dans son cœur,
> Et cesse de s'associer aux cinq personnes (le désir, la colère, etc.).
> Qu'il tienne ses dix organes sous le contrôle.
> Alors, dans son Moi, la lumière brillera.
> *(Gourou, V,* Gauri*).*

Pour terminer ces citations, peut-être déjà trop nombreuses, j'en ferai quelques-unes très diverses et pleines de beauté :

> Médite sur les grandes qualités de la vraie Parole, à l'heure d'ambroisie (le matin).
> *(Gourou, I,* Japa*).*

> Même si nous frottons et lavons notre corps avec de l'eau, même alors, Ô frère ! Il est impur ;
> Baignons-nous dans les eaux puissantes de la science, ô frère ! afin que l'esprit et le corps soient purifiés.
> *(Gourou, I,* Sorath*).*

Ô mon cœur t'aime Hari, comme le lotus aime l'eau ;
Il est battu par l'onde, mais (les pétales de) son amour se déploient.

(Gourou, I, Shri Rag).

J'ai oublié toutes les distinctions (ou j'ai oublié tout ce qui était autre).
Depuis que j'ai obtenu la compagnie du bien,
Il n'a plus existé d'ennemi, ni d'étranger, j'ai fait la paix avec tous.

(Gourou, V, Kanara).

Tous les êtres sont à lui, il appartient à tous les êtres.
Qui pouvons-nous insulter (à qui pouvons-nous dire qu'il est bas ?) S'il y avait un autre (nous pourrions agir ainsi).

(Gourou, III, A'sa).

Arrêtons-nous un moment sur cette pensée que, s'il n'y a qu'un Moi dans toutes choses, où y a-t-il place pour la haine ? S'il n'y a qu'un Hari en tout ce qui existe, où est la place du mépris ? S'il y avait plus d'un Être, si l'Un n'était pas sans second, alors l'homme pourrait être différent de l'homme et se quereller avec son frère ; mais si le même Dieu habite dans tous les cœurs, si le même Moi anime tous les vivants, où trouver place pour la haine et le mépris ? Il n'y a que l'Un en toutes choses.

Ô Nânak ! répétons Soham, Hamsa ; en répétant cela, les trois mondes sont absorbés en Lui.
(Gourou, I, Var Maru).
Ne les appelons pas des purs, ceux qui lavent leur corps et s'assoient,
Ô Nânak ! Ceux-là seuls sont purs, dans le cœur desquels Il habite.
(Gourou, I, Var'Asa).

Celui-là est Sannyâsi qui sert le vrai Gourou et écarte le moi de son âme ;
Qui ne désire ni abri, ni nourriture, prend ce qui (lui) vient sans y penser (ou qu'on lui ait demandé).
(Gourou, I, Maru Rag).

Bien peu atteignent à la faveur du Gourou et prennent place dans le quatrième empire.
(Gourou, III, Majh).

Parmi les choses auxquelles il faut renoncer, celles auxquelles il faut surtout renoncer sont le désir, la haine et l'avarice.
Écoute méditer sur le nom d'Hari, c'est faire la charité à tous.
(Gourou, V, Majh).

Sans pratiquer la vertu la dévotion n'est pas possible.
*(Gourou, I, J*APA*)*.

Dans ton propre palais, à ton propre foyer trouve la félicité innée (sans quoi) tu ne reviendras pas.
*(Gourou, V, G*AURI*)*.

Ô esprit ! pratique ces sannyas (renoncements) ; considère tous les séjours comme une forêt, demeure indifférent de cœur ; conserve les cheveux embroussaillés, signe de la possession de toi, accomplis l'ablution de la yoga, laisse pousser les ongles, selon le niyama (ce sont les cinq observances).

Fais de la Science (divine) ton Gourou et enseigne toi-même.

Enduisez-vous des cendres de la Parole ;

Que l'amour (le bien) de ton corps consiste à manger peu, dormir peu, à être compatissant et à pardonner.

Pratique la bonne disposition, le contentement, dépasse les trois Gunas,

Ne laisse pas le désir, la colère, l'orgueil, l'avarice, l'entêtement, les attachements illusoires (s'emparer de toi).

Alors tu contempleras la réalité (essence) du Mot et tu atteindras à l'Esprit Suprême.
*(Gourou, X, S*HAHDA *H*AZAM*)*.

Ne diffère pas de faire le bien ; diffère de faire le mal.
(Gourou, V).

Innombrables sont les promoteurs de scandale (qui) se chargent eux-mêmes (du péché de calomnie).
Si tu cherches ton propre bien, alors fais le bien et laisse-les te traiter injurieusement.
(Gourou, I, A'sa*).*
Pesé dans la balance, celui qui s'abaisse est précieux.
(Gourou, I, Suhi*).*

Je ne suis pas bon ; nul autre n'est mauvais.
*(*Idem*).*

Si quelqu'un devient un esclave d'esclaves et dépouille le moi, alors il trouvera Hari.
(Gourou, III.

De même que le poisson ne peut vivre sans eau,
De même que le coucou ne saurait être satisfait sans gouttes de pluie.
De même que le daim (blessé, atteint ou amoureux), lorsqu'il entend le son (d'un gong) accourt vers le

bruit,

De même que la noire abeille, altérée du parfum d'une fleur lorsqu'elle la rencontre, en devient la prisonnière.
De même les saints aiment Dieu et sont satisfaits en le voyant.

(*Gourou, V,* Jaitsari).

Il n'en est aucun qui ne discute et ne fasse de l'opposition,
S'il s'en trouve, montrez-les moi et je les louerai.

(*Gourou, I,* Maru).

Les dévots et les hommes selon le monde s'accordent rarement.

(*Gourou, I,* Majh).

Par la faveur du Gourou, pratique la Râja Yoga
Ils sont peu nombreux, ceux qui détruisent la dualité (le sens de la séparation) et l'ayant détruit pratiquent la Râja Yoga.

(*Gourou, V,* Gauri).

Celui sur les yeux duquel le collyre de la Science divine a été appliqué, celui-là contemple tout comme splendide.

Dans l'obscurité de l'ignorance, il ne voit pas et il erre sans cesse (en renaissant toujours).
(Gourou, V, Sorath).

Je l'ai cherché dans les dix quartiers, je l'ai trouvé dans la maison,
Je l'ai rencontré, lorsque le vrai Gourou m'a mis face à face avec lui.
(Gourou, I, Omkar).

L'illusion a disparu de son cœur,
Hindous et Musulmans sont égaux devant lui.
(Gourou, X).

L'un est devenu un Sannyâsi confessé publiquement, un autre un Yogi, un Brahmachari, un Yati est entouré de considération ; de même un Hindou, un Turc (Musulman), un Rafazi, Imamshafi. Mais comprends que l'humanité est une. Le Créateur, le Compatissant est le même, le Nourricier, le Bienveillant est le même ; ne tombe pas dans l'erreur et l'illusion de la différence et de la dualité.

Un seul doit être servi ; le Gouroudeva de toutes choses est un, la nature est une et sache que ta lumière est une. Le temple et la mosquée sont une même chose, Pûjâ et Nimaz (la prière musulmane) sont une même chose, tous les hommes ne font qu'un, bien que divers en manifestation ; ainsi Dieu et les démons ne font qu'un, comme les Yakshas et les Gandharvas. Les Hindous et les Turcs proviennent de la nature différente du monde extérieur dans des pays différents. Les yeux, les oreilles, le corps, sont de même fabrication : une combinaison de terre, d'air, de feu et d'eau ; Allah, exempt de signe est le même ; les Purânas et le Coran sont une même chose, une est la nature et une la fabrication.

Ainsi que du feu s'élève une fusée d'étincelles qui après s'être séparées viennent à nouveau se perdre dans le (même) feu ; ainsi que d'un tas de poussière, de nombreuses particules remplissent les airs qui disparaissent ensuite dans la même poussière ; ainsi que dans l'eau se forment de nombreuses rides, qui cependant ne sont pas appelées d'un autre nom que celui de l'eau, ainsi du sein de la Forme universelle, les êtres conscients et les inconscients se manifestent, mais ils se perdront dans ce dont ils proviennent.

(*Gourou X*, Kavitu).

Certes, il n'y a rien dans tout cela à quoi le cœur de chacun de nous ne puisse répondre, dont chacun de nous ne puisse se faire l'écho tout en souhaitant d'avoir la même passion et la même dévotion et en désirant seulement que notre dévotion puisse être aussi claire que celle-ci.

Telle est la doctrine et tel est le cœur du Sikhisme. Tout là-dedans n'est-il pas fait pour servir à rattacher, à rapprocher les cœurs l'un vers l'autre, à unir les hommes par l'amour ? Si vous pensez au Gourou Nânak, imaginez un des grands prophètes de paix, qui, dans un suprême amour de Dieu, voulaient apporter aux hommes le fruit béni de l'amour, et vous verrez que nos frères Sikhs sont des collaborateurs dans la construction d'une nation unique faite de toute l'Inde, sans querelle avec personne, sans haine contre personne, sans lutte qui les sépare d'aucune autre religion. S'ils sont fidèles à l'enseignement de leur Gourou, ils seront amis et unificateurs partout où ils iront, édificateurs et constructeurs de la vie nationale. Nous ne nous tromperions pas beaucoup en disant que dans cette religion de pure Bhakti, d'amour envers Dieu et les hommes, nous avons un des précurseurs de cette Sagesse Divine des anciens que la grande Loge a, tout récemment, donnée aux hommes ; car, ici aussi, nous trouvons un unificateur, un ami et un frère, ici aussi, il y a un être aimant et qui réconcilie les rivaux.

Lorsque nous prononçons le nom de Gourou Nânak, nous parlons de paix et puisse Celui qui veille sur sa communauté de fidèles, faire de la paix un des éléments de la régénération de notre Inde !

1. ↑ Bracelet plat.
2. ↑ *Life of Gourou Nânak,* par JOGENDRA SINGH, dans la *C. H. C. Magazine.*
3. ↑ *Life of Gourou Nânak.*
4. ↑ *Life of Gourou Nânak.*
5. ↑ J'en dois la plus grande partie aux Sirdars Umrao Singh et Harbans Singh, qui ont choisi les passages significatifs et les ont traduits. La vérification des références peut être facilitée par la description ci-dessous du contenu de l'*A'di Grantha Saheb*, extraite de l'*History of the Sikhs,*

par J. D. Cunningham (2ᵉ édition. p.365-371).

L'*A'di Grantha Saheb* est divisée en plusieurs parties ainsi qu'il suit :

Jâpji, ou Gourou Mantra,	par Gourou Nânak.	
Sodur Reih Râs	—	avec additions.
Kirit Sohila	—	—

31 §§ en forme de versets ;

Shri Râga.	Todi.	Tokkâri.
Majh.	Bairâri.	Kedâra.
Gauri.	Teitang.	Bhairo.
Assa.	Sodhi.	Basant.
Gujri.	Bilâwal.	Sarang.
Deva Gandhâri.	Gand.	Mulâr.
Bihâgrâ.	Râm Kalî.	Kanrâ.
Wad Hans.	Nal Narâyan.	Katyân.
Sorath.	Mati Gaura.	Parbhâti.
Dhanâsri.	Marû.	Jai Jaiwanli.
Jeit Siri.		Bhog.
		Bhogka Barû.

6. ↑ La délivrance, l'arrêt de la chaîne de transmigration.

THÉOSOPHIE

Nous avons étudié jusqu'à présent les sept religions qui vivent côte à côte sur le sol de l'Inde et qui comptent, pour la plupart, des adhérents dans les diverses parties du monde. Dans cette dernière conférence, nous ne nous entretiendrons pas des religions, mais de la religion ; nous ne traiterons pas de l'aspect exotérique qui divise, mais de l'esprit qui unit ; et nous allons voir ce qui, à toutes les époques de l'Univers, a été tour à tour la racine de chaque croyance, ce qui a été *la Religion* où plonge toute religion distincte ; pourquoi à l'heure actuelle cette Religion a passé au premier plan, tandis que jusqu'ici elle était à l'arrière-plan, servant de fondement à tout, supportant tout, mais ne s'affirmant pas elle-même. Quel est le sens de cette venue tardive et sa portée dans l'histoire du monde ?

Ceux qui ont étudié soigneusement les religions, les érudits en matière religieuse, pouvons-nous dire, ont accordé en fait qu'elles avaient une base commune. Retournons en arrière, bien loin en arrière dans l'obscure histoire du passé, alors que la configuration du globe était différente de celle que nous connaissons aujourd'hui, alors que le vaste continent de l'Atlantide occupait l'emplacement sur lequel ondulent aujourd'hui les vagues de l'Océan Atlantique ; retournons même plus loin encore, jusqu'à l'époque où fut formé le continent Lémurien, dont il n'y a plus aujourd'hui que des fragments, l'Australie, la Nouvelle-Zélande et Madagascar — fragments d'un continent depuis longtemps disparu, longtemps ignoré. Ces deux continents ont été, en ces dernières années, reconnus par la science ; Haeckel, le savant allemand, déclare que la Lémurie a été le berceau de la race humaine, ce qu'enseignait, avant lui déjà, Mme Blavatsky. L'Atlantide est reconnu maintenant, par l'évidence de la communauté de faune et de flore, par l'évidence de l'identité des races trouvées en Amérique et en Égypte : identité de religion et d'hiéroglyphes, si bien que celui qui peut traduire les hiéroglyphes d'Égypte peut traduire ceux des Mayas de Mexico.

Observez comment au cours de ces cent vingt dernières années, depuis la fin du dix-huitième siècle, depuis que Dulaure et Dupuis écrivaient sur l'origine des religions, — observez comment, pendant tout le dix-neuvième siècle, grâce à une série d'érudits occidentaux, s'est graduellement développé ce qu'on appelle la science de la Mythologie comparée.

Si nous jetons nos regards vers le passé, le lointain passé auquel j'ai fait allusion, et si nous les jetons sur le présent, sur les plus récentes conclusions des chercheurs européens, une grande vérité nous apparaît. Tandis que l'antiquaire et l'archéologue faisaient leurs fouilles au-dessous de la croûte terrestre et déterraient ville après ville, ces fragments longtemps enfouis livraient un témoignage évident des religions du passé, de leurs doctrines, de leurs fondateurs et de leur symbolisme, en même temps qu'ils prouvaient l'unité de toutes ces religions. Les Européens, avec cette soif de science qui les distingue et cet amour des faits qui les caractérise, se sont mis à creuser le monde ancien. Qu'ont-ils découvert ? Ils ont déterré, dans un cas, treize villes construites l'une par-dessus l'autre, élevées chacune sur le sol qui couvrait les ruines d'une ancienne ville. Une cité était construite sur ce qui paraissait un terrain solide, on y faisait des fouilles, on découvrait une assise de terrain sous cette cité en ruines et, hélas ! sous ce terrain une autre cité. Puis une autre assise et, de nouveau le sol ; puis encore des fouilles jusqu'à ce qu'on découvre la troisième ville et ainsi de suite, de plus en plus profondément jusqu'à ce que treize villes étant sorties de terre, ou n'ait plus trouvé que le sol vierge. Une autre fois, dans la huitième ville mise au jour par le même procédé, une vaste bibliothèque fut découverte, contenant plus de cent mille volumes, volumes en argile, écrits tandis que l'argile était molle et cuits ensuite longtemps au four, ce qui leur a permis de se conserver. De vastes temples d'une architecture splendide furent trouvés là aussi, ainsi que les annales de rois qu'on tenait, il y a trente ans, pour des mythes mais qu'on reconnaît maintenant avoir été des monarques historiques, remontant jusqu'à sept mille ans avant l'ère chrétienne. En Égypte, des tombes sont ouvertes qui étaient restées fermées au moins dix mille ans et les cadavres momifiés livrent des fragments de papyrus sur lesquels sont inscrites les croyances des anciens Égyptiens et la science nécessaire à l'âme au delà de la mort pour la guider à travers les complications du monde invisible. Des trésors sont encore découverts dans la Chine ancienne, qui permettent de remonter jusqu'au fameux temple d'Or de l'Atlantide et font allusion au Seigneur de la Porte d'Or qui était le puissant Empereur de cet empire, depuis si longtemps disparu. La terre des morts livre ses secrets et tout porte témoignage d'une vérité essentielle ; — l'unité des religions.

Et non seulement cela. Mais lorsque les explorateurs pénètrent parmi les tribus sauvages, parmi les peuplades barbares, ils ne voient tout d'abord que le culte extérieur des idoles, fétiches, totems et ils pensent que c'est là la religion de ces peuplades. Mais, peu à peu, s'ils entrent en contact plus direct avec les individus eux-mêmes, s'ils gagnent leur confiance, les gens commencent à leur apprendre quelque chose de plus que ce qu'avaient révélé les symboles extérieurs. Ces gens parlent d'un Père puissant, d'une Présence universelle, de l'Un trop grand pour qu'on le puisse nommer, trop aimant pour avoir besoin des sacrifices ou des offrandes de ses enfants, pensée vague, chez eux, lointaine, mais c'est toujours la même tradition qui a été posée par le Fondateur de leur race et qui s'est transmise de génération en génération parmi les sages, comme le noyau d'une foi qui s'est tant dégradée de nos jours.

Quel est le résultat de toutes ces recherches ? Je ne peux que l'indiquer par deux ou trois points tels que ceux déjà mentionnés. Il n'y a pas de doute quant au résultat. Ce résultat est la fondation d'une grande école de mythologie comparée. Je lui donne son propre nom. Cette école a déclaré en Occident — et elle a prouvé jusqu'à l'évidence, — que toutes les religions ont une seule et même racine, que toutes ont les mêmes doctrines, que toutes ont la tradition d'un fondateur Homme-Dieu, que toutes enseignent la même morale, que toutes se servent du même symbolisme. Là-dessus, il n'y a pas de doute ; car les choses sont sorties de terre avec leurs symboles : la croix trouvée dans des tombeaux étrusques remontant à une époque immémoriale, en est un exemple. Cette croix avait été gravée par la cuisson dans l'urne d'argile située aux pieds du cadavre ; au moment où le tombeau fut ouvert, il était si ancien qu'on n'entrevit le cadavre que dans un éclair, pour ainsi dire, après quoi ce ne fut que poussière. Mais l'argile subsiste. Dans le temple de Maya qu'on fait surgir de terre, dans les tombes égyptiennes dont on viole le secret, ce sont les mêmes symboles : la croix, le triangle, le point, le cercle, familiers à tout érudit. La mythologie comparée tire ses conclusions. Elles furent d'abord dirigées contre une religion, le Christianisme, car c'est dans le Christianisme, et par lui, que les découvertes se firent. Quelle était la conclusion ? Toutes les religions ont une même base ; elles ont toutes un même fondement ; toutes sont des formes de la même idée et ce fondement, c'est l'ignorance humaine. Le sauvage barbare personnifiait les forces de la nature ; il voyait le soleil dans sa majesté, il entendait le vent dans sa fureur, le tremblement de terre ébranlait la montagne, le torrent inondait la vallée et il pensait : « Ce sont les Dieux qui sont courroucés, il faut que je les apaise et me les rende favorables. » Et c'est de cette personnification faite par le sauvage, déclare la mythologie comparée, que sont sorties toutes les religions du monde, si raffinées qu'elles puissent être aujourd'hui, si philosophiques qu'elles aient pu devenir par la suite ; en dépit des grossièretés anciennes et des perfections nouvelles, c'est là la base de toutes les religions : l'ignorance humaine, l'ignorance du sauvage personnifiant la nature et la regardant comme si elle était Dieu. C'est de là que toutes les religions sont sorties, se sont développées ; l'indice de leur naissance prouve qu'elles sont toutes identiques et que peut être cette identité, sinon celle de l'ignorance du sauvage, dont nous sommes issus ? Telle était l'attaque dirigée contre les religions, — attaque terrible parce qu'elle s'appuyait sur les faits, sur ce qu'on peut voir et toucher et que ce sont là les critériums les plus décisifs pour la majorité.

Alors qu'est-il arrivé ? Ah ! avant que les plus grandes découvertes ne fussent faites, avant ces fouilles récentes qui ont établi les faits, une autre voix murmurait déjà, un message d'une autre sorte était déjà venu, qui déclarait tranquillement : » Oui, les faits sont exacts ; seuls les ignorants les peuvent nier. La terre renferme, enterrés dans son sein, des milliers d'autres faits encore plus remarquables, des milliers d'autres preuves encore plus convaincantes, des milliers de choses non encore découvertes et qui viendront appuyer cette conclusion que les religions n'ont qu'une seule et même base et sont fondées sur une même catégorie de faits. Mais si la mythologie comparée est dans le vrai quant aux faits qu'elle invoque, elle se trompe dans ses déductions. Les déductions ne sont pas un fait, mais simplement l'idée que se font les mythologues du sens des faits. Séparez les faits de la déduction, l'erreur de la vérité et considérez, dans tous ces indices enfouis sous terre, dans toutes les découvertes d'un passé ressuscité, considérez et proclamez cette vérité que toutes les religions ayant une même base, cette base est la Sagesse Divine et non l'ignorance humaine, — que cette base est dans la science enseignée par les sages, qui ne forment qu'un corps, celui des Gardiens spirituels de l'humanité. Les faits sont là : la déduction est fausse. »

Ce message est-il véridique ? Comment en pouvons-nous juger ? Où est l'évidence ? Il est un point qui n'avait pas frappé le monde religieux jusqu'à ce qu'on déclarât qu'il n'était pas indispensable de considérer l'ignorance humaine comme la racine de tout. L'évidence est claire et simple ; tous ceux qui désirent étudier la peuvent lire. Le sauvage a-t-il tiré de sa brutalité, de son culte des idoles, de son fétichisme et de son totémisme, a-t-il tiré l'idée de cette merveilleuse Présence universelle à laquelle il croit obscurément aujourd'hui et qu'il déclare être une tradition du passé ? Comment de son cerveau étroit, comment de son esprit ignorant, comment de son cœur cruel et sanguinaire — est-elle sortie cette idée merveilleuse d'un Père universel, d'une Présence universelle qui embrasse tout dans son amour ? Que nous dit, — non le sauvage, — mais la littérature du passé, les littératures de la Chine, de la Perse, de l'Inde, de l'Égypte, que nous disent-elles ? Elles nous parlent de pensées profondes, avec lesquelles nulle pensée moderne ne peut rivaliser en sublimité. Prenez le *Classique de la Pureté* chinois et dites-moi si la Chine moderne peut produire un joyau spirituel et philosophique digne d'être placé à côté de cet héritage qui, dit-on, provient de la très vieille Atlantide ? Prenez les profondes doctrines de l'Inde, les glorieuses Upanishads, et dites-moi quel écrivain moderne, si grand fût-il, pourrait écrire — avec cette sublimité, avec cette profondeur de pensée philosophique, avec cette magnificence de forme poétique — sur le Moi suprême et universel ? Prenez les Gâthas du Zoroastrisme, si incomplètes et fragmentaires qu'elles soient ; pouvez-vous les lire sans sentir le souffle d'une science qu'aucun moderne ne peut égaler ? Prenez le *Livre des Morts* égyptien, qui tire son nom des dépouilles des morts où il a été puisé, — lisez ces sublimes déclarations, cette profonde philosophie, ces mystiques avertissements et dites-moi si, dans les écrits modernes, vous trouvez beaucoup de pensées comme celles-là ? La religion a-t-elle grandi, a-t-elle progressé, s'est-elle affinée en parlant des grossières imaginations du sauvage ? Est-ce là l'évidence ? ou l'évidence n'est-elle pas plutôt, que l'Homme-Divin qui donna la doctrine, la donna à son maximum d'élévation au début et que ceux qui la suivirent la rabaissèrent au lieu de l'élever, et par leur ignorance ultérieure la rendirent confuse au lieu de l'éclairer ?

J'en appelle à la littérature d'un monde dont la date ne fait pas de doute parmi les érudits ; j'en appelle aux Upanishads, même en les plaçant à l'époque misérablement récente que les orientalistes occidentaux leur assignent ; j'appelle aux Gâthâs du Zoroastrisme ; j'en appelle aux fragments déterrés du passé ; et je défie le monde moderne : quelle sagesse peut-il mettre à côté de celle-là ? Ah ! vous avez beaucoup de faits, vous pouvez nous dire beaucoup de choses au sujet du monde extérieur, vous pouvez nous expliquer une bonne partie des phénomènes au milieu desquels nous vivons ; mais où est votre science du divin, où est votre science des hauteurs de la moralité et des profondeurs de la pensée philosophique ? Vos livres sont un jeu d'enfants auprès de la pensée des Anciens, un habillage d'enfants auprès des paroles des Sauveurs de la race humaine.

En morale, vos chefs-d'œuvre les plus élevés, — si toutefois il y en a, les *Dala of Ethics* de Herbert Spencer, par exemple, pour prendre l'un de nos plus grands écrivains modernes — peuvent-ils être comparés l'enseignement moral du Bouddha, et le monde peut-il trouver en eux l'inspiration nécessaire pour vivre noblement, influence que les paroles du Bouddha ont exercée pendant plus de deux mille années ?

L'évidence est écrasante. Toute religion doit remonter à son Fondateur, pour y trouver ses doctrines les plus élevées.

L'archevêque d'aujourd'hui peut-il rivaliser avec l'enseignement du Christ ? Le Moulvi musulman actuel peut-il rivaliser avec l'enseignement du Grand Prophète arabe ? Le Mobed Zoroastrien peut-il trouver des paroles dont la moralité égale celle qui pénètre l'ancienne littérature de religion ? Où est le brahmane moderne capable de parler comme parlèrent Shrî Krishna et Râmachandra, ou de nous donner la noble morale que nous trouvons dans l'ancienne littérature ? J'en appelle à l'histoire contre l'imagination ; j'en appelle aux faits contre les fantaisies occidentales ; et, défiant quiconque a étudié de me contredire, je déclare évidente la preuve que la Sagesse divine est à la base de toutes les religions et qu'il a fallu l'imagination maladive des mythologues pour voir dans l'Ignorance la racine de tout ce qui a fait l'homme héroïque, de tout ce qui l'a anobli dans la vie et consolé dans la mort, de ce qui a conduit le martyr au bûcher, le héros à une mort joyeuse, de ce qui a fait le bonheur et la gloire du Saint et la sagesse du Sage. Que les mythologues se taisent devant une antiquité avec laquelle ils ne peuvent pas rivaliser, devant l'enseignement des Gardiens divins de l'humanité qu'aucun pygmée moderne ne saurait toucher du bout des doigts.

La racine de toute religion est la *Sagesse Divine*.

Mes frères j'ai parfois souhaité que le mot « Théosophie » ne fut plus employé, par ce qu'il suggère aux Ignorants l'idée d'une chose nouvelle. Sans doute, tout érudit sait que ce terme n'est pas nouveau, mais qu'il était déjà d'usage chez les Grecs et les Néoplatoniciens. Dans la langue classique de l'Europe occidentale, « Théos » signifie Dieu et « Sophia » Sagesse. La Sagesse Divine est la traduction du mot Théosophie. Exprimez-le en sanscrit, vous avez le *Brahmâ Vidyâ*. On s'imagine qu'il eût été mieux, en un sens, que parmi les populations parlant anglais le seul nom de Sagesse Divine[1] fût employé ; car alors, qui songerait à se l'arroger comme son propre bien, qui oserait en exclure son frère ? Qui oserait déclarer : « C'est la mienne et non la tienne », ou faire une chose diversifiée de la vérité une et universelle ? Dès l'instant où vous rencontrez un nom, il semble que ce soit une étiquette ; cet homme est un théosophe et celui-là n'en est pas un. C'est par là que notre ignorance corrompt le message des grandes individualités, que notre arrogance et notre prétention rapetissent la grandeur de leur Vérité. Que peut être la Sagesse Divine, sinon cette vérité qui comprend tout, à savoir que, comme Dieu est un et indivisible, de même sa sagesse embrasse tout ? C'est à ce corps tout entier de Sagesse Divine, dont nous ne connaissons qu'une lettre ou deux, à peine une syllabe, certainement pas un mot entier, qu'appartient réellement le nom de théosophie. Nous appelons nos fragments du même nom.

Les Maîtres divins de l'humanité, ce groupe merveilleux d'hommes qui se sont élevés à la perfection et qui ont aimé leurs semblables jusqu'à ne pas vouloir les abandonner, mais sont restés parmi eux pour les guider et les aider, pour hâter l'évolution de l'humanité, ces Maîtres ont entre les mains la Sagesse Divine et le précieux héritage de la race.

Ils délèguent l'un d'entre eux, un Manou ; celui-ci forme une race, lui donne un gouvernement, une religion exotérique et le sens interne, mystique, du fragment de vérité qu'Il apporte. Ils délèguent un Zarathustra qui se dirige vers l'Occident et donne à une tribu différente de la race, un autre fragment de la même doctrine, adapté à l'évolution spéciale de cette tribu. Ils délèguent un Orphée et celui-ci vient en Grèce : il y donne la religion de la beauté qui convenait à l'évolution de cette branche de la race celtique. Ils délèguent un Bouddha et celui-ci va prêcher l'infinie compassion et préparer une splendide doctrine morale à l'usage des races qui ne sont pas métaphysiciennes. Ils délèguent un Christ et celui-ci veille sur le berceau de la civilisation qui va naître en Occident, pour la bénir, la guider, l'éduquer — pour lui donner le type spécial de religion le mieux approprié à sa pensée énergique, active et concrète. Ils délèguent un Mahomet qui vient en Arabie : là, il civilise, enseigne, construit, il restitue à l'Europe qui l'avait perdue, la science qui a rendu possible la Renaissance. Et bien d'autres sont délégués : tel ce Nânak, dont nous nous occupions hier, tel ce Mahâvira et ses prédécesseurs, dont nous avons parlé les jours précédents. Chacun de ces prophètes vient de la même Loge, de la même puissante Confrérie et apporte le même message, modifié seulement par les circonstances, les mêmes vérités extérieures, identiques dans toute religion : l'Un, existence suprême, l'Un sans second ; d'innombrables légions d'Êtres rayonnant d'éclat, Devas ou Anges, qui transmettent sa volonté et exécutent sa Loi ; l'Esprit humain, semblable à l'Un, participant de sa Nature, déployant ses facultés divines par la réincarnation et le karma, jusqu'à ce qu'il devienne un Dieu manifesté, après l'avoir toujours été par la propre nature qui lui est inhérente. Ce sont là quelques-unes des vérités qu'on trouve dans toutes les religions et si vous examinez la doctrine des Fondateurs, aucune de ces vérités n'en sera absente ; cependant, parfois, à l'époque moderne, il se trouve que l'une ou l'autre a échappé par ignorance, de sorte qu'une lacune subsiste dans le bel édifice de telle religion particulière.

À la fin, le moment arriva où la grande Confrérie prévit que les temps étaient venus et que les religions du monde avaient à regagner ce qu'elles avaient perdu au cours des temps, devaient réapprendre leur unité, parmi la diversité des formes extérieures ; c'est alors que fut envoyé au monde un dernier message, celui de la Sagesse Divine, sous son propre nom.

Et maintenant quelle signification cela offre-t-il au monde ? Cela signifie, l'histoire tout entière nous l'atteste, un grand pas en avant dans la civilisation et un changement dans le type de cette civilisation. L'histoire tout entière nous l'atteste, ainsi que je viens de le dire. Jetez vos regards en arrière, où il vous plaira, dans l'histoire du passé — et les sages lisent l'histoire afin de pouvoir comprendre le présent et prévoir l'avenir — jetez vos regards sur l'histoire du passé et dites-moi où vous trouvez une civilisation établie qui n'ait pas été précédée d'un mouvement spirituel ? Tout d'abord, c'est la race aryenne qui, avec son Manou, possédait ses origines et son organisation avant que se formât le puissant peuple de l'ancienne A'ryavârta. Parmi les Iraniens, la religion du prophète Zarathushtra développa une civilisation qui fut florissante grâce à cette influence protectrice. La Grèce et Rome se développèrent sous l'action de religions, fondées elles-mêmes sur la tradition orphique dérivée de l'Inde, de l'Égypte, fortifiée et devenue plus scientifique grâce au merveilleux Pythagore, devenue belle grâce à tout l'art de la Grèce. Plus tard encore, au commencement de la décadence romaine, lorsque les immenses hordes de Barbares vont se précipiter sur le cadavre des Empires romain et byzantin, voyez naître le Christ avant ce cataclysme, voyez comment une nouvelle forme de religion s'apprête à relever les éléments encore chauds de la Rome mourante et à veiller sur les angoisses de l'enfantement du Christianisme qui va naître. Voyez encore, au moment où va apparaître la civilisation arabe, que Maures et Sarrazins vont illuminer le monde occidental, voyez comment, avant qu'ils ne puissent agir, il est nécessaire que Mahomet vienne les guider et les diriger, façonner leurs pensées, donner un moule à leur enseignement.

Êtes-vous assez aveugles pour ne pas pouvoir lire, ou réfléchissez-vous si peu que, lorsque l'heure d'une naissance nouvelle sonne pour l'humanité, vous ne puissiez pas voir les signes de la naissance prochaine, ni en comprendre la nature ?

En quoi ce message moderne de la Sagesse Divine diffère-t-il des messages du passé ? Chacun de ceux-ci avait fondé une religion nouvelle, chacun d'eux avait façonné une foi, une civilisation spéciale. Tous les hommes qui entraient dans le sein de cette religion étaient des croyants, tous ceux qui restaient en dehors étaient des incroyants. Le nouveau message n'ouvre pas d'enceinte nouvelle, ne fonde pas de religion nouvelle, n'établit pas de séparation entre les hommes ; il déclare que toute religion est donnée par Dieu et renferme tout ce qui est nécessaire à ceux qui la suivent. Il commande à l'Hindou de rester Hindou, mais de laisser là son formalisme, son orgueil et l'opinion qu'il a d'appartenir à une religion au-dessus des autres religions du monde et de posséder une science spéciale refusée aux autres. Le même message commande au Parsî de se souvenir que sa religion lui a été donnée par un prophète divin, mais qu'en suivant ce prophète, doit honorer ceux des autres. La Sagesse Divine dit au Chrétien : Ne pensez pas que votre foi soit l'unique, elle est tout ce dont vous avez besoin ; creusez-en la surface, comprenez-en la philosophie, rappelez-vous son mysticisme et ne soyez pas uniquement attaché au formalisme extérieur, qui a été imposé par l'ignorance, non par la science. Le message de la Sagesse Divine dit au Musulman : Comment se fait-il que vous appeliez incroyants les hommes attachés à d'autres fois, lorsque votre Prophète a déclaré : « Dites, nous ne faisons pas de distinction entre les Prophètes, mais chacun doit suivre son propre guide. » Alors, si ce message retentit à travers le monde, les hommes attachés à d'autres croyances se souviendront qu'après tout il n'est pas nouveau. L'Hindou répondra : Mais, cela m'a été enseigné dans la *Bhagavad Gîta*, car Shrî Krishna n'a-t-il pas dit : « Quel que soit le chemin par lequel un homme vient à moi, sur ce chemin j'irai à lui, car tous les chemins m'appartiennent, ô fils de Kuntî ? — Et le Chrétien répondra : Mais, le Christ n'a-t-il pas dit : « J'ai d'autres brebis qui ne font pas partie de ce troupeau ; celles-là aussi, il faut que je les ramène et qu'elles entendent ma voix et il n'y aura qu'un seul troupeau et qu'un seul berger. » Le Sufi dira : « Mais, j'ai appris qu'il y a autant de chemins conduisant à Dieu qu'il est exhalé de souffles parmi les fils des hommes. » D'où donc vient cette étroitesse, cette ignorance ? C'est notre orgueil, notre désir d'avoir une vérité d'où les autres hommes soient exclus, afin de nous sentir uniques, favorisés de Dieu, — au lieu que la gloire de l'Esprit consiste en ceci qu'il accueille tout et n'exclut rien, et qu'aucun de ceux en qui réside l'Esprit divin — et il réside en tous — ne peut être exclu de l'amour universel de Dieu. Mais les hommes objectent : l'enseignement des religions diffère. L'une dit : suivez ce chemin ; l'autre dit : suivez celui-là ; l'une dit : Marchez dans cette voie ; l'autre dit : Marchez dans la voie que je vous indique. — Ne faisons-nous pas de même ? Vous désirez aller à Adyar. Vous venez de Ceylan, de Trichinopolis, de Madoura. Vous vous avancez vers le Nord et si quelqu'un vous demande : « Quel chemin faut-il prendre pour aller à Adyar ? » vous répondrez : « allez au Nord. » Un homme vient de Bénarès ou d'Allahabâd et vous demande : « Quel chemin faut-il prendre pour aller à Adyar ? » vous répondrez : « allez au Sud. » Contradiction flagrante, il n'y a pas de doute. Si un homme venant de Bombay vous demande : « Quel chemin faut-il prendre pour aller à Adyar ? » vous répondrez : « allez à l'Est » — et s'il vient de la Birmanie : « allez à l'Ouest. » La contradiction est manifeste. Ah ! c'est que Dieu est au centre et que nous sommes tous sur la circonférence ; nous venons des points les plus divers, mais le cercle n'a qu'un centre — et c'est Dieu lui-même. Il nous a placés en divers endroits, sur toute la circonférence de son Monde. Il est Un ; nous sommes partis de Lui pour aller à la circonférence et nous retournerons à Lui, qui est le centre. Nos visages peuvent être tournés dans des directions différentes, mais cela tient à ce que nous sommes partis de points différents. Il est le seul et unique centre, c'est Lui et Lui seul que nous cherchons tous, bien que nous suivions des voies différentes.

Mais j'ai dit qu'il y avait là une signification à ce nouveau message. Ce message nous avertit de la naissance d'une nouvelle civilisation. Une forte impulsion religieuse a surgi de nouveau dans le monde et elle dénote un autre grand pas en avant dans la civilisation de la race. Elle présage la naissance d'une nouvelle ère ; elle annonce la venue d'une organisation sociale plus élevée ; elle indique l'aurore d'un monde plus beau ; elle marque un pas en avant dans l'ascension de l'humanité vers Dieu ; et comme toute civilisation porte la marque du mouvement spirituel qui l'a précédée et annoncée, qui l'enveloppe et la dirige, nous savons par suite, que la civilisation à venir ne sera pas en rivalité avec l'actuelle, mais en coopération et en relation d'amour fraternel avec elle, nous savons qu'elle ne sera pas basée sur l'antagonisme des races, mais sur leur union, sur l'amour des unes pour les autres. Elle ne connaîtra ni proscrit, ni étranger ; tous seront inclus dans l'amour universel et la civilisation qui en naîtra sera celle de la Fraternité, celle qui verra les hommes s'aimer les uns les autres et adorer, sous diverses formes, l'Un, l'Indivisible. Car, à dire vrai, la Sagesse Divine est pareille au soleil qui brille dans les Cieux : de même qu'il éclaire toutes les parties de la terre, qu'il rayonne jusque dans le petit enclos que possède tout homme, quelle que soit la hauteur des murs construits alentour (car le soleil est placé plus haut que tout), de même la Sagesse Divine rayonne dans toutes les religions ; et bien que l'homme puisse élever des barrières, le soleil de la Sagesse Divine est placé plus haut que toutes ces barrières et il rayonne sur le visage de tout homme, l'illumine, si bien qu'à la fin les hommes comprendront que le soleil est un.

Si vous voyez tant de religions, c'est qu'il est nécessaire que Manas, l'esprit, grandisse et se développe. Prenez un rayon de lumière solaire et faites-le passer à travers un prisme : de l'autre côté sept couleurs apparaîtront. Prenez une vérité spirituelle et faites-la passer à travers le prisme de l'intellect humain et la vérité, blanche en son unité, brillera de sept couleurs différentes. Cela est nécessaire parce qu'il faut que l'intelligence de l'homme soit développée ; son intellect doit grandir ; il grandit par l'effort et la lutte, il grandit en provoquant, et questionnant, il grandit dans le combat et la guerre. Mais au-dessus de l'intellect est Bouddhi, la Pure Raison, qui voit l'unité où Manas voit la division — et encore au-dessus est l'Esprit qui est le même chez tous et qui, réalisé, constitue le sentiment de l'unité humaine.

Au moment de la fondation de la Société théosophique, un centre — ou ce qu'on peut appeler un noyau — se constitua. Qu'est-ce qu'un noyau ? Un noyau est le point d'accroissement, ou plutôt le centre d'accroissement où, dans une cellule, toutes les forces vitales sont concentrées et d'où elles irradient. Prenez une cellule telle que la science l'envisage et les savants vous parleront de la croissance de la cellule : son organisation, sa multiplication dépendent d'un point imperceptible, visible a un fort grossissement du microscope. C'est de là que toute organisation, toute croissance, toute multiplication doit procéder. Voilà ce qu'est un noyau. Voilà ce qu'est la Société théosophique, — un noyau, rien de plus. Une petite chose, une très petite chose, mais dans laquelle sont les forces vitales qui se répandront dans toutes les directions, qui organiseront, amèneront la croissance, rendront possible la multiplication. Un noyau : voilà ce qu'est notre Société.

N'est-il pas prouvé, par les quelques années que nous avons derrière nous, que là où la Société s'est portée, un développement s'est produit dans la religion ? Elle est venue dans l'Inde : l'Hindouisme a commencé à y revivre.

Elle s'est étendue jusqu'à Ceylan : le Bouddhisme, lentement, y a repris de la vitalité. Elle s'est répandue parmi la Chrétienté : vous voyez le mysticisme rentrer dans le Christianisme et la réincarnation prêchée dans la chaire des Églises chrétiennes. Partout où elle va, elle prouve que sa nature est celle du noyau : presque imperceptible par le nombre de ses membres, elle est une force puissante, car un noyau est un instrument de vie. Un noyau est simplement un organe que la vie s'est créé pour elle-même. Il ne consiste qu'en quelques bribes de matière, arrangées d'une façon particulière par la vie. Celle-ci est tout et c'est elle que tous les grands Instructeurs répandent, par la Théosophie, dans toutes les religions du monde. Chaque grand Instructeur vient, à son tour, vivifier sa propre foi en se servant de l'instrument qu'il a créé ; et partout où la Théosophie se répand, une vie nouvelle arrive, non pas *par* notre Société, mais simplement *à travers* elle, comme au moyen d'un canal.

Et que fait-elle de plus ? Quelques-uns ont insinué : Pourquoi vous occuper seulement de questions spirituelles ? pourquoi la Société n'interviendrait-elle pas dans d'autres questions, dans la politique, les réformes sociales et le reste ? Ce n'est pas sa tâche. Avez-vous donc, décidément, si mal lu l'histoire ? Quel est le premier symptôme de la décadence d'un peuple ? La diminution de sa spiritualité. Ah ! mes frères hindous, ai-je besoin de vous dire cela, à vous qui savez qu'à mesure que la spiritualité s'effaçait de votre religion, l'Inde déclinait et décline toujours. Suivez l'ordre des choses. D'abord la spiritualité diminue, puis les facultés intellectuelles baissent et finalement, la prospérité matérielle décroît peu à peu. Voilà l'ordre des phénomènes par lesquels passe toute nation qui décline. C'est d'abord la religion qui l'indique ; puis l'intelligence et finalement, à titre de *résultat*, la prospérité extérieure vient le montrer. Comment, dès lors, reconstruire ? En commençant par la spiritualité, en ranimant la vie, en vivifiant la pensée spirituelle, en disant aux hommes que c'est seulement où est l'Esprit, qu'est la source de la vie — et que, où vit l'esprit, vivent tous les biens. Telle a été la première œuvre, la grande œuvre de notre Société. Le second stade est le stade intellectuel. Remarquez comment la Société a graduellement relevé le niveau intellectuel, comment elle a aidé les religions dans leur influence éducatrice (aussi bien que dans leur mission purement religieuse) — et voyez comment, ici où c'est si nécessaire, le second objet de sa tâche consiste à établir le genre d'éducation convenable, afin que l'intelligence puisse se développer, tout en restant dominée par l'Esprit et accompagnée de la qualité d'émotion et de la conduite pratique qu'il convient. Tel est le second point de l'œuvre théosophique : rendre à la nation l'intelligence. Le bienfait spirituel et intellectuel étant acquis, le bien-être matériel suivra de lui-même. Ce n'est qu'un effet, un résultat. Un peuple dont la spiritualité est profonde et la culture intellectuelle développée peut frayer son propre chemin, et édifier sa prospérité. De même que celle-ci disparaît et que l'intelligence dégénère à mesure que décline la spiritualité — de même, la prospérité reviendra inévitablement après que la vraie religion et une éducation convenable auront été rétablies. Tel est le chemin qu'à la suite de nos grands Instructeurs quelques-uns d'entre nous essaient de suivre, — se donnant, non comme Maîtres, mais comme simples messagers, ne prétendant à aucune autorité, mais répétant seulement ce que nous avons vu et entendu, ne demandant à aucun homme de nous croire avant d'être convaincu. Car la pire des hypocrisies, c'est de dire « je crois » avant que l'intelligence ne soit illuminée et de répéter des lèvres une croyance qui n'a ni sa place dans l'intelligence, ni sa réponse dans le cœur.

À aucun homme ne peut être imposée par la force une forme quelconque de croyance. Qui donc oserait contraindre le libre Esprit, se frayant un chemin, préparant son avenir suivant sa propre parole ? A'tmâ veut et tout suit cette volonté ; qui osera dicter à un autre le chemin sur lequel il devra marcher ?

Gardez votre propre croyance, mais honorez celle de vos frères ; l'unité religieuse ne saurait plus être réalisée sous la forme d'une religion unique, mais dans la conscience de l'unité de toutes les croyances, en tant qu'elles ont toutes la même origine et mènent toutes au même but. Oublions toutes les paroles de reproche dont, les uns et les autres, nous usons trop souvent en parlant des hommes attachés à d'autres religions que la nôtre ; ne laissons pas les paroles dures nous venir aux lèvres. Le terme de Mlechchha, celui d'infidèle, ceux d'incroyant, de païen : ces termes appartiennent au démon de la séparation et non à l'Esprit

Divin de l'unification. Que vos lèvres ne laissent point échapper de paroles dures. Votre frère diffère de vous, qu'importe ?

Êtes-vous si infaillible, possédez-vous à ce point la totalité de la vérité que vous croyiez devoir blâmer votre frère parce que sa conception de la vérité est un peu différente de la vôtre ? Vraiment, quelle pauvre chose serait la vérité si vous ou moi pouvions la saisir tout entière, si vous ou moi pouvions la voir tout entière, ou la révéler tout entière ! La Vérité est infinie, comme Dieu, et qui pourrait énoncer tous ses attributs ? Toute vérité est un rayon émané de Lui, comme toute beauté est un rayon de Sa beauté. Toute chose belle et aimable n'est qu'un fragment isolé sorti de Sa lumière. Pourquoi haïr ? Il y a plus pour nous unir que pour nous séparer. Les choses qui séparent sont extérieures — la peau, les cheveux, la couleur, la race, le fait de se prosterner vers l'Orient ou vers l'Occident. Les étiquettes et les noms particuliers que nous donnons aux vérités universelles : ces choses doivent-elles séparer les fils de Dieu, les héritiers de l'immortalité, les dieux en devenir, ceux qui ont un même espoir, une même vie et un même Moi ?

Le monde n'est-il pas plus beau en raison même de la variété des croyances ? Ne connaissons-nous pas un plus grand nombre de vérités, par cela même que tant de gens ont parlé différemment ? Si un homme a une vérité à faire et que les autres ne connaissent pas, qu'il la dise. Écoutons-le. Il se peut que Dieu lui ait montré quelque rayon de Sa lumière, pour lequel nos yeux sont aveugles. N'imposons pas silence à cet homme. En le faisant taire, nous pourrions faire taire la voix même de Dieu. Il n'existe pas d'hérétique. Il y a seulement des yeux qui voient la vérité d'une manière un peu différente, afin que nous puissions nous instruire et faire notre vérité plus riche, parce que notre frère nous aura dit quelque chose que nous ne savions pas auparavant. La religion, ai-je pensé quelquefois, est une puissante couronne qui doit couronner l'humanité dans l'avenir. Mais lorsqu'on fabrique une couronne, pour quelque couronnement impérial, le joaillier ne choisit-il que des pierres d'une seule couleur ? Choisit-il exclusivement l'émeraude ou le rubis, la topaze ou l'améthyste, la perle ou le diamant, et fait-il la couronne impériale d'une seule couleur et d'une seule sorte de pierres ? Non, non ; il prend toutes les couleurs et toutes les pierres qu'il peut trouver sur la surface du globe et il cherche des nuances nouvelles, des teintes et des couleurs nouvelles ; il se réjouit lorsqu'il trouve quelque variété nouvelle d'émeraude ou de rubis, et qu'il peut ainsi ajouter un éclat de plus au diadème impérial. Il en va de même des religions du monde. Chacune est une pierre précieuse qui a sa propre couleur ; chaque religion est un joyau qui a sa nuance propre et toutes sont employées, par le puissant Joaillier à former la couronne qu'Il placera sur le front de l'humanité. Il prend chaque pierre précieuse, avec sa propre couleur et n'essaie pas de la rendre semblable à sa voisine, mais plutôt différente et plus elle sera différente, mieux cela vaudra. Il les rattache l'une à l'autre par l'or de l'amour, il les enchâsse dans la monture de la science et tout en haut Il place le Kohinoor de la Sagesse Divine, le Diamant blanc qui renferme en lui toutes les couleurs et ne laisse jamais voir une nuance isolée. Telle est la couronne de l'avenir, tel est le diadème que Dieu prépare pour l'humanité. Quand il sera prêt, quand toutes les religions seront enchâssées dans l'amour et la science, alors Dieu placera ce diadème sur la tête du Fils de l'homme et l'humanité, élevée au trône sur terre déjà, connaîtra enfin son unité et saura qu'elle ne fait qu'un avec l'Un Divin. Qui donc alors, en ce jour glorieux, regrettera les difficultés du passé, lorsque la consommation sera atteinte dans sa splendeur !

1. ↑ Dans le texte : Divine Wisdom.